高等学校经济管理类核心课程教材

公司治理

— 第3版 —

马连福 等 编著

CORPORATE GOVERNANCE

中国人民大学出版社
·北京·

前　言

目前，公司治理已成为全球经济管理理论界与实务界极为关注的热点话题。2016年哈佛大学奥利弗·哈特（Oliver Hart）和麻省理工学院本特·霍姆斯特罗姆（Bengt Holmström）因对契约理论的贡献荣获诺贝尔经济学奖。契约理论所研究的企业所有权问题、代理人问题、如何监督和激励管理层等正是公司治理的核心内容。《G20/OECD公司治理原则》于2015年进行了修订，强调公司治理的质量以及确定良好公司治理的关键部分，即应提高市场的透明度和公平性，促进资源的高效配置，符合法治原则，并为有效的监督和执行提供支持等，这为在国家层面实施治理提供了切实可行的指南。从近几年世界500强公司变化的特征来看，全球竞争从以做大做强为目标的资源获取战略转向以创新驱动战略为目标的治理机制建设。

在中国深化经济改革的过程中，公司治理的重要性和治理机制的科学设计引起众多企业的高度重视并成为社会关注的焦点，主要表现为：一是中国经济面临数字经济的转型和产业结构调整，“加快发展数字经济，促进数字经济和实体经济深度融合，打造具有国际竞争力的数字产业集群”[①] 等，这些都对公司治理理论创新提出了新要求；二是在混合所有制经济的推进过程中遇到了许多亟须解决的问题，如“宝万控制权之争”引发了人们对“门口野蛮人”的大讨论，导致600余家上市公司修改公司章程，增设反收购条款。又如“万科收购深地铁议案”的峰回路转、康美药业巨额财务造假被重罚等案例，使人们更加关注中小股东的利益保护以及相关制度的合理性等。再比如，在国有企业的深化改革中，如何贯彻习近平总书记的“两个一以贯之”的精神，

---

① 习近平．高举中国特色社会主义伟大旗帜 为全面建设社会主义现代化国家而团结奋斗——在中国共产党第二十次全国代表大会上的报告．北京：人民出版社，2022：30.

进一步提高公司质量，“完善中国特色现代企业制度，弘扬企业家精神，加快建设世界一流企业”① 等。三是以信息披露为核心的股票发行注册制的全面推广，促使上市公司的市值管理逐渐提升到战略层面，其中作为非财务指标之一的公司治理质量决定着公司未来的融资难易程度。世界著名咨询公司麦肯锡的研究报告指出，80%的投资者认为，在进行投资决策时，公司治理质量至少与财务指标一样重要。

为了适应上述理论与实践的需要，加强公司治理人才培养和普及公司治理专业知识显得更加紧迫。目前许多高校在本科、MBA、EMBA、MPAcc、博士研究生等各层次教学中开设了公司治理课程。与此同时，随着公司治理成为工商管理类本科专业的核心课程，公司治理相关教材陆续出版，但与其他管理学的教材相比，无论在教材内容编排还是在课程体系设计等方面都无法很好地满足现实的需要。本书的编写是在公司治理教材创新方面进行的积极的尝试。

本书的主要特点

一是融入思政元素，强化社会主义核心价值观的引领作用。企业强则国家强，企业兴则国家兴。公司治理是国家治理体系和治理能力现代化的重要微观基础。习近平总书记指出，坚持党对国有企业的领导是重大政治原则，必须一以贯之；建立现代企业制度是国有企业改革的方向，也必须一以贯之。中国特色现代国有企业制度，“特”就特在把党的领导融入公司治理各环节。②

二是夯实理论基础，强调实践操作。本书是相关教学团队在长期的公司治理教学科研和公司治理咨询实践中积累的研究成果，是将公司治理理论与习近平新时代中国特色社会主义思想紧密结合的公司治理教材。

三是大案例分析与小案例思考相结合。本书每章都设置引例和章末案例分析，便于读者更好地将公司治理的理论与实践有机结合。为进一步启发读者思考，每章穿插众多近期发生的短小事例，它们极大地丰富了教材内容，增强了本书的可读性。

四是教学相长，体现立体化数字教材的特色。本书每章都设置了学习目标、素养提升、学习导图、延伸阅读、事例、小结、关键术语、选择题、思考题等特色栏目，提供丰富的立体化数字教学资源，帮助读者加深对每章核心内容的理解，把握关键要点。

---

① 习近平．高举中国特色社会主义伟大旗帜 为全面建设社会主义现代化国家而团结奋斗——在中国共产党第二十次全国代表大会上的报告．北京：人民出版社，2022：29.

② 习近平．习近平谈治国理政：第2卷．北京：外文出版社，2017：176.

本书的主要内容

本书的体系设计采用了从基础理论（第 1、2 章）到实施设计（第 3、4、5、6 章），再到效果评价（第 7、8、9 章）的 4W 范式，共 9 章内容。

第 1 章是公司的力量（Why——为什么要设置公司）。假如开始创业，是选择业主制、合伙制还是公司制？如果选择公司制，是设立有限责任公司还是股份有限公司？公司具有什么样的基本特征？做出什么样的选择才能发挥公司蕴含的强大力量？

第 2 章是公司治理基础（What——公司治理是什么）。如果选择了公司制，在什么情况下公司需要治理？治理的问题是什么？如何理解公司治理？什么样的公司治理是良好的？良好的公司治理能带来什么好处？治理等同于管理吗？

第 3 章是公司股权结构设计（How——公司治理机制设计之一）。没有股份，公司不会存在；没有股权，治理缺失依据。因此，公司的股权结构设计是良好公司治理的前提。根据企业发展阶段，是选择股权结构集中还是分散？股东应该具有哪些权利和义务？股权应该如何设计？面对资本市场上的竞争，公司应如何持续有效地管理投资者关系？

第 4 章是董事会决策机制设计（How——公司治理机制设计之二）。董事会是公司治理的核心，它作为股东代表可以决定企业经营决策，作为监督者可以近距离监督高管层执行决策的效率。那么董事会如何有效运作才能发挥决策与监督的职能？如何设计董事会的规模、构成、运作机制以及评价，才能保证董事会成就一家伟大的公司？

第 5 章是监事会监督机制设计（How——公司治理机制设计之三）。监事会作为一个独立的监督部门，在公司治理体系中应该发挥重要的作用，监事会的职能、人员构成、运作机制都会影响监事会监督的有效性。

第 6 章是高级管理者激励机制设计（How——公司治理机制设计之四）。高管层是公司价值的实际创造者，对高管层如何实施激励机制就显得非常重要。在企业发展的不同阶段，选择哪些不同的激励方式才能充分调动高管层创造价值的能力？当然，拥有强大内部信息优势的高管层也需要相应的约束机制。

第 7 章是公司治理模式选择（Who——治理主体是谁）。公司治理机制的选择会受到一国政治、经济、历史、法律等因素的影响。在国际上存在四种治理模式，即股东至上的英美治理模式、利益相关者至上的德日治理模式、血缘关系至上的家族治理模式以及党组织嵌入的中国公司治理模式。这四种模式各有优缺点，也有相互借鉴的趋势。我们在谋求企业国际化时，应该充分了解这些治理模式的特点。

第8章是信息披露治理（What——治理核心内容是什么）。在两权分离程度越来越高的资本市场中，公司外部的广大中小股东与大股东和高管层之间的信息不对称性日益严重，信息披露成为公司治理的核心内容，也是外部监管的主要对象。公司信息披露的作用、形式和内容等构成了本章的主要内容。

第9章是公司治理评价（How——良好的公司治理可否计量）。没有评价就不会有效果好坏之分，良好的公司治理需要一套科学系统的评价指标，包括股东治理、董事会治理、监事会治理、高管层治理、信息披露以及社会责任等指标。

在本书内容之外，扫描以下二维码，进入“公司研究院”公众号，可获得各章公司治理最新事例和学术研究动态，进行互动讨论。

致　谢

感谢参与本书编写和讨论的作者（按姓名拼音字母排序）：曹春方（中山大学）、陈德球（对外经济贸易大学）、陈霞（北京物资学院）、高丽（天津外国语大学）、高楠（天津财经大学）、高塬（天津财经大学）、刘柏（吉林大学）、刘红霞（中央财经大学）、刘华（北京物资学院）、马程程（中国民航大学）、沈小秀（天津工业大学）、石晓飞（河北经贸大学）、王世权（东北大学）、王元芳（首都经济贸易大学）、谢永珍（山东大学）、严若森（武汉大学）、赵颖（天津外国语大学）、郑志刚（中国人民大学）等。

感谢南开大学、东北大学、北京大学、清华大学、浙江大学、厦门大学、华中科技大学、上海国家会计学院、天津财经大学、西安理工大学等各届EMBA和EDP学员在课堂上互动交流、相互启迪引发的深度思考，他们的治理实践和独到见解为本书提供了生动的素材。

感谢国务院国资委、深圳国资委、宝钢股份、建设银行、中国铁建、建信投资、天津港集团、钢兴集团、全景网、郝庄集团等几十家单位委托的公司治理咨询课题，让我们对“实践出真知”有了深入的理解，为我们编写一本充分体现理论联系实践的高水平教材奠定了坚实的基础。

本书在编写过程中借鉴了一些相关文献和网上资料，对被引用者表示衷心的感谢。感谢中国人民大学出版社李文重等编辑在出版过程中给予的大力支持。

本书得到了国家自然科学基金项目“基于投资者关系管理的上市公司治理优化研

究”（项目号：70872050，结项成果为优秀）、国家自然科学基金项目“董事会非正式沟通对决策质量的影响研究：路径、机理与效应”（项目号：71372093，结项成果为优秀）、国家自然科学基金项目“股东网络特征与投资决策权配置研究”（项目号：71772094，结项成果为优秀）、国家自然科学基金项目“数字化背景下控制权配置与公司价值研究”（项目号：72172063）、教育部人文社科重点研究基地重大项目“多元利益主体参与的公司治理决策机制研究”（项目号：18JJD630002）等的资助。

南开大学商学院/中国公司治理研究院教授　马连福

目　录

第1章

公司的力量

学习目标

1. 了解公司产生的过程；
2. 了解公司制企业与业主制企业、合伙制企业的不同；
3. 掌握公司制企业的基本特征；
4. 掌握有限责任公司与股份有限公司的异同点；
5. 理解公司力量的源泉。

素养提升

1. 企业强则国家强，企业兴则国家兴。企业是社会主义市场经济的微观基础，是经济的力量载体。

2. 全面建设社会主义现代化国家，必须有一批能够体现国家实力和国际竞争力、引领全球科技和行业产业发展的世界一流企业做支撑。

3. 习近平总书记多次强调，要坚持党的全面领导，发展更高水平的社会主义市场经济，毫不动摇巩固和发展公有制经济，毫不动摇鼓励、支持和引导非公有制经济发展，加快建设一批产品卓越、品牌卓著、创新领先、治理现代的世界一流企业。①

4. 党的二十大报告指出："深化国资国企改革，加快国有经济布局优化和结构调整，推动国有资本和国有企业做强做优做大，提升企业核心竞争力。"②

---

① 加快建设世界一流企业 加强基础学科人才培养．人民日报，2022-03-01.

② 习近平．高举中国特色社会主义伟大旗帜 为全面建设社会主义现代化国家而团结奋斗——在中国共产党第二十次全国代表大会上的报告．北京：人民出版社，2022：29.

学习导图

学习公司治理知识应以了解公司产生的过程为基础。以史为镜，可知公司之兴替，传承公司之文明，理解公司之现状，创造公司之辉煌。为此，本章以企业制度的演进为主线，循序渐进地介绍公司产生的过程、公司制企业的基本特征、有限责任公司和股份有限公司的异同点，以及公司力量的源泉等内容。

本章主要介绍公司制企业的基本特征和类型。公司制企业是人类历史上的重大发明，它打破了人们基于血缘和地缘的合作，建立了以契约为导向的合作关系。公司制自诞生以来，不仅为人类创造了巨大的财富，而且成为企业做大做强的重要制度保障。在学习过程中，应特别注意公司制的重要地位与作用。

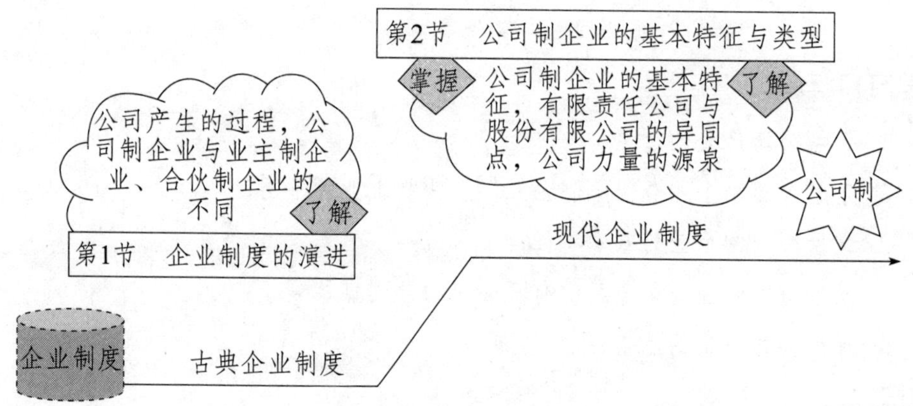

引　例

红毛城的由来

在中国台湾有一个著名的旅游景点红毛城，顾名思义，就是红毛人居住的城堡。红毛城是1624年荷兰人所建。看一下世界地图就知道，荷兰与中国台湾遥不可及，难以想象当时荷兰人是如何到达中国台湾的。

17世纪正值欧洲大航海时代，各国积极寻求海外贸易。东方的瓷器、香料、纺织品等物品在当时的欧洲可以卖到很高的价钱，但是没有人能够单独提供资金组织巨大的船队。后来，人们发现通过发行股票可以筹集更多的资金。1602年，荷兰东印度公司正式成立，这是世界上第一家股份有限公司。通过证券交易的方式用股票换取资金，荷兰东印度公司将社会分散的财富集中起来变成自己对外扩张的资本。荷兰东印度公司派遣更多更大的商业船队前往南洋，通过交易换回当时欧洲没有的货物。由于船队贩运回来的货物可能一年比一年值钱，人们预期可以获得可观的利润，因此踊跃地大量购买荷兰东印度公司的股票。买了该公司股票的人通过参与这个组织的经济活动获得公司分红，他们可以随时可以卖出股票换回现金。从发起人到购买股票的人，他们把自己的利益与风险放进荷兰东印度公司这个篮子里，为该公司的未来出钱。作为世界上第一家股份有限公司，荷兰东印度公司就这样肩负起它的历史使命。对于荷兰东印度公司而言，皇家与普通人是平等的公司投资者，因股权大小分担的责任不同，但没有贵贱之分。公司股东对海运的风险只承担有限责任，利益是按照股份多少来获得的。到了1669年，荷兰东印度公司已是世界上最富有的公司，是拥有超过150艘商船、40艘战舰、50 000名员工、10 000名雇佣兵的全能型公司制组织，股息高达40%。

荷兰东印度公司作为第一家股份制公司、一家有董事会的公司、一家上市的公众公司，成为人类经济发展史上的里程碑。1602年荷兰阿姆斯特丹成立了世界上第一家股票交易所，并且正式印制了世界上最早的股票——荷兰东印度公司股票。

股份有限公司这种先进的经济组织大大加速了经济发展，使得荷兰经济实力增强。荷兰一度成为世界海洋大国、经济强国以及政治大国。

第1节　企业制度的演进

一、企业与企业制度

（一）企业的概念

企业是指把人的要素和物的要素结合起来自主地从事经济活动、具有营利性的经济组织。其基本含义为：以营利为目的（与非营利组织如大学、医院等的根本区别）；是一个经济组织（与社会组织如政党组织、民间组织等的区别）。

（二）企业制度的概念

制度是人类交往的规则，它抑制可能出现的机会主义行为，使人们的行为更能预见，由此促进劳动分工和财富创造。制度要有效能，总是隐含着某种对违规的惩罚。

企业制度是指在一定的历史条件下形成的企业经济关系或契约关系，包括企业经济运行和发展中一些重要的规定、规矩和行动准则。

二、企业制度的类型

从企业制度的发展历史来看，它经历了两个时期：古典企业制度和现代企业制度。古典企业制度以业主制企业和合伙制企业为主，现代企业制度以公司制企业为代表。总体来讲，企业制度包括业主制企业、合伙制企业和公司制企业。

（一）业主制企业

业主制企业也称个人独资企业（sole proprietorship，SP），是指由一个自然人投资，全部资产为出资人所有并由出资人对企业债务承担无限责任的营利性经济组织。业主制企业产生于人类社会最初的分工和交易过程，是一种很古老的企业形式，至今仍广泛应用于商业经营。

1. 业主制企业的典型特征

一是业主制企业的出资人（投资者、企业主）仅限于一个自然人，这是业主制企业与合伙制企业、公司制企业的重要区别。

二是业主制企业不具有法人资格。业主制企业在法律上称为自然人企业，不具有法人资格。业主制企业由于不具有法律上的独立人格，因此各国的实体法和程序法都将业主制企业与企业主同等看待。业主制企业就是企业主个人，业主制企业的财产及责任与企业主的个人财产及个人责任是同一的。

三是业主制企业的企业主对企业享有全部权利，完全独立、直接地支配企业的财产和经营管理活动。在业主制企业中，企业的财产与企业主的个人财产是同一的，体现了业主制企业所有权与管理权的完全合一。

四是业主制企业的企业主承担无限责任。业主制企业的企业主享有以企业之名获得所有利润的权利，并对企业经营的一切风险及债务承担无限责任。我国《个人独资企业法》规定，投资人以其个人财产对企业债务承担无限责任；个人独资企业投资人在申请企业设立登记时明确以其家庭共有财产作为个人出资的，应当依法以家庭共有财产对企业债务承担无限责任。

2. 业主制企业与其他企业组织形式相比的不足之处

一是业主制企业的企业主承担无限责任，企业的经营风险很大，一旦经营不当，欠债太多，不仅要用企业财产来偿还债务，还可能累及企业主其他个人财产。

二是企业出资人只有一个，企业资本来源少，仅限于企业所有者的个人财富，企业规模受到很大限制，很难适应现代大生产的要求。

三是业主制企业与企业主的自然寿命密不可分，因此其存续期限较短，一旦企业主死亡或歇业，企业即告终止。

（二）合伙制企业

合伙制企业（enterprise of partnership，EP）是指由两个或两个以上自然人通过订立合伙合同，共同投资设立、共同经营管理的营利性经济组织。

1. 合伙制企业的典型特征

（1）合伙制企业成立的基础是合伙人之间签订的合伙合同。合伙合同以合伙人之间的平等地位、受托信任关系为基础，合伙人之间在合伙的业务范围内形成相互代理关系。合伙制企业具有人合性，一个合伙人破产、死亡或退伙都有可能导致合伙企业解散，企业存续期限不可能很长。不过，如果对死亡或退伙的合伙人进行合理的清退，由原合伙人的继承人或剩余合伙人继续经营，合伙制企业也可以维持下去。

（2）合伙制企业不具有法人资格，属于自然人企业。这是合伙制企业与公司制企业的基本区别。

（3）合伙制企业强调人的联合，也就是在保持各合伙人独立性前提下的联合，在合伙关系中民事主体是合伙人而不是合伙企业本身。合伙人的地位平等，在没有另外约定时，每个合伙人一般都可以代表合伙企业对外发生业务关系，对企业的管理和利润具有平等的分享权。但合伙制企业的人合性质决定了合伙人转让出资份额受到严格限制，合伙人的出资份额一般不得随意转让。

（4）合伙人对合伙制企业债务承担无限连带责任。合伙制企业财产不足以抵偿企业债务时，合伙人应用自己的个人财产清偿债务，而且每一个合伙人对企业债务都有清偿的义务，债权人可以就合伙企业财产不足以清偿的那部分债务，向任何一个合伙人要求全部偿还。

按照合伙人对合伙制企业的责任，合伙制企业可分为普通合伙企业（general partnership，GP）和有限责任合伙企业（limited partnership，LP）。普通合伙企业的合伙人均为普通合伙人，对合伙企业的债务承担无限连带责任。有限责任合伙企业由一个或几个普通合伙人和一个或几个责任有限的合伙人组成，即合伙人中至少有一个人要对企业的经营活动承担无限责任，其他责任有限的合伙人只以其出资额为限对合伙企业债务承担责任，一般不直接参与企业的经营管理活动。有限合伙企业是介于合伙制企业和有限责任企业之间的一种组织形式，是普通合伙人制度的特例。

延伸阅读 1-1

特殊普通合伙

特殊普通合伙是指以专门知识和技能为客户提供有偿服务的专业服务机构，这些服务机构可以设立为特殊普通合伙企业。例如律师事务所、会计师事务所、医师事务所、设计师事务所等。特殊普通合伙企业必须在其名称中标明“特殊普通合伙”字样，以区别于普通合伙企业。特殊普通合伙仅适用于以专门知识和技能（如法律知识与技能、医学知识与技能、会计知识与技能等）为客户提供有偿服务的机构，因为这些专门知识和技能通常只为少数受过专门教育与培训的人才所掌握，在向客户提供专业服务时，个人的知识、技能、职业道德、经验等往往起着决定性的作用，与合伙企业本身的财产状况、声誉、经营管理方式等没有直接和必然的联系，合伙人个人的独立性极强。

特殊普通合伙企业的合伙人在因故意或者重大过失而造成合伙企业债务时，首先以合伙企业的财产承担对外清偿责任，不足时由有过错的合伙人承担无限责任或者无限连带责任，没有过错的合伙人不再承担责任。以合伙企业的财产承担对外责任后，有过错的合伙人应当按照合伙协议的约定对给合伙企业造成的损失承担赔偿责任。

2. 合伙制企业的优缺点

与业主制企业相比，合伙制企业具有以下优点：一是资本来源相对广泛，可以充分发挥企业和合伙人个人的力量，增强经营管理实力，扩大企业规模；二是由于合伙人共同承担合伙企业的经营风险和责任，因此相对分散了经济上的风险和责任；三是多数国家对于合伙制企业不作为一个统一的纳税单位征收所得税，因此合伙人只需将从合伙企业分得的利润与其他个人收入汇总缴纳所得税即可，即只缴纳个人所得税。其缺点是合伙人对企业债务承担无限连带责任，风险较大；企业的资金规模受到合伙人自身能力的限制；合伙人的退出或死亡会影响企业的生存和寿命。

（三）公司制企业

公司制企业（corporate enterprise）是依法成立的、以营利为目的的经济组织。公司要依法成立，具有独立产权和组织形式，以营利为目的。与传统的自然人企业相比，公司制企业一般是指由一定人数以上的股东共同出资设立，股东以其出资额为限对公司负责，公司以其资产对外负责的具有法人资格的公司形式。

三、企业制度的选择

每一个投资者在创业之初，都必须根据客观条件和主观愿望，选择一种有效且合法的企业制度形式。制约投资者决策的因素包括内在因素和外部因素。内在因素是指与投资者本身有关的因素，如投资者的资本和信用、企业的控制和管理、利润分配和责任承担方式等。外部因素是指每个投资者无法施加决定性或直接影响的外部条件，如政府的税收、企业设立原则和程序、政府经济政策等法律制度性因素，以及资本、劳动力等生产要素。投资者只有按照最低成本、最大收益、最小风险等原则，对各种因素进行综合比较和分析，才能选择适合的企业制度形式。具体的企业制度比较如表 1－1 所示。

表 1－1　企业制度比较

选择要素	个人独资企业	合伙制企业	公司制企业
企业设立	企业设立简单	企业设立简单	企业设立复杂
资本规模	资本规模小	资本规模中等	资本规模大
法人性质	无法人地位	无法人地位	具有法人地位
责任风险	无限责任	无限连带责任	有限责任
税收	个人所得税	个人所得税	企业所得税和个人所得税
利润分享	个人独享	合伙人共享	按比例分享
出资转让	容易	合伙人一致同意	多数人同意
企业存续期限	企业主生命	合伙期	可以永续
代理成本	无代理成本	代理成本低	代理成本高
两权分离程度	两权统一	两权统一	两权分离

事例 1－1

业主制企业与公司制企业的对比

假设有两家造纸加工厂：一家是业主制企业，注册资本为 1 000 万元；另一家是公司制企业，注册资本也是 1 000 万元。两家企业在经营过程中违反环境法规排放液体和气体污染物，给所在社区造成了严重的财产损失，环境保护执法部门已经就两家企业的问题展开调查，遭受损失的社区也在寻求法律解决手段。最终的结果是，每家企业赔偿 1 100 万元。业主制企业需要用个人资产进行赔偿，公司制企业只需以公司所有财产为最高限度进行赔偿。在两种企业形式下，所有者承担的责任出现了变化。

第2节 公司制企业的基本特征与类型

一、公司制企业的基本特征

公司制企业是依法成立的、以营利为目的的法人组织。其基本特征包括有限责任和法人地位。

（一）有限责任

公司是现代社会最伟大的独一无二的发明，就连蒸汽机和电都无法与之媲美。其中有限责任是公司制的核心。有限责任意味着公司与其所有者和雇员相互分离，公司所拥有的并不等同于构成公司的个人所拥有的。

1. 有限责任的含义

一是公司的独立责任，即公司以其全部资产对公司的债务承担独立清偿责任。这里的“独立”首先是指公司的责任独立于股东的个人责任。股东出资后的财产形成公司的财产，公司以其全部财产对其债务承担责任，股东完成出资义务后即完成对公司的全部责任，原则上不对公司的债务负责。其次，公司的责任独立于公司管理人员和工作人员的责任。公司的董事、经理和其他雇员在其职权或授权范围内代表公司对外进行业务活动，其行为所产生的责任由公司承担，公司的董事、经理和其他雇员对公司的债务不承担责任。

二是股东的有限责任，即股东以其出资额为限对公司承担责任。股东对公司负有如期缴付出资的义务，与公司的债权人不发生直接的联系，这是股东有限责任的真实含义。《中华人民共和国公司法》（2023年修订，以下简称《公司法》）明确规定：有限责任公司的股东以其认缴的出资额为限对公司承担责任；股份有限公司的股东以其认购的股份为限对公司承担责任。这表明我国立法认为股东只以其出资额或所持股份对公司负责而不对公司的债务承担责任。也就是说，公司的债权人只是公司的债权人，不是股东的债权人，从而排除了股东与公司债务之间的直接联系。

因此，现代公司是公司责任独立和股东责任有限的企业。公司作为一种民事主体，独立参与经济活动并承担相应的责任，公司清偿其债务应当以公司的全部财产为限。当公司的全部财产不足以清偿自己的全部债务时，剩余的债务不能由公司成员承担；公司的创立人或投资者对公司所负的责任仅以其出资或投资的数额为限。

事例 1－2

企业老板为什么跑路

福建一丁芯半导体股份有限公司于 2015 年 10 月 28 日正式登陆新三板。它在 2015 年 4 月启动上市计划，6 月完成企业股改，7 月提交申请，经过 3 个月的审核反馈，10 月 28 日拿到股票号（834157），总股本为 1 292 万股，并于 11 月 12 日正式挂牌交易。整个过程在 5 个月内一气呵成，堪称业界传奇。后来，由于公司领导者的激进和盲目扩张，举债近 5 亿元，全国的门店数量扩张到 391 家。然而，传统的电脑和手机业务并不赚钱，靠借贷将不赚钱的业务做得越大，风险也就越大。最终，2015 年 11 月 30 日，公司资不抵债，老板跑路失联。既然福建一丁芯半导体是股份有限公司，资不抵债后，老板为什么还跑路呢？

资料来源：2016 新三板死亡名单，董事长上演花式跑路．商界，2016（10）．

2. 有限责任的主要功能

一是减小和分散投资风险。投资者在无限责任制度下，可能会因一次很小的失败投资，面临其全部财产被累及偿债的风险。有限责任使得股东的风险减至其投资额的限度内，即使公司欠下大量的债务，原则上也不会追索股东除其出资以外的责任，这最大限度地减小了股东的投资风险。

二是有效地募集社会资本，促进企业快速发展。投资风险的减小和分散，以及投资风险的可预先确定，激发了股东投资的热情，使得一些需要大量投资的科技项目能够募集到足够的资金，促进了技术和经济发展。

三是鼓励投资，促进高风险项目的发展。投资者只有在预期收益高于预期成本的情况下，才可能进行投资。有限责任制度使投资者在进行投资时就能够预先确定最大风险是损失这部分投资，从而降低了投资者的投资风险，激发了投资高新技术等高风险项目的积极性。

四是促使投资和经营相分离，形成和优化专门的公司治理结构。专业化、社会化大生产的发展，使得小资本所有者亲自从事生产经营活动的小商品生产方式不再适应市场竞争和社会分工的需要，社会上出现了大量拥有资本但不愿经营或无力经营的股东，产生了一批专业的公司管理和经营人才。公司制度正好将不同资源的所有者整合起来，股东出资设立公司，公司由专门人员经营管理，并雇用大量劳动者。

（二）法人地位

法人是与自然人相对的一个概念，是指具有民事权利能力和民事行为能力，依法独立享有民事权利和承担民事义务的组织。法人是一种组织，而不是某一个人。法人可以分为两种，即社团法人和财团法人。社团法人是社员的集合，社员的共同意志决定了社团的意志，共同意志的形成可以通过不同的方式，或者民主，或者独裁，或者民主和独裁的折中。财团法人是财产的集合，不是人的集合，财团的存续目的是不能轻易改变的，或者负责管理财团的人并没有改变财团的存续目的，如寺院。公司属于社团法人，法人是公司制企业区别于业主制企业、合伙制企业等自然人企业的主要特征。法人是由自然人及其财产组成的稳定的组织结构，是一种以团体形式出现的现代社会的权利主体和行为主体。

法人具有以下特征：一是依法定的程序和条件成立；二是具有独立的法律人格，即具有独立的民事权利能力和民事行为能力，有自己的意思表示机关，可以法人的名义来签订契约；三是法人的权利义务与法人成员的权利义务相互分离，即法人是独立于自然人而存在的民事主体；四是法人的存续具有永久性，法人可以超越自然人的生命而存在，不会随着所有者的死亡而消亡。

延伸阅读1-2

法定代表人

法定代表人是指依照法律或法人的组织章程规定，代表法人行使职权的负责人，是法人的法定代表人。我国《公司法》第十条规定：公司的法定代表人按照公司章程的规定，由代表公司执行公司事务的董事或者经理担任。其特征为：(1)法人的法定代表人是由法律或法人的组织章程规定的。(2)法人的法定代表人是代表法人行使职权的负责人。(3)法定代表人是代表法人进行民事活动的自然人。法定代表人只能是自然人，且该自然人只有代表法人从事民事活动和民事诉讼活动时才具有这种身份。

法定代表人代表企业法人的利益，按照法人的意志行使法人权利。法定代表人在企业内部负责组织和领导生产经营活动；对外代表企业，全权处理一切民事活动。法人对法定代表人的正常活动承担民事责任。法定代表人的职责详见我国《公司法》和《民法典》。

公司有限责任制度的前提条件和理论基础是公司人格的独立。公司人格是指公司一经合法成立，其本身就是法律所认可的“人”，除公司本身，它不隶属于任何个人、团体。公司人格具有以下几个特点：一是公司是独立于其成员的法律实体。公司一经依法成立，便在法律上获得独立人格，公司成为一个独立的实体并与其成员的人格相互独立，这是公司人格的最基本内容。二是公司财产与其成员财产相分离。公司具有的独立财产是公司人格的物质基础，也是公司人格不可或缺的要素和标志之一。公司财产虽来自成员的投资，但其成员一旦把财产投入公司，就与这些财产相分离，这些财产成为公司财产，由公司来支配。三是公司具有独立的权利能力和行为能力。公司的权利能力和行为能力不依赖其成员，而是取决于公司自身，由法律赋权。四是公司独立责任与其成员的有限责任。即公司对自身的债务负责，成员仅以其出资额为限对公司负责。正是这种公司成员的有限责任和公司的独立责任使公司人格得到了充分体现，被誉为现代公司制度的基石。

但是，当公司人格被滥用或完全成为虚构的，再承认法人人格就有违初衷。因此，公司法不排除在某些特殊情况下适用“公司人格否定原则”，由股东对公司债务直接承担责任，以此作为对公司法人人格本质的维护，对有限责任的例外与补充，这就是“揭开公司面纱”理论。

“揭开公司面纱”（piercing the veil of corporation）即否认法人人格（disregard of the corporate entity），指为阻止公司独立法人人格的滥用和保护公司债权人利益及社会公共利益，就具体法律关系中的特定事实，否认公司与其背后的股东各自独立的人格及股东的有限责任，责令公司的股东（包括自然人股东和法人股东）对公司的债权或公共利益直接负责，以实现公平、正义目标之要求而采取的一种法律措施。法理上对其表现形式的理解有以下几种：一是代理理论，即法官审理表明一个公司法人实体实际上表现为其主要股东或母公司的化身、工具或伪装，公司与公司股东的人格不分时，便可适用代理的规则，使其主要股东对法人实体的行为负责。二是法律形式的滥用，即主要股东或董事利用公司谋取不当利益或私利，规避法律或合同义务，混淆股东与法人的财产等，法院就可以不顾公司的法人实体，使公司的股东或董事负有直接责任。三是公司资本缺额，即公司的资本没有达到法定标准，投资明显不足，股东分配与投资额相当甚至更多，这也可能要求股东对公司资产的减少或耗竭负有责任。四是董事会成员交叉任职，母公司董事同时兼任子公司的董事，母公司直接控制子公司，使子公司即便在其利益受损时也要执行母公司的决定，此时应确立母公司的责任。五是股东人数长期不足法定最低人数，公司事实上等同于自然人企业等。

如果发生了上述情形，公司的法人人格被不正当使用，公司的独立人格掩盖了个人非法的、不正当的行为，此时继续拘泥于公司的独立人格和股东的有限责任原则，实际上有悖于法人制度的真正价值。因此，在公司的法人人格被滥用、公司债权人利益受到侵害的特定情形下，要无视公司独立的法人地位，否认股东的有限责任原则，使不当行为人（包括公司的股东、董事等）对公司的债权人直接承担责任。这种方法由美国法院首先提出，目前已为英、德、法、日等国所仿效，逐渐成为人们共同认可的一项法律原则。确立这项原则的目的在于维护法人制度的本质，完善有限责任制度，防止欺诈，保护债权人利益，保障市场竞争的公正、合理和有序。

事例1-3

公司是谁的

张先生是某公司的创始人兼董事长，持有公司99%的股份，其妻子持有1%的股份。公司的主要经营业务是租赁飞机为农作物喷洒农药，但在一次业务中，张先生驾驶的飞机失事，导致机毁人亡。其妻子以公司疏忽管理为由，把公司告到法庭，要求公司赔偿。你认为，张先生妻子的要求能得到满足吗？

二、公司制企业的类型

（一）有限责任公司

有限责任公司又称有限公司，是指根据法律规定的条件成立，由股东出资，并以其认缴的出资额对公司的经营承担有限责任，公司以其全部资产对公司的债务承担责任的企业法人。

1. 股东人数的限制性

对有限责任公司，许多国家的法律或公司法都限制公司股东的最低和最高人数。但其他类型公司只有股东最低人数的限制，没有最高人数的限制。如法国规定，股东人数为2人以上50人以下。也有一些国家只规定了公司股东的最高人数限制。我国《公司法》规定，有限责任公司由50个以下股东出资设立。一人也可以成立有限责任公司。

综观各国和地区的公司立法，可以看出，凡不允许一人设立公司的国家，其公司法对各类公司的最低人数都有限制，但对股东最高人数的限制则是针对有限责任公司所做出的特殊规定，由此形成了有限责任公司区别于其他类型公司的一个特点。对有限责任公司股东做出最高人数的限制，主要是由这种公司的性质决定的，因为有限责任公司虽然是资合性质的公司，但它的封闭性决定了股东必须相互熟悉和信任，所以股东人数不可能太多，有必要做出上限的规定。

2. 公司设立程序和组织机构简便灵活

有限责任公司与股份有限公司不同，只有发起设立方式，没有募集设立方式，设立程序简化。公司的最低资本额较少，公司资本总额应由各股东全部缴足，也可以 5 年内分期缴纳。有限责任公司的机构设置也较股份有限公司简单。如股东会由全体股东组成，董事会由股东会选举设立；股东会召集办法和决议方法简便易行，董事人数及任期、是否设监事会均由公司自行决定，各国法律普遍无硬性规定。根据我国《公司法》的规定，股东人数较少或者规模较小的有限责任公司，可以设一名董事，不设董事会；可以设一名监事，不设监事会。经全体股东一致同意，也可以不设监事。

3. 公司募集资本和出资转让受到限制

有限责任公司的资本具有封闭性，且最低出资额较少。各国公司法普遍规定，有限责任公司的资本只能由其股东认缴，不得公开募集公司资本，不得发行股票。股东的出资证书或股单只是证明股东出资的权利证书，与股票的性质完全不同，它不是有价证券，不能自由买卖，不得上市流通。这是有限责任公司与股份有限公司的主要区别，也易使人落入非法集资的陷阱。

延伸阅读 1-3

非法集资的界定

非法集资是指公司或个人未依照法定程序经有关部门批准，以发行股票、债券、彩票、投资基金证券或其他债权凭证的方式向社会公众筹集资金，并承诺在一定期限内以货币、实物及其他方式向出资人还本付息或给予回报的行为。

根据《最高人民法院关于审理非法集资刑事案件具体应用法律若干问题的解释》（法释〔2010〕18 号），非法集资是违反国家金融管理法律规定，向社会公众（包括单位和个人）吸收资金的行为。非法集资行为需同时具备非法性、公开性、利诱性、社会性四个特征要件。具体为：一是未经有关部门依法批准或者借用合法经营的形式吸收资金；二是通过媒体、推介会、传单、手机短信等途径向社会公开宣传；三是承诺在一定期限内以货币、实物、股权等方式还本付息或者给付回报；四是向社会公众即社会不特定对象吸收资金。

根据我国法律法规的规定，非法集资不受法律保护，参与非法集资风险自担。

事例1-4

盯准公务员，先“吸储”后“放贷”

2014年5月8日上午，衢州市中级人民法院在江山法院公开开庭审理江山市银通担保有限公司（简称银通公司）实际经营人陈某等7名被告人集资诈骗、非法吸收公众存款一案。该案的主犯以及众多受骗人都是公务员。

据公诉机关指控，2006年9月，被告人陈某出资5万元从他人处接盘注册资本为500万元的银通公司。此后，在既未经国家批准又无明确投资项目的情况下，陈某以投资经营所需为由，许以高息回报，面向社会非法集资。收到集资款后，银通公司即与被集资对象签订借款担保合同，并出具相应收款收据。随后，陈某将这些资金以更高额的利息进行放贷。

2006年9月至2011年11月期间，陈某非法集资总额为7.72亿元，涉及受害人1 900余人，未偿还的债务余额扣除已支付的利息为2.12亿元。值得关注的是，陈某的身份颇为特殊，他在1997年9月进入江山市国税局工作，2011年8月辞职。当公务员期间，陈某在江山商界显赫一方，他是江山市银通公司、江山市金鼎房地产公司、江山市金鼎商贸公司等多家公司的实际经营人。

陈某在经营地下钱庄的同时，还是一名公务员，为他提供资金来源的众多客户也是公务员。这些来自公务员群体的资金在当地称为“官银”。之所以“官银”流向地下钱庄，原因是江山市有一项地方政策，凡是国家公务员都可以向银行低息贷款10万～30万元。事实上，在浙江多地都有类似的政策。这让不少公务员乐于将银行贷款转入所谓的担保公司，坐收高额利率差。

这实际上是一种将公务员的信用“变现”的行为，这些群体的加入也为陈某的地下钱庄笼罩上一层特殊的光环。有了这层政治“背书”，谁会相信有头有脸、有社会背景的陈某会资金“断链”呢？事实上，陈某案中有不少供电系统职工、官员、退休老干部的资金血本无归，这真是聪明反被聪明误。

衢州市中级人民法院审理后，一审判决如下：被告人陈某以非法占有为目的，使用诈骗方法非法集资，数额特别巨大，其行为已构成集资诈骗罪，判处死刑，缓期两年执行，剥夺政治权利终身，并处没收个人全部财产；其他6名被告人协助陈某非法吸收公众存款，其行为均已构成非法吸收公众存款罪，分别被判处1年到3年不等有期徒刑及相应罚金。

资料来源：民间十大骗贷案之七：盯准公务员先“吸储”后“放贷”．搜狐财经，2014-07-14.

4. 股东承担有限责任

有限责任公司股东仅以其认缴的出资额为限对公司承担责任，公司仅以其全部资产对公司债务承担责任。

5. 资合与人合的统一

有限责任公司虽然在本质上首先是一种资本的联合，但因其股东人数有上限规定，资本又具有封闭性，所以股东之间相互熟悉和信任，具有一定的人合性，这就决定了有限责任公司是一种适合中小企业的组织形式，少见于大型企业。与股份有限公司相比，有限责任公司的内部组织及活动比较自由，法律和社会对它的监督和干预程度较低。

（二）股份有限公司

股份有限公司，又称股份公司（stock corporation），是指将公司全部资本分为等额股份，股东以其所持股份为限对公司承担责任，公司以其全部资产对公司的债务承担责任的企业法人。

1. 股份有限公司的主要作用

一是筹资。股份有限公司是筹集资本最有效的一种组织形式，其资本分为金额相等且数额较小的股份，公开发行，可以迅速、大量地筹集社会闲散资金。

二是分散风险。股份有限公司股东人数众多，每个股东仅以其认购的股份为限对公司承担责任，不必由每个人分别承担整个企业经营和债务上的风险，这就有效地分散了投资者的风险。

三是投资灵活。股份有限公司的股份及债券可以自由转让，既减少了投资者的风险，又使投资者的投资更方便灵活。

四是专门化、长期性管理。股份有限公司以资本作为公司设立和运营的基础，是典型的“资合公司”，公司的组织机构和管理制度比较稳定规范，一般股东的变动难以影响公司的经营管理。这种组织形式既适合企业的长期发展，又实现了所有权与经营权相分离，使经营管理专门化，有利于提高经营管理水平。

五是较高的经济效率。股份有限公司由于集中了大量资本，投资和生产经营规模较大，这有利于形成竞争优势，实现规模经济、范围经济，大幅提高经济效率。

事例1-5

京东商城何以如此快速发展

截至2019年9月底，京东市值高达3 200亿元，刘强东的个人财富飙升到750亿元。在创办京东商城之前，刘强东还只是一个在北京中关村练摊的小店主。为什么他能在短短几年内成为百亿富豪？股权融资起到了至关重要的作用。

2007年，今日资本向京东注资1 000万美元；2009年京东获得了第二轮融资，今日资本、雄牛资本等投资2 100万美元；2010年，京东获得第三轮融资，老虎环球基金等投资1.38亿美元；2011年京东完成第四轮融资，DST等注资7.46亿美元，红杉资本投资2.15亿美元；2012年京东完成第五轮融资，先后获得了将近7亿美元的投资；2013年京东完成第六轮融资，获得安大略省教师退休基金7亿美元的投资。截至公司上市，公司累计获得融资29亿美元。2014年5月，京东在美国纳斯达克挂牌上市，筹得17.8亿美元。2020年6月，京东在港交所上市，募集资金298亿港元。

资料来源：根据公开资料整理．

2. 设立股份有限公司的条件

（1）发起人符合法定人数；

（2）有符合公司章程规定的全体发起人认购的股本总额或者募集的实收股本总额；

（3）股份发行、筹办事项符合法律规定；

（4）发起人制定公司章程，采用募集方式设立的经创立大会通过；

（5）有公司名称，建立符合股份有限公司要求的组织机构；

（6）有公司住所。

延伸阅读1-4

发起设立与募集设立

发起设立，是指由发起人认购设立公司时应发行的全部股份而设立公司。注册资本为在公司登记机关登记的全体发起人认购的股本总额。在发起人认购的股份缴足前，不得向他人募集股份。发起人应当书面认足公司章程规定其认购的股份，并按照公司章程规定缴纳出资。

募集设立，是指由发起人认购设立公司时应发行股份的一部分，其余股份向社会公开募集或者向特定对象募集而设立公司。注册资本为在公司登记机关登记的实收股本总额。发起人认购的股份不得少于公司章程规定的公司设立时应发行股份总数的35%。

3. 依据公司股票是否上市，将股份有限公司分为上市公司和非上市公司

上市公司是指在公开的资本市场即证券市场上发行和交易股票、债券的股份有限公司。我国境内的上市公司是指经国务院证券监督管理机构核准，或由其授权的证券交易所依照法定条件和程序核准，在上海、深圳、北京的证券交易所公开发行和交易股票、债券的股份有限公司。

与非上市公司相比，上市公司具有以下几个方面的特征：一是上市公司是依法在证券市场公开发行和交易股票、债券的股份有限公司。我国《公司法》第一百三十四条所称上市公司，是指其股票在证券交易所上市交易的股份有限公司。二是政府对这类公司在股份募集、公司设立、信息披露等方面实行更加全面、严格的监督管理，如公司股东和股本总额必须达到比其他公司更高的法定条件，上市公司必须定期提供并公开其财务会计报告，必须即时报告其重大事项。

延伸阅读 1-5

我国上市公司的贡献

中国上市公司协会4月30日发布中国上市公司2021年年报经营业绩快报。最新统计数据显示，2021年，全市场新增上市公司524家，年末公司数量增长至4 682家，总市值96.53万亿元，规模稳居全球第二。2021年，上市公司共实现营业总收入64.97万亿元，占全年GDP总额的56.81%；营业总收入同比增长19.81%，远高于当年GDP增速；共实现净利润5.30万亿元；缴纳税费金额合计约4.04万亿元，占全国税收总收入的23.41%；新增就业岗位110.53万个，已成为稳岗促就业的重要阵地。

延伸阅读 1-6

中国全面实施证券发行注册制

2018年11月5日，习近平总书记出席首届中国国际进口博览会开幕式并发表主旨演讲，宣布在上海证券交易所设立科创板并试点注册制。2020年4月27日，中央全面深化改革委员会第十三次会议审议通过了《创业板改革并试点注册制总体实施方案》，将在创业板试点注册制。2020年10月5日国务院印发《关于进一步提高上市公司质量的意见》，提出将“支持优质企业上市。全面推行、分步实施证券发行注册制”。

注册制，即证券市场的证券发行注册制，是公司发行证券上市的制度，其区别于核准制。

核准制是指发行人在发行股票时，不仅要充分公开企业的真实状况，而且必须符合有关法律和证券管理机关规定的必备条件，行政机关还要对发行人是否符合发行条件进行实质审核，包括行政机关对披露内容的真实性进行核查与判断，行政机关对披露内容的投资价值作出判断。

证券发行注册制是指证券发行申请人依法将与证券发行有关的一切信息和资料公开，制成法律文件，送交主管机构审查，主管机构只负责审查发行申请人提供的信息和资料是否履行了信息披露义务。发行人营业性质，发行人财力、素质及发展前景，发行数量与价格等实质条件均不作为发行审核要件，主管机构不作出价值判断。申报文件提交后，经过法定期间，主管机构若无异议，申请即自动生效。

4. 有限责任公司与股份有限公司的异同点

有限责任公司与股份有限公司作为公司的两种主要形式有共同点，也有不同点。有限责任公司与股份有限公司的共同点是：

（1）股东都对公司承担有限责任。无论是在有限责任公司中，还是在股份有限公司中，股东都对公司承担有限责任，有限责任公司的股东以其认缴的出资额为限对公司承担责任，股份有限公司的股东以其认购的股份为限对公司承担责任。

（2）股东的财产与公司的财产是分离的。股东将财产投入公司后，该财产即构成公司的财产，股东不再直接控制和支配这部分财产。同时，公司的财产与股东没有投入公司的其他财产是没有关系的，即使公司出现资不抵债的情况，股东也只以其认缴的出资额或认购的股份为限承担责任，不再承担其他责任。

(3) 有限责任公司和股份有限公司对外都是以公司的全部资产承担责任。也就是说，公司对外只承担有限的责任，责任的范围就是公司的全部资产，除此之外，公司不再承担其他的财产责任。

有限责任公司与股份有限公司的不同点是：

(1) 两种公司在成立条件和募集资金方面有所不同。有限责任公司的成立条件比较宽松，股份有限公司的成立条件比较严格；有限责任公司只能由发起人集资，不能向社会公开募集资金，股份有限公司可以公开募集资金；有限责任公司的股东人数最高要求与股份有限公司不一样。

(2) 两种公司的股份转让难易程度不同。在有限责任公司中，股东转让自己的出资有严格的要求，受到的限制较多，比较困难；在股份有限公司中，股东转让自己的股份比较自由，不像有限责任公司那样困难。

(3) 两种公司的股权证明形式不同。在有限责任公司中，股东的股权证明是出资证明书，出资证明书不能转让、流通；在股份有限公司中，股东的股权证明是股票，即股东所持有的股份是以股票的形式来体现的，股票是公司签发的证明股东所持股份的凭证，股票可以转让、流通。

(4) 两种公司的股东会、董事会权限大小和两权分离程度不同。在有限责任公司中，由于股东人数有上限，人数相对比较少，召开股东会等比较方便，因此股东会的权限较大，董事经常由股东兼任，所有权和经营权的分离程度较低；在股份有限公司中，由于股东人数较多且分散，召开股东会比较困难，股东会的议事程序比较复杂，因此股东会的权限有所限制，董事会的权限较大，所有权和经营权的分离程度较高。

(5) 两种公司的财务状况公开程度不同。在有限责任公司中，由于股东的人数有限，财务报表只要按照规定期限送交各股东即可；在股份有限公司中，由于股东人数众多，很难分类，财务报表必须经过注册会计师审计并出具审计报告，还要存档以便股东查阅，其中以募集设立方式成立的股份有限公司还必须公告其财务报告。有限责任公司属于“人资两合公司”，不仅是资本的结合，还基于股东之间的信任关系，在这一点上，可以认为它介于合伙制企业和股份有限公司之间；股份有限公司完全是“资合公司”，是股东的资本结合，不基于股东间的信任关系。

延伸阅读 1-7

有限责任公司如何变更为股份有限公司

《公司法》第十二条规定，有限责任公司变更为股份有限公司，应当符合本法规定的股份有限公司的条件。有限责任公司变更为股份有限公司的，或者股份有限公司变更为有限责任公司的，公司变更前的债权、债务由变更后的公司承继。

第一百零八条规定，有限责任公司变更为股份有限公司时，折合的实收股本总额不得高于公司净资产额。有限责任公司变更为股份有限公司，为增加注册资本公开发行股份时，应当依法办理。

三、公司的创造力

（一）公司是社会财富的创造者

在人类历史长河中，物质资料生产和交换的组织是多种多样的，除了家庭以外，还有公社、工场、庄园、商帮和军事组织等。公司制企业诞生后逐渐成为当今世界最基本和最重要的经济组织，并显示出强大的力量。目前还没有找到公司的替代品可以在市场经济中从事商业活动。

美国经济学家德隆的研究表明，人类97%的财富是在近250年里创造的，也就是在人类诞生以来的0.01%的时间里创造的。创造这些财富并使其迅速增长的机制就是公司制企业。目前，公司为全球81%的人口提供了工作机会，构成全球经济力量的90%，创造了全球生产总值的94%。

党的十八大提出“更大程度更广范围发挥市场在资源配置中的基础性作用”。党的十九大强调“使市场在资源配置中起决定性作用”，这个定位是我们党对中国特色社会主义建设规律认识的新突破，标志着社会主义市场经济发展进入一个新阶段，从而让公司和个人有更多活力和更大空间去发展经济、创造更多的财富。党的二十大报告进一步强调“充分发挥市场在资源配置中的决定性作用”①。企业强则国家强，企业兴则国家兴。企业是社会主义市场经济的微观基础，是经济的力量载体。党的二十大报告指出，“完善中国特色现代企业制度，弘扬企业家精神，加快建设世界一流企业”②。因此，全面建设社会主义现代化国家，必须有一批能够体现国家实力和国际竞争力、引领全球科技和行业产业发展的世界一流企业做支撑。

---

①② 习近平．高举中国特色社会主义伟大旗帜 为全面建设社会主义现代化国家而团结奋斗——在中国共产党第二十次全国代表大会上的报告．北京：人民出版社，2022：29.

(二) 企业做大做强是由公司的力量推动的

《财富》世界500强排行榜一直是衡量全球大型公司的最著名、最权威的榜单，被誉为“终极榜单”，由《财富》杂志每年发布一次。2021年上榜的500家公司总营业收入近31.7万亿美元，相当于当年全球GDP的1/3。其中沃尔玛连续8年排名第一，营业收入超过了世界上161个国家的财政收入。从上榜的企业来看，能够进入世界500强的企业的共同特征是采取了现代企业制度，即股份有限公司。

延伸阅读1-8

公司才是终极的创造

拥有一个伟大的构想，或身为高瞻远瞩的魅力型领袖，好比是“报时”；建立一家公司，使公司在任何一位领袖身后存续很久，经历许多个产品生命周期仍然欣欣向荣，好比是“造钟”。基业长青的公司领导者通常都是造钟的人，而不是报时的人。他们采取建筑大师的方法，致力于构建高瞻远瞩公司的组织特质，他们最大的创造物是公司本身及其代表的一切。高瞻远瞩公司的优秀领导者能够有连续性，或许是因为公司是个杰出的组织而不是杰出个人造就组织。

资料来源：吉姆·柯林斯，等. 基业长青. 北京：中信出版社，2009：24-36.

(三) 公司是缔造国家经济优势的基石

世界各国的发展进程证明，是否拥有大量强大的公司关乎一个国家的经济实力。近代以来，不能发挥公司组织优势的国家或社会都逐渐衰落。美国综合经济实力强大，是以它所拥有的550万家大公司作为基石的。1989年，中国只有中国银行一家企业进入世界500强。随着中国经济的快速发展，到了1998年，在世界500强中，中国企业达到6家。而在2021年世界500强的公司名单中，中国企业上榜135家，比上一年增加11家。美国企业上榜122家，比上一年增加1家。对此，《财富》杂志指出，如果说20世纪是“美国世纪”，那么在21世纪，至少在商业领域，越来越有“中国世纪”的味道了。

改革开放以来，我国GDP年均实际增长9%以上，远高于同期世界经济不到3%的增速。可以说，社会主义基本经济制度是创造中国发展奇迹的重要制度基础。党的十九届四中全会将公有制为主体、多种所有制经济共同发展，按劳分配为主体、多种分配方式并存，社会主义市场经济体制等作为社会主义基本经济制度，是中国特色社会主义思想的重大理论创新。

习近平总书记多次强调，要坚持党的全面领导，发展更高水平的社会主义市场经济，毫不动摇巩固和发展公有制经济，毫不动摇鼓励、支持和引导非公有制经济发展，加快建设一批产品卓越、品牌卓著、创新领先、治理现代的世界一流企业。①

延伸阅读 1-9

中央企业公司制改革全面完成

截至2021年底，我国中央企业的公司制改革全面完成，中央党政机关和直属事业单位所管理企业中公司制企业占比97.7%，地方国有企业中公司制企业占比99.9%，标志着我国企业从此全面进入公司制时代。

资料来源：历史性突破！国有企业公司制改革基本完成．潇湘晨报，2022-01-17.

（四）公司是规则和标准的制定者

不同的行业有不同的标准，但大多数行业标准都出自公司之手。大型跨国公司制定的标准往往就是该行业的全球标准。为了实现无障碍交流，人类曾经费尽心思，但公司早已做到——财务报表就是典型的世界语。人们只需要资产负债表、利润表、现金流量表等财务报表，就能读懂公司的秘密。

（五）公司改变了公众的生活方式

一个没有公司的社会是无法想象的。经济学家熊彼特曾经说过，“光是制造出令人满意的肥皂还不够，还必须诱导大家洗澡”。于是公司发明并传播了体味和口臭的概念。没有公司，工业革命和技术革命也会黯然失色；没有组织良好的公司，人们无法获得大量的商品和服务，也就不会有现代化的社会。

□ 小　结

公司制企业是人类历史上的重大发明，它打破了人们基于血缘和地缘的合作，建立了以契约为导向的合作关系。公司制自诞生以来，不仅为人类创造了巨大的财富，而且成为企业做大做强的重要制度保障。公司治理制度设计对于有效地发挥公司的力量越来越重要。

① 加快建设世界一流企业 加强基础学科人才培养．人民日报，2022-03-01.

关键术语

企业　　公司　　有限责任公司　　股份有限公司　　法人

选择题

1.（单选题）下列有关企业含义正确的表述是（　　）。

A. 企业是以市场为导向、以社会责任最大化为主要目的，从事商品生产和经营的经济组织

B. 企业是以市场为导向、以营利为主要目的，从事商品生产和经营的经济组织

C. 企业是实行自主经营、自负盈亏的社会组织

D. 企业是依法设立、依法经营的民间组织

2.（单选题）业主制企业的典型特征不包括（　　）。

A. 业主制企业的出资人（投资者、企业主）仅限于一个自然人

B. 业主制企业具有法人资格

C. 业主制企业的企业主对企业享有全部权利

D. 业主制企业的企业主承担无限责任

3.（单选题）由两个或两个以上自然人共同出资，通过签订协议联合经营的企业属于（　　）。

A. 合伙制企业　　B. 个人业主企业

C. 有限责任公司　　D. 股份有限公司

4.（单选题）（　　）是合伙制企业与公司制企业的基本区别。

A. 合伙人对合伙制企业债务承担无限连带责任

B. 合伙人之间需要签订合伙合同

C. 合伙制企业不具有法人资格

D. 合伙制企业的合伙人对企业不享有全部权利

5.（单选题）（　　）是公司制的核心。

A. 有限责任　　B. 具有法人地位

C. 无限连带责任　　D. 具有法人资格

6.（单选题）下列不属于有限责任公司与股份有限公司相同点的是（　　）。

A. 都实行公司法人财产权和股东投资财产权的分离

B. 公司都具有法人地位

C. 股本的划分方式相同

D. 都承担有限责任

7.（多选题）下列关于公司制企业特征的表述正确的有（　　）。

A. 公司是企业，这是公司最基本的性质

B. 公司是法人，依法独立享有民事权利并承担民事义务

C. 出资者所有权和法人财产权集中，便于管理

D. 投资主体多元化，这是由公司的联合性决定的

E. 公司法人财产具有整体性、稳定性和连续性

8.（多选题）法人的特征包括（　　）。

A. 依法定的程序和条件成立

B. 具有独立的法律人格

C. 法人的权利义务与法人成员的权利义务相互分离

D. 法人的存续具有永久性，法人可以超越自然人的生命而存在，不会随着所有者的死亡而消亡

□ 思考题

1. 企业制度有哪些类型？
2. 公司制企业的基本特征有哪些？
3. 有限责任公司与股份有限公司的区别是什么？
4. 一个人能成立有限责任公司吗？
5. 公司力量的源泉是什么？
6. 你如果开始创业，是注册有限责任公司还是注册股份有限公司？

□ 案例分析

华为的选择

华为投资控股有限公司（简称华为）于1987年在中国深圳正式注册成立，是一家生产和销售通信设备的民营通信科技公司，总部位于中国广东省深圳市龙岗区坂田华为基地。华为的产品主要涉及通信网络中的交换网络、传输网络、无线及有线固定接入网络、数据通信网络及无线终端产品，为世界各地的通信运营商及专业网络拥有者提供硬件设备、软件、服务和解决方案。

华为的产品和解决方案已经应用于全球 170 多个国家，服务于全球五十大运营商中的 45 家及全球 1/3 的人口。

华为在 2010 年以 218.21 亿美元营业收入首次进入《财富》世界 500 强榜单，排名第 397 位。2018 年，华为销售收入达到 7 212 亿元人民币（约合 1 070 亿美元），同比增长 19.55%，这意味着它超越 IBM 进入世界 500 强前 75 名，增速为全球千亿美元规模企业第一！值得注意的是，华为年收入首次突破 1 000 亿美元大关。2021 年，华为名列世界 500 强第 44 位，销售收入 6 368 亿元人民币，净利润 1 137 亿元。

华为是一家什么样的公司呢？

华为是一家股份有限公司而不是有限责任公司，它成就了近 10 万名员工持股的梦想。创始人任正非持股 1%左右，99%的股份由 10 万名员工持有，践行了“财散人聚”的理念。根据华为年报，2021 年华为的雇员总费用接近 1 645 亿元，近 20 万名员工，人均年收入超过 82 万元（见表 1－2）。

表 1－2　华为近三年薪酬情况

华为近三年薪酬	2021 年	2020 年	2019 年
雇员总费用（亿元）	1 645	1 466	1 403
总员工人数（万人）	20	19	18
人均年薪（万元）	82	77	78

华为是一家股份有限公司而不是上市公司，它的研发费用比例高于 10%，放大了长期激励的效应。2021 年华为研发费用为 1 427 亿元，占销售收入的 22.4%。华为近十年研发费用总计超过 8 456 亿元。目前，华为研发投入在全球企业中位列第二。截至 2021 年底，华为全球共持有有效授权专利 4 万余族（超 11 万件），90%以上专利为发明专利。公开数据显示，华为目前至少有 700 多位数学家、800 多位物理学家、120 多位化学家，有 15 000 人从事基础研究。华为有超过 10.7 万名研发人员一直专注创新和研究，他们约占公司总人数的 54.8%。

华为树立了“以奋斗者为本”的企业价值观。任正非说了四句关于人才的话，成为经典：“一个人不管如何努力，永远也赶不上时代的步伐，更何况在知识爆炸的时代。只有组织起数十、数百、数千人一同奋斗，你站在这上面，才摸得到时代的脚。”“也许是我无能、傻，才如此放权，使各路诸侯的聪明才智大发挥，成就了华为。”“什么是人才，我看最典型的华为人都不是人才，钱给多了，不是人才也变成了人才。”“没有英雄的公司是最好的公司。”

华为在总结公司长期的治理探索与实践经验，汲取古今中外大量治理案例的合理成分的基础上，制定了体现公司集体领导与制度化接班思想的治理章程，其核心强调的是公司的命运不能系于个人。在华为，持股员工代表会为最高权力机构，行使公司的最高权力，管理和控制公司。新一届董事会、常务董事会在持股员工代表会的授权下，管理公司的日常运作与决策。

华为的董事会设有董事长、三名轮值董事长和副董事长。董事长（梁华）是公司的形象领袖，同时具有主持持股员工代表会对治理相关规则及重大问题进行表决的权力；轮值董事长（胡厚崑、郭平、徐直军）在当值期间是公司日常运作的最高领袖。

华为不是简单照搬《公司法》的强制性治理，也不是模仿国内外其他公司的治理模式，而是基于《华为基本法》进行治理。

资料来源：华为2021年年报.

问题讨论：

1. 华为为什么不走上市之路？
2. 华为的成功如何解释公司的力量？

第2章

公司治理基础

学习目标

1. 了解公司治理产生的根源是公司的法人地位所衍生的三权分设；

2. 理解所有权与经营权的分离及其导致的委托-代理问题；

3. 掌握公司治理的含义及良好公司治理的特征；

4. 理解公司治理与公司管理的区别。

素养提升

1. 党的十八届三中全会首次提出“推进国家治理体系和治理能力现代化”这个重大命题，并把“完善和发展中国特色社会主义制度，推进国家治理体系和治理能力现代化”确定为全面深化改革的总目标。

2. 党的十八届五中全会进一步强调，要实现“各方面制度更加成熟更加定型。国家治理体系和治理能力现代化取得重大进展，各领域基础性制度体系基本形成”。

3. 党的十九大作出到本世纪中叶把我国建成富强民主文明和谐美丽的社会主义现代化强国的战略安排，其中制度建设和治理能力建设的目标是：到2035年，“各方面制度更加完善，国家治理体系和治理能力现代化基本实现”；到本世纪中叶，“实现国家治理体系和治理能力现代化”。

4. 党的二十大报告指出“健全资本市场功能，提高直接融资比重”①。

---

① 习近平．高举中国特色社会主义伟大旗帜 为全面建设社会主义现代化国家而团结奋斗——在中国共产党第二十次全国代表大会上的报告．北京：人民出版社，2022：30.

学 习 导 图

学习公司治理应以了解公司治理产生的根源为起点，理解所有权与经营权分离导致的问题，掌握公司治理的含义及良好公司治理的特征，进一步理解公司治理与公司管理的区别。为此，本章以公司治理产生的根源为主线，循序渐进地介绍公司治理的界定，以及良好公司治理的意义和特征等内容。

本章主要内容围绕委托-代理问题及解决问题的有效机制展开。现代公司的重要特征之一就是公司所有权与经营权的分离，这种分离既解决了企业成长中的资金问题，又导入了专业化管理。由于人的经济性特征，公司所有者与经营者的利益往往不一致，导致委托-代理问题突出，公司治理便应运而生。在学习过程中，应特别注意良好公司治理的重要地位与作用。

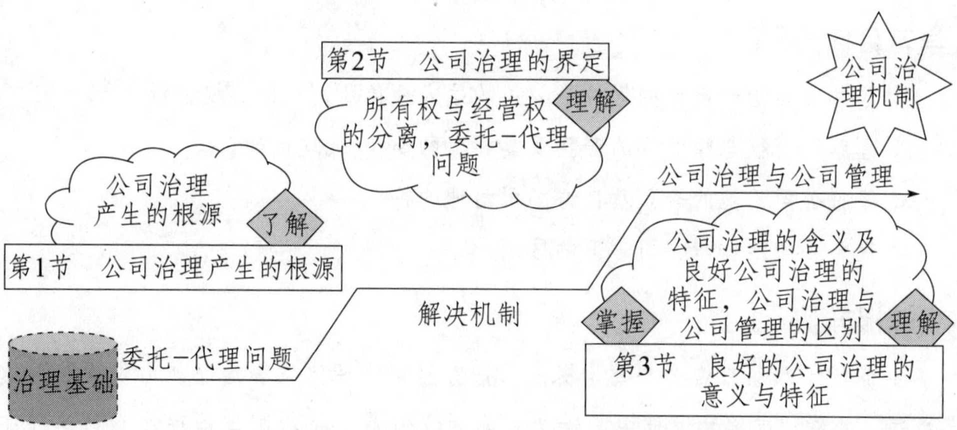

引 例

世界500强安然公司为什么轰然倒塌

安然公司主要经营北美的天然气和石油输送管道业务。20世纪80年代后期，安然公司利用美国政府放松对能源市场管制的时机，从事能源产品的期货、期权等新型交易，并不断扩大经营范围，开拓其他大宗商品的衍生交易市场，占据了新型能源交易市场的垄断地位。安然公司在短短15年间从一家地区性的能源供应商演变为世界上最大的能源和商品交易商，曾连续4年被美国《财富》杂志评选为“美国最具创新精神的公司”。2000年安然公司在《财富》500强中排名第16位，同年，公司股票价格最高达每股90.56美元，公司资产市值达800亿美元。

从虚报盈利和掩盖债务的造假行为曝光到申请破产，安然公司股价跌到不足1

美元。安然公司2001年12月向法庭提交的资产负债表显示，公司资产为498亿美元，负债额为312亿美元，按资产计算，这是美国历史上最大的企业破产案。安然公司的破产并非偶然，其公司治理出现了严重问题。

从安然事件中看到了一个缺乏责任的董事会。公司董事长兼总裁肯尼斯·莱利用个人的影响，通过巨额资助竞选与历届政府要员关系密切。根据美国政府两家监督机构公布的调查报告，有258名国会议员曾接受过安然公司的捐款，至少有15名布什政府高官拥有该公司股份。安然公司董事会更像是一个有深厚利益关系的俱乐部，该公司董事会精英荟萃，包括美国商品期货交易委员会前负责人，英国议会前领导人，美国著名大学资深退休法学、会计学教授，公司与董事利益交织、互相利用。安然公司与独立董事签订了多份有关咨询服务和产品销售的业务合同，还向独立董事任职的非营利机构大量捐款，在这种利益交织的情况下，独立董事对公司管理层的监督形同虚设。董事会不顾职业道德，听从时任董事长肯尼斯·莱和首席执行官杰弗斯·斯科林的建议，允许时任首席财务官安德鲁·法斯特暗地里建立私人合作机构，非法转移公司财产。董事会和公司高层完全忽视对安德鲁·法斯特行为的监控，甚至对他建立的私人合作机构的盈利情况不闻不问。公司董事缺乏诚实信用的基本道德和行为规范，29名高级主管被美国联合银行起诉的理由是明知公司前景欠佳，仍乘机出售数百万美元的股票。当安然公司股价跌得不到最高点1/3时，这29名高级主管却抛售股票获得11亿美元的利润。与此同时，公司董事长兼总裁肯尼斯·莱却向员工表示，对公司的前景从未像现在这样感觉良好，并禁止员工出售股票，致使员工的退休储蓄金损失数十亿美元。

安然公司董事会特别委员会在纽约联邦破产法院公布一份长达218页的报告，认为安然公司之所以倒闭是因为管理层经营不善以及部分员工利用职权之便为自己聚敛财富。报告揭露，安然公司从20世纪90年代末期到2001年夏天的成功都是虚幻的泡沫，一些高级主管不但隐瞒上一财年安然公司高达10亿美元的亏损，并且出售价值数百万美元的公司股票。调查表明，安然公司的高级主管成立了不少复杂的机构，和公司外部人员合作操纵安然公司的财务报表，从中赚取了数千万美元的黑心钱。2000年公司首席财务官安德鲁·法斯特在一笔合作交易中投入2.5万美元，在短短两个月内就轻而易举地赚取了450万美元利润。法斯特的助手科伯在3年中利用财务合伙账户把12.5万美元变成了1 050万美元。

由此可见，在缺乏监督和制约的条件下，公司就会被个人操纵和利用，成为内部人牟取个人利益的手段，最终受损失的是股东和公司的利益相关者。安然事件让我们看到，无论是多么有实力的公司，缺乏有效的治理机制最终将葬送企业的前程，给社会造成巨大损失。

资料来源：鲁桐．公司治理的意义——从安然事件得出的教训．豆丁网，2009-03-10.

第1节　公司治理产生的根源

一、公司权力的相关概念

（一）所有权

所有权（ownership）是所有人依法对自己财产所享有的占有、使用、收益和处分的权利。它是对生产劳动的目的、对象、手段、方法和结果的支配力量，是一种财产权，又称财产所有权。所有权具有绝对性、排他性、永续性等特征，具体包括占有、使用、收益、处置四项权利。产权和所有权的区别是：产权是一个较大的概念，产权包括所有权。

所有权具有以下特征：

第一，所有权是绝对权。所有权不需要他人的积极行为，只要他人不加干预，所有人自己便能实现其权利。所有权关系的义务主体是所有权人以外的一切人，其所负的义务是不得非法干预所有权人行使其权利，是一种特定的不作为义务。

第二，所有权具有排他性。所有权人有权排除他人对其行使权利的干涉，并且同一物上只能存在一项所有权而不能并存两项及以上所有权。当然，所有权的排他性并不是绝对的，各国法律对所有权都有不同程度的限制。

第三，所有权是最完全的物权。所有权是所有人对其所有物进行一般的、全面的支配，是内容最全面、最充分的物权，它不仅包括对物的占有、使用、收益，还包括对物的最终处分。所有权作为最完全的物权，是他物权的源泉。与之相比较，建设用地使用权、地役权、抵押权、质权、留置权等他物权，仅仅是占有、使用、收益某一方面的对物的直接支配的权利，只享有所有权的部分权能。

第四，所有权具有弹性。所有人在其所有物上为他人设定地役权、抵押权等权利，虽然占有、使用、收益甚至处分都能导致与所有人发生全部或者部分的分离，但只要没有发生使所有权消灭的法律事实（如转让、所有物灭失），所有人仍然保持对其财产的支配权，所有权并不消灭。当所有物上设定的其他权利消灭，所有权的负担除去时，所有权仍然恢复其圆满的状态，即分离出去的权能仍然复归所有人，这称为所有权的弹性。

第五，所有权具有永续性。这是指所有权不能约定其存续期间。例如，当事人不能约定所有权只有 5 年期限，过此期限则所有权消灭。当事人对所有权存续期间的约定是无效的。

第六，所有权具有观念性。观念性即所有人不以对所有物的现实控制为必要，而是把所有权行使所带来的利益看得比对所有物的控制更为重要，这种从所有到实现利益的观念特征比过去任何时候都更加强烈。

综上所述，公司所有权是资产所有者对自己所有的资产依法进行全面支配的物权，是原始的、自主的物权，是所有者独享的权利，是一切产权的基础和核心，所有者以外的其他人都必须尽不侵犯其所有权的义务。所有权是最充分、最完全、最典型的产权，因而被认为是一种绝对权利。

（二）经营权

经营权（managerial authority）是指企业在经营过程中，依据相关法律法规，对企业财产经营、投资和其他事项的支配、管理权。企业经营者基本上是公司的具体经营管理机构，即公司经理和公司董事会及其成员。

（三）公司权力

公司是由众多具有独立人格的投资者出资建立的经济组织，拥有自己独立的财产权，也称法人权力。公司权力由众多投资者拥有，但为保证公司的法人独立性，又必须与自然人相分离。于是公司权力分立和制衡成为现代公司权力分配和使用的基本原则。习近平总书记指出："没有监督的权力必然导致腐败，这是一条铁律。"①

为了提高公司的效率和防止公司权力的过度集中，一般来说，公司按照决策、执行和监督三权相互分立、相互制衡的原则设置组织机构。例如，决策权包括涉及股东利益的重大决策、涉及公司经营的重要决策以及一般经营决策。这样就产生了相应的组织机构，即股东会、董事会和经理层。

为了避免公司组织机构的越权、滥权、侵权行为，公司法和公司章程规范了各个组织机构的权力、利益和责任以及它们的行为方式和程序，使它们形成一个相互依存、相互作用和相互制约的组织体系。公司权力构成如图 2-1 所示。

---

① 习近平．习近平谈治国理政．北京：外文出版社，2014：418.

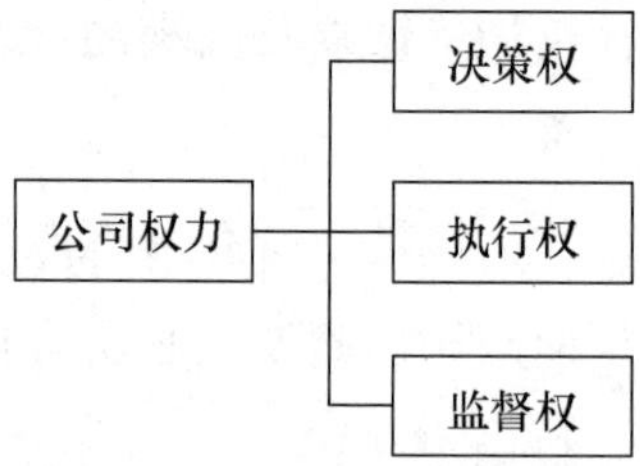

图 2-1　公司权力构成

公司权力包括对权利占用、使用、收益和处分的决策权、执行权和监督权。这三权可以集于一身，也可以分权制衡。分解与制衡程度取决于公司所有权与经营权的分离状况。

事例 2-1

美国国家权力设置

在 1787 年的美国立宪会议上，最重要的问题不是“谁应该当总统？谁应该领导我们？谁是我们当中最聪明的人？谁是最好的国王？”绝非如此！美国的建国先贤们思考的问题是：“我们能够创建什么样的程序，使国家在我们身后仍然能拥有很多优秀的总统？我们希望建立哪种长治久安的国家？要靠什么原则来建国？国家应该如何运作？我们应该制定什么指导方针和机制，以便创造我们梦想的国家？”

资料来源：吉姆·柯林斯，等．基业长青．北京：中信出版社，2009：45.

二、公司所有权与经营权的分离

（一）公司所有权与经营权分离的原因

在理论上，所有权与经营权分离是指对所有权的占有、使用、收益、处分等诸项权利可以基于一定的法律事实分离出去，由他人享有，大多形成他物权，有时形成租赁权、借用权等债权。经营权与所有权的分离并不是权利人刻意为之，而是与一定的经济基础密不可分的，是现实需要使然。

1. 所有权与经营权分离的产权基础是分散的产权结构

随着生产力的发展，产业日渐升级，规模日益扩大，公司取代合伙制成为现代企业的主要形式，其具有大规模协作群的生产效率优势、大型企业的竞争优势和垄断优势、新技术开发和使用的规模优势等。这些优势赖以存在和保持的条件是有巨大的社会资本，单靠个别资本的积聚和集中几乎不可能实现。公司的产权结构不再具有单一持有者的私人性，而是建立在分散的产权结构的基础上。高度分散的产权结构很难做到投资者都进入公司从事生产经营活动，有限责任制度的产生必定要求所有权与经营权的分离，这样公司产权和所有者产权之间的界限才更明晰。

2. 所有权与经营权分离的必要条件是提高效益

随着社会经济的发展，一方面，生产组织需要扩大规模以适应扩大的资本规模，资本的物质不可分性要求生产组织必须具备一定的规模以达到规模经济的要求；另一方面，经济与市场的快速发展使得企业经营的规模效益问题更加突出，所有权与经营权的分离已成必然。因此，所有权与经营权在多大程度上分离首先是生产力发展带来的规模效益问题。在所有者感到经营能力不足时，委托经营能力强的人才代为经营，可以使企业资源与经营管理人员达到最优组合，产生最大效益，带来最大利润。只有达到一定的经营规模且所有者经营能力不足时，才有必要雇用专门的经营人员提高组织的经营效率，企业只有达到一定的经营规模才能负担得起专门的经营人员的费用。基于这一点，现代企业大多都实行两权分离，委托经营能力强的人才经营，这无疑是一种企业管理的突破。

3. 所有权与经营权分离的直接效果是管理更加科学合理

在现代企业发展过程中，初始财富的积累者受自身能力的限制无法使这些财富大幅增加，也无法使家族与金钱之间的关系更加清晰，因此，现代企业的突破得靠真正意义上独立的、专业的经营者。财务是专业的财务，营销是专业的营销，研发是专业的研发，制造是专业的制造，甚至人力资源也是专业的人员，他们往往受过高等教育，能站在科学管理的角度思考问题，遇到企业发展的瓶颈会更加冷静地处理，经营决策也更加科学。

综上所述，公司所有权与经营权相分离是现代公司的重要标志。只有两权分离，企业的有限责任才能更加清晰，企业的法人地位才能更加独立，企业的专业分工才能更加科学有效，最终实现企业做大做强做长的目标。

（二）公司所有权与经营权分离带来的问题

公司所有权与经营权的分离在促进企业快速成长的同时，会带来如下问题。

1. 委托-代理问题

企业的委托-代理理论由美国学者伯利和米恩斯（A. Berle and G. Means）在 1932 年开创。伯利和米恩斯通过对 1929 年美国 200 家最大的非金融公司的考察，在 1932 年出版的《现代公司与私有财产》（*The Modern Corporation and Private Property*）

一书中提出，在公司股权极其分散的情况下，经理实际上掌握了公司的控制权，即“所有权与控制权分离”的命题。后来，美国学者勒纳（Larner）调查了1963年美国最大的200家非金融公司，并与伯利和米恩斯1929年考察的情况进行对比，发现管理控制型公司大量存在，而且比重从58%上升到85%，美国企业成为“经理式企业”。

由于所有权与经营权的分离，出现以研究委托-代理关系为核心的委托-代理理论。在现代企业委托-代理关系中，由于委托人与代理人都是理性的效用最大化者，双方的目标往往并不完全一致。作为委托人的资本所有者，其目标是追求资本收益即利润最大化；作为代理人的经营者，其目标是追求个人报酬（包括货币收入和非货币收入等效用）的最大化。代理人为实现自己的目标有可能损害委托人的利益，尤其是在存在不确定性和信息不对称的情况下，具有内部信息优势的代理人有可能严重偏离委托人的目标，从而产生所有者与经营者之间的委托-代理问题。为此，委托人必须对代理人进行有效的监督、激励和约束，以降低代理成本。

延伸阅读2-1

亚当·斯密的精辟之语

每个人都按照自己最好的方式生活是符合其利益的。如果无论是否工作，他所获得的报酬没有差别，那么最符合其利益的做法就是要么完全抛弃工作，要么从属于一些可以避免辛苦劳动的权力机构，用漫不经心和懒散的态度完成工作。因此，不能期待他们像无限公司的合伙人小心翼翼地监视自己的货币那样来监视他人的货币，在公司的经营中，经常存在或多或少的怠慢和浪费。

资料来源：亚当·斯密．国富论．北京：商务印书馆，2015：710.

延伸阅读2-2

什么是代理成本

詹森和麦克林（Jensen & Meckling，1976）提出了代理成本的概念，他们指出代理成本来源于企业的管理者而不是企业的完全所有者这样一个事实。代理成本主要由两部分组成。一是委托人的监督成本，委托人对代理人的监督，不仅指行为的观察与记录，还包括采取不同方式对代理人的行为进行干预和约束以避免不利行为的发生。二是委托人的损失，即代理人没有按照委托人的意愿实现企业价值最大化所产生的损失。为了降低代理成本，必须建立一套有效的激励机制和监督机制来解决委托-代理问题。法玛（Fama，1980）提出利用代理人的市场声誉督促代理人努力工作，代理人市场会对代理人行为产生约束作用，提高其违约成本。

2. 信息不对称问题

现代公司所有权与经营权分离导致的委托-代理关系，产生了难以解决的投资者与经营者之间以及投资者之间的代理问题，出现这种问题的关键在于信息不对称。信息不对称主要有两类：逆向选择和道德风险。

逆向选择是指市场交易的一方如果能够利用多于另一方的信息使自己受益而对方受损，处于信息劣势的一方便难以顺利地做出买卖决策。于是价格随之扭曲，并失去平衡供求、促成交易的作用，进而导致市场效率的降低。委托-代理中的逆向选择是指经营者比外部投资者掌握更多有关公司当前状况及未来前景的信息，他们可以通过各种途径，以牺牲外部投资者的利益来谋取自己的利益，例如通过扭曲或操纵提供给投资者的信息的方式来谋取利益，这就会影响投资者决策。如果投资者担心信息的可靠性，他们在购买公司证券时就会格外谨慎甚至拒绝购买，从而导致资本市场和经理人市场无法正常运作。

延伸阅读 2-3

二手车市场上的逆向选择

阿克尔洛夫（Akerlof，1970）发表了著名的《次品问题》，首次提出了“信息市场”概念。阿克尔洛夫从当时司空见惯的二手车市场入手，发现由于买卖双方对车况掌握的信息不同而滋生矛盾，导致旧车市场日渐式微。在旧车市场中，卖主一定比买主掌握更多的信息。为了便于研究，他将所有的旧车分为两大类，一类是保养良好的车，另一类是状况较差的车。然后假设买主愿意购买好车的出价是 20 000 美元，差车的出价是 10 000 美元，而实际上卖主的收购价可能只有 17 000 美元和 8 000 美元，存在较大的信息差价。由此可以得出一个结论：如果买主不经过旧车市场而直接从车主手中购买，将产生更公平的交易，车主会得到比卖给旧车市场更多的钱，与此同时，买主出的钱更少。但接下来会出现另一种情况，当买主发现自己总是在交易中处于不利位置，他会刻意压价，以致低于卖主的收购价，这使得交易无法进行。面对这种情况，旧车市场的卖主通常会采用以次充好的手段满足低价位买主，从而使得旧车质量越来越差，最后难以为继。

道德风险是指与经营者签订聘用合同后，投资者不可能有效地直接观察到经营者的努力程度和工作效率，于是经营者就有可能偷懒，或将公司状况的恶化归结为他们不可控制的因素（如外部政治、经济环境等），这将对投资者和整个经济的有效运行产生严重的影响。也正是由于信息的不对称给公司内部人提供了侵害外部投资者利益的行为空间，公司治理应运而生。

延伸阅读 2-4

保险市场中的道德风险

2001年，因对信息不对称理论的贡献而获得诺贝尔经济学奖的约瑟夫·斯蒂格利茨（J. E. Stiglitz）在研究保险市场时发现一个经典的例子：美国一所大学学生自行车被盗率约为10%，几个聪明的学生发起了一个自行车保险，保费为保险标的的15%。按常理，这些学生应获得5%左右的利润，但该保险运作一段时间后，自行车被盗率迅速提高到15%以上，这是因为投保后学生们对自行车采取的安全防范措施明显减少。在这个例子中，投保的学生由于不完全承担自行车被盗的后果，因此对自行车的安全防范不作为，这就是道德风险。可以说只要市场经济存在，道德风险就不可避免。

3. 利益冲突问题

从全球来看，由于所有权与经营权分离程度不同，会带来如下利益冲突问题：

（1）如何协调股东与企业的利益关系。在所有权与经营权高度分离的情况下，由于股权分散，股东有可能失去控制权，企业被内部人（即管理者）控制。这时控制了企业的内部人有可能会做出违背股东利益的决策，侵犯股东的利益。这种情况将造成投资者不愿意投资或股东“用脚投票”的后果，有损企业的长期发展。公司治理正是要从制度上保证所有者的控制与利益，即控制管理层按照使公司股东利益最大化的原则行事。

（2）如何防止控股股东或大股东侵占中小股东的利益。在所有权与经营权分离程度较低的情况下，由于股权相对集中或高度集中，具有控制权优势和信息优势的控股股东或大股东存在采取资金占用、关联交易等方式侵占中小股东利益的机会。公司治理的作用就是防止控股股东或大股东侵占中小股东的利益。

（3）如何协调企业各利益相关者的关系。由于公司是以营利为目的的商业组织，同时又是存在于社会中的正式组织，因此公司在追逐利润最大化的同时，会产生与公司内部其他利益相关者（包括员工）和外部其他利益相关者（包括债权人、顾客、社区、政府）之间的利益协调。公司治理的作用是防止公司在追求利润最大化的同时，损害公司其他利益相关者的利益，即承担必要的社会责任。

延伸阅读 2-5

利益相关者理论

利益相关者理论是从 20 世纪 60 年代逐步发展起来的，进入 80 年代其影响迅速扩大。该理论开始影响各国公司治理模式的选择，从而促进企业管理方式的转变。利益相关者理论认为，股东、员工、债权人、供应商等群体都是企业各项资产的投入者，也是企业风险的承担者。由于这些利益相关者在企业持续发展过程中不可或缺，因此在为股东利益服务的同时，保护其他相关者的利益也是必要之举。

延伸阅读 2-6

全球公司史的重大里程碑：188 家全球企业巨头签署《公司的目的》宣言！

2019 年 8 月 19 日，代表苹果、百事、摩根大通、沃尔玛等上市大企业的美国工商团体“商业圆桌会议”（Business Roundtable）发表了名为“公司的目的”的宣言。该宣言强调企业将更重视履行对社会的责任，不再独尊股东利益，并希望重新界定企业在当今美国社会中的角色。这项宣言获得美国 188 位顶尖企业首席执行官的联合签署，以示共同负责。

宣言内容显示，企业界应该摒弃数十年来的惯例，除了维护股东利益，应该在改善员工福利与教育培训以及环境保护方面进行投资，并且公平对待合作的供应商。宣言写道：“我们每个企业虽然都有自己的目的，但我们对所有利益相关者有共同的承诺。每个利益相关者都至关重要，我们致力于为所有公司、社区和国家的未来成功创造价值。”

《纽约时报》的报道指出，这项宣言的发表意味着企业界正在反思自身在当今社会中应有的角色。

资料来源：全球公司史的重大里程碑：188 家全球巨头签署《公司的目的》宣言！．纽约时报，2019-08-19.

第 2 节　公司治理的界定

一、公司治理的内涵

“治理”一词源于拉丁语“gubernare”，意思是“统治”或“掌舵”，因此治理就是运用权力去指导、控制以及用法律来规范、协调影响人们利益的行为。然而，由于观察问题的角度不同，学术界对“公司治理”的内涵存在多种解释，主要有契约不完全论、要素论以及制度安排论等。

（一）公司治理的契约不完全论

美国学者奥利弗·哈特（Olive Hart）在《公司治理理论与启示》一文中提出了公司治理的分析框架。他认为，只要存在以下两个条件，公司治理问题就必然在一个组织中产生。第一个条件是代理问题，组织成员（可能是所有者、工人或消费者）之间存在利益冲突；第二个条件是交易费用之大使代理问题不可能通过合约解决。标准的委托-代理关系假定签订一份完全合约是没有费用的，但是实际签订合约的费用可能很高，如果存在这些交易费用，所有的当事人就不能签订完全合约，而只能签订不完全合约。因此，哈特指出，在不完全合约的情况下，治理结构确实有它的作用。治理结构被看作一个决策机制，而这些决策在初始合约中没有明确的设定，更确切地说，资产使用权如果没有在初始合约中详细设定的话，治理结构将决定其如何使用。由此可以看出，哈特将代理问题和合约的不完全性作为公司治理存在的条件和理论基础。

（二）公司治理的要素论

美国学者菲利普·科克伦（Philip Cochran）和史蒂文·沃特克（Steven Wartick）在1988年发表的《公司治理——文献回顾》一文中指出：公司治理问题包括高级管理层、股东、董事会和公司其他利益相关者在相互作用中产生的具体问题。构成公司治理问题的核心是：谁从公司决策层、高级管理层的行动中受益；谁应该从公司决策层、高级管理层的行动中受益。当“是什么”和“应该是什么”之间存在不一致时，公司治理问题就会出现。为了进一步解释公司治理中包含的问题，他们将公司治理分为四个要素，即管理层有优先控制权；董事过分屈从于管理层；工人在企业管理上没有发言权；政府注册过于宽容。他们认为，理解公司治理中包含的问题，是回答“公司治理是什么”这一问题的一种方式。

美国学者蒙克斯（Monks，1995）则把公司治理定义为影响公司方向和业绩表现的各类参与者之间的关系，主要参与者包括股东、经理、董事会、其他利益相关者。他们之间的关系涉及主要参与者的权力、责任和影响，以及在决定公司的方向、战略、业绩表现时能做什么和应该做什么。

（三）公司治理的制度安排论

将公司治理解释为一种制度安排是一种很有代表性的观点。清华大学钱颖一认为，公司治理结构是一套制度安排，用以支配若干在企业中有重大利害关系的团体——投资者（股东和贷款人）、经理人员、职工之间的关系，并从这种团体中实现经济利益。公司治理结构包括：如何配置和行使控制权；如何监督和评价董事会、经理人员和职工；如何设计和实施激励机制。

南开大学李维安认为，公司治理是指通过一套包括正式或非正式的、内部或外部的制度或机制来协调公司与所有利益相关者之间的利益关系，以保证公司决策的科学化，最终维护公司各方面利益的一种制度安排。公司治理是公司利益相关者通过一系列的内部和外部机制实施的共同治理。公司治理的目标不仅是股东利益的最大化，还要保证公司决策的科学化，从而保证公司各方面的利益相关者的利益最大化。

美国全国公司董事协会在20世纪80年代初将公司治理定义为：它是确保企业长期战略目标和计划得以确立，能够按部就班地实现这些目标和计划的一种组织制度安排。公司管理机构要维护公司的向心力和完整性，保持和提高公司声誉，对与公司发生各种社会经济联系的团体和个人承担相应的义务和职责。

二、公司治理的概念

从以上各种观点可以看出，学者们对公司治理概念的理解至少包含以下两层含义：

第一，公司治理是一种契约关系。公司被看作一组契约的联合体，这些契约治理公司的内外交易活动。由于经济人的行为具有有限理性和机会主义的特征，这些契约不可能是完全契约，即能够事前预知各种可能发生的情况，并对各种情况下缔约方的利益、损失都做出明确规定的契约。为了节约缔约成本，不完全契约常常采取关系契约的形式，也就是说，契约各方并不要求对双方责、权、利行为的详细内容达成协议。以公司法和公司章程为依据的公司治理的制度安排，在本质上就是这种关系契约，它以简约的方式，规范公司各利益相关者的关系，约束他们之间的交易行为。

第二，公司治理的功能是配置权、责、利。要使关系契约真正发挥作用，关键是在出现契约未预知的情况时对谁有权决策做出安排。一般来说，谁拥有资产，或者说谁拥有资产所有权，谁就拥有剩余控制权，即对法律或契约未做规定的资产使用方式进行决策的权力。公司治理的首要功能就是配置这种控制权。具体包含两方面：一是公司治理活动是在既定的资产所有权安排下进行的。所有权形式不同，比如债权与股权、股权集中与分散等，公司治理的方式和内容也会不同。二是所有权连带的各种权利是通过公司治理结构与机制进行配置，通过公司治理活动得以实现的。即所有权和控制权是公司治理的基础，公司治理结构与机制是控制权得以实现的制度保障。

综合以上理解，可以认为，公司治理是一个多角度、多层次的概念。从公司治理这一问题的产生与发展来看，可以从狭义和广义两方面去理解。

狭义的公司治理是指所有者（主要指股东）对经营者的一种监督与制衡的机制，即通过一种制度安排来合理地配置所有者与经营者之间的权利与责任关系，以实现股东利益最大化这一公司目标。

广义的公司治理是指通过一套包括正式和非正式的制度安排和机制设计，来协调公司与所有利益相关者之间的利益关系。广泛的利益相关者包括股东、债权人、供应商、员工、政府和社区等与公司有利益关系的集团。

三、公司治理结构与治理机制

（一）公司治理结构

由公司权力分解并衍生的公司治理结构如图2－2所示。其中，股东会是公司的最高权力机构，对公司重大事项进行决策，并对董事会进行监督；董事会是公司的最高经营决策机构，对公司的重要经营事项进行决策，并对股东会负有说明责任，对经理层进行监督；经理层是公司的最高经营执行机构，执行董事会的决策事项，并接受董事会的监督。

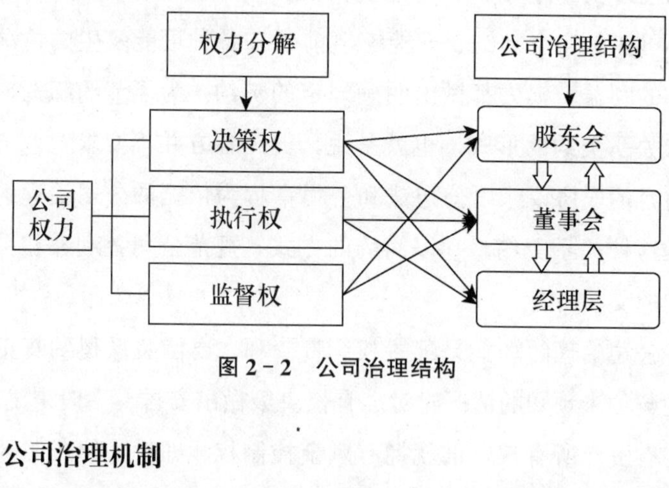

图2－2 公司治理结构

（二）公司治理机制

机制是指各要素之间的结构关系和运行方式。公司治理机制是委托人实施的机制，旨在调整委托人和代理人之间的积极性，并对代理人进行监督和控制。公司治理机制的目的在于减小代理问题产生的范围和频度，确保代理人的行动方式与委托人的最大利益相一致。公司治理机制具体包括决策机制、监督机制和激励机制。

1. 决策机制

董事会是公司治理的决策机构。一方面，董事会向全体股东负责，在股东会的授权范围内行使职权；另一方面，董事将具体事务委托给执行机构处理，形成第二层委托-代理关系。在第二层委托-代理关系中，董事会担任委托人的角色，即集决策制定和监督执行双重角色于一身。因此，董事会的优劣直接关系到公司治理的成功与否，董事的构成则直接关系到董事会的效率和效果。

董事会的核心地位决定了其必须在保持高度独立的情况下，做出正确的决定，并客观公正地对执行层进行监督。独立性是董事会高效发挥作用的必要条件。丧失了独立性的董事会不啻为一枚“橡皮图章”，被少数几个大股东和机构投资者摆布，不可避免会损害绝大多数中小股东的利益。此外，在内部人控制严重的企业，还有可能出现经理层控制董事会的现象。因此，应从董事的构成着手，确保董事会的独立性——既独立于大股东，又独立于经理层。

2. 监督机制

在现代公司制度中，所有权与控制权分离使股东难以直接管理或控制公司。为了避免代表所有者利益的董事会因追求自身利益而损害公司、股东、债权人、职工的权益，必须通过一定的制度安排对董事会进行制约和监督。与此同时，鉴于董事会与经理层的委托-代理关系，董事会应对其聘请的经理人进行监督，以避免经理人为追求自身利益而损害公司利益。因此，监督机制是公司所有者对经理人的经营决策行为、结果进行有效审核与控制的制度设计。公司治理的监督机制包括内部监督机制与外部监督机制。其中内部监督机制是指股东会、董事会等监督机制；外部监督机制是指媒体、中介机构等监督机制。

3. 激励机制

在现代公司中，股东是企业的实际所有者，而经理人作为经营者掌握着企业的经营控制权。董事会代表股东利益，对经营者进行监督和激励，并且保留了对公司的重大事件的决策权。在证券市场比较发达的国家，公司股权结构分散程度较高，代理问题更加严重。一方面，分散的个别股东基于自身收益成本的考虑，缺乏动力对经营者实施必要的监督；另一方面，由于缺乏监督，拥有公司经营控制权的经营者选择有利于自身利益而有损股东利益的行为。因此，有必要设计一套激励制度使经营者有积极性为股东创造价值。

对经营者激励的核心是将经理人对个人效用最大化的追求转化为对公司利润最大化的追求。在现代公司经营过程中，对经营者的激励主要体现为股权激励。股权激励是一种通过让经营者获得公司股权的形式给予经营者一定的经济权利，使他们能够以股东的身份参与企业决策、分享利润、承担风险，从而勤勉尽责地为公司的长期发展服务的制度。现代企业理论和国外实践证明，股权激励有助于改善公司治理结构、降低代理成本、提升管理效率、增强公司凝聚力和市场竞争力。

第3节　良好的公司治理的意义与特征

一、良好的公司治理的意义

（一）良好的公司治理可以透视公司的未来价值

公司治理是公司潜在价值的源泉。投资者愿意为治理质量良好的公司支付更高价格的原因在于，公司治理对公司价值起着决定性作用。大量的证据表明，良好的公司治理将带来较高的股票价格。

（二）良好的公司治理关系到企业的生存与成长

良好的公司治理可以保障投资者的合法权益，这是投资者投资公司的制度基础。如果因公司治理的缺陷，投资者的权益得不到保障，投资者“用脚投票”远离公司，公司就缺乏发展的资金保障。良好的公司治理可以减少不良事件的发生或降低风险，即使公司发生了不良事件，也可以迅速采取补救措施。

（三）良好的公司治理可以改善公司的声誉和信誉

世界上取得成功的公司几乎都经历了同一个过程，即发展—融资—再发展—再融资，能够沿着这条道路发展下去的基本条件就是取得投资者的信赖，良好的公司治理是取得投资者信赖的基石。通过增强信心，树立良好的声誉，积累无形资产，建立或恢复投资者的信任，良好的公司治理可以帮助公司树立良好的形象。

二、良好的公司治理的特征

良好的公司治理首先要符合外部法律上的强制规范要求，即“合规”，公司的各个层面都必须遵守法律，这是公司的法定义务，也是公司治理的底线。其次需要在“合规”基础上着眼于业绩的改进，而不仅仅是被动地应付监管部门推动的规范标准，股东、董事和经理都有发挥自身能动性的空间。最后需要公司自主性的治理创新，使公司治理创新成为公司发展和迈向卓越的重要驱动力。

良好的公司治理是指既能保证对管理层的控制和向股东说明责任，又能促进企业发展和提升公司业绩的设计、机制和架构的组合。良好的公司治理的特征可以归纳为负责、公正、透明等。

（一）保护股东权利

股东的权利包括：确定股东登记与过户的安全性、自由转移、及时并定期取得公司的相关信息、出席股东会与投票、选举董事、分享公司的剩余利润等。股东有权参与和被充分告知有关公司重大决策的改变；股东应积极参与股东会及投票，并应该被告知议事规则。在股东会期间，应为股东提供向董事会提问的机会，并将之列入议程。另外，应披露使特定股东取得超过其股权比率的投票权的资本结构与工具。最后，公司控制权市场应被准许以有效率、透明的方式运作，公司管理者不能使用反接管措施使其免受市场监督。

（二）平等对待股东

良好的公司治理应确保公平对待所有股东，包括中小股东和国外股东。如果股东的权利受到损害，他们应有机会得到有效补偿与救济。具体措施包括：相同等级的股东均应被同等对待并拥有相同的投票权，在买进任何等级的股票前，所有股东均应能取得有关该公司所有等级股东的投票权信息。禁止内部交易，应要求董事会与管理层披露任何影响公司重大利益的交易或事件。

（三）保护利益相关者的合法权利

良好的公司治理应该体现与尊重法律赋予利益相关者的权利，当利益相关者受法律保护的权益遭到侵犯时，其应有权利寻求有效的救济。应强化利益相关者参与机制，鼓励公司与他们在创造财富、工作机会与维持企业财务健全性等方面开展积极的合作，同时给予利益相关者取得相关信息的渠道。

（四）信息透明

良好的公司治理应确保及时、准确地披露所有与公司有关的实质性事项的信息，包括财务状况、经营状况、所有权结构以及公司治理的状况。信息的渠道应使投资者公平、及时、全面、准确且低成本地获得信息。

（五）董事会尽责

良好的公司治理应该确保董事会对公司的战略指导、对经营层实现有效控制，并对公司和股东负责。

延伸阅读2-7

OECD公司治理概况（2019）

2019年版《OECD（经合组织）公司治理概况手册》（OECD Corporate Governance Factbook，以下简称《概况手册》）报告了包括G20、经合组织和金融稳定委员会（Financial Stability Board）所有成员在内的49个不同法域的比较数据和信息。《概况手册》为监督《G20/OECD公司治理原则》（G20/OECD Principles of Corporate Governance）的执行情况提供了一个重要且独特的工具。《概况手册》每两年发布一次，供各国政府、监管机构和其他方面参考，以了解可能影响公司治理的具体措施和发展情况。全文分五章论述：（1）公司和市场总体情况；（2）公司治理结构；（3）股东权利；（4）公司董事会；（5）公司治理中的灵活性和比例性机制。

资料来源：https://www.corpgov.law.harvard.edu/2019/06/24/oecd-corporate-governance-factbook-2019/.

三、影响良好的公司治理的外部环境

建设良好的公司治理还会受到法律环境、资本市场、产品市场、经理人市场以及控制权市场的影响。

（一）法律环境

要实现良好的公司治理，必须存在保护投资者的法律、监督和制度。如果一个国家的投资者产权保护程度高，那么投资者就愿意投资于股票和债券，资本市场就会高度发达。投资者产权保护程度高，可以避免投资者与经理人之间的利益冲突，确保公司的大部分现金流以股息和股票回购的形式偿付给投资者；反之，在最糟糕的情况下，投资者可能需要将经理人告上法庭才能行使其权利。因此，党的二十大报告进一步强调“完善产权保护、市场准入、公平竞争、社会信用等市场经济基础制度，优化营商环境”①。

延伸阅读 2-8

反董事权力指数

反董事权力指数是指在对抗管理层和大股东时，股东保护程度的高低。它的取值范围在 0～6 之间，每符合下面标准中的一项加 1：(1) 股东可以邮寄他们的代理投票权；(2) 股东不被要求在股东大会前支付股票保证金；(3) 允许累计投票权；(4) 小股东受到保护；(5) 拥有优先认股权的股东可以购买新发行的股票；(6) 发起股东临时会议的股东比例是 10%或更小。取值越高，股东保护程度就越高。

(二) 资本市场

良好的公司治理离不开有效的资本市场。资本市场的特性使得股东在监督和遏制经理层机会主义行为方面起着重要作用，即股价的下跌会对这种机会主义行为起到惩罚作用。有效的资本市场可以迅速给全体股东提供公司经营状况的信号，从而使经理层的不良行为传导到股票价格上。如果公司的股价低于竞争对手，经理层的无能或失职就会反映出来，这样，股东就可以选择卖掉该公司的股票或者在股东会上提出质询或直接去控制公司。在这样的监督机制下，董事会和经理层只能尽职尽责，充分发挥经营才能，确保股东利益的实现。

延伸阅读 2-9

依法规范和引导我国资本健康发展

2022 年 4 月 29 日，习近平总书记在主持中共中央政治局集体学习时强调：

要加强新的时代条件下资本理论研究。在社会主义制度下如何规范和引导资本健康发展，这是新时代马克思主义政治经济学必须研究解决的重大理论和实践问题。要深入总结新中国成立以来特别是改革开放以来对待和处理资本的正反两方面经验，深化社会主义市场经济条件下资本理论研究，用科学理论指导实践，促进各类资本良性发展、共同发展，发挥其发展生产力、创造社会财富、增进人民福祉的作用。

---

① 习近平．高举中国特色社会主义伟大旗帜 为全面建设社会主义现代化国家而团结奋斗——在中国共产党第二十次全国代表大会上的报告．北京：人民出版社，2022：29.

要深化资本市场改革。要继续完善我国资本市场基础制度，更好发挥资本市场功能，为各类资本发展释放出更大空间。要健全产权保护制度，深入推进实施公平竞争政策，全面落实公平竞争审查制度，消除各种市场壁垒，使各类资本机会平等、公平进入、有序竞争。要完善开放型经济体制，不断提高对外开放水平，促进投资便利化，以优质市场环境吸引更多国际资本在我国投资兴业。要支持和鼓励我国资本和企业走向世界。

要规范和引导资本发展。要设立“红绿灯”，健全资本发展的法律制度，形成框架完整、逻辑清晰、制度完备的规则体系。要以保护产权、维护契约、统一市场、平等交换、公平竞争、有效监管为导向，针对存在的突出问题，做好相关法律法规的立改废释。要严把资本市场入口关，完善市场准入制度，提升市场准入清单的科学性和精准性。要完善资本行为制度规则。要加强反垄断和反不正当竞争监管执法，依法打击滥用市场支配地位等垄断和不正当竞争行为。要培育文明健康、向上向善的诚信文化，教育引导资本主体践行社会主义核心价值观，讲信用信义、重社会责任，走人间正道。

资料来源：依法规范和引导我国资本健康发展 发挥资本作为重要生产要素的积极作用．人民日报，2022-05-01.

（三）产品市场

良好的公司治理与企业经营业绩有着密切的关系，公司的产品和服务最终将受到消费者的裁决。在竞争激烈、顾客至上的产业环境中，如果某公司的产品或服务深受顾客的欢迎，那么其市场占有率会上升。倘若公司的产品或服务不能占有一定的市场份额，股东将会关注公司的经营管理状况。虽然对经理层的任免是由董事会决定的，但股东可以运用其权利去影响董事会，促使董事会对无能的经理人进行处罚。

（四）经理人市场

良好的公司治理需要建立有效的经理人激励约束机制。在有效的经理人市场中，有关经理人的经营才能和责任心的信息是公开的。不负责任或低能的经理人在被解雇后会发现很难再找到如意的工作，只能得到低职位和低工资，勤勉、有能力的经理人则会得到高职位和优越的报酬。经营失败后地位和个人收益的损失以及资本市场上争夺公司控制权的行为，会给那些企图偷懒或追求过高报酬的经理人敲响警钟。

（五）控制权市场

由于公司股票可以通过证券市场自由转让，因此敌意的并购者可能选择那些业绩差或未充分发挥潜在能力的公司，收购其股票，从而实现对公司的控制。控制权市场机制迫使经理人充分发挥其经营才能，否则可能因公司被并购而危及个人利益，因为被兼并公司的经理人往往会被替换或降级。

延伸阅读 2-10

敌意收购与善意收购

敌意收购（hostile takeover），又称恶意收购，是指收购公司在未经目标公司董事会允许，不管对方是否同意的情况下，所进行的收购活动。当事双方采用各种攻防策略完成收购，并希望取得控制性股权，成为大股东，然后重组公司高层管理人员，改变公司经营方针，解雇大量工人。

善意收购亦称协议收购，与恶意收购相对，是得到目标公司管理层和董事会支持的并购。善意收购可在证券交易所场外通过协议转让方式进行。通常董事会向全体股东表明，鉴于并购价格反映了公司的真实价值，公司同意并购方案。收购方一般会保留目标公司的大部分管理人员以保证业务继续经营。

四、公司治理与公司管理的区别

如前所述，公司治理关注公司所有权在内部利益相关主体之间的配置与制衡，对公司进行战略指导，说明责任，实施监督与控制。公司管理是公司经营权的执行与实施，即在既定的公司治理框架下，为实现公司目标而采取的行动。两者的具体区别如表2-1所示。

表2-1 公司治理与公司管理的区别

项目	公司治理	公司管理
公司层面	所有权	经营权
目的	实现利益主体之间的制衡	实现公司的经营目标
职能	决策、监督、说明责任、激励和约束	计划、组织、指挥、控制和协调
运行架构	治理结构，以董事会为核心，重点为董事会人员的构成	管理结构，以管理层为核心，重点为高级管理人员的选聘
实施基础	契约关系下的制度	层级关系下的制度
关注点	公司的战略方向	公司的执行效率

从最终目标来看，公司治理与公司管理都是为了实现公司财富的创造，只是在不同的层面发挥不同的作用，二者之间的联结点在公司的战略管理层次，即公司治理决定公司战略，公司管理通过有效执行实现公司战略目标（见图 2-3）。

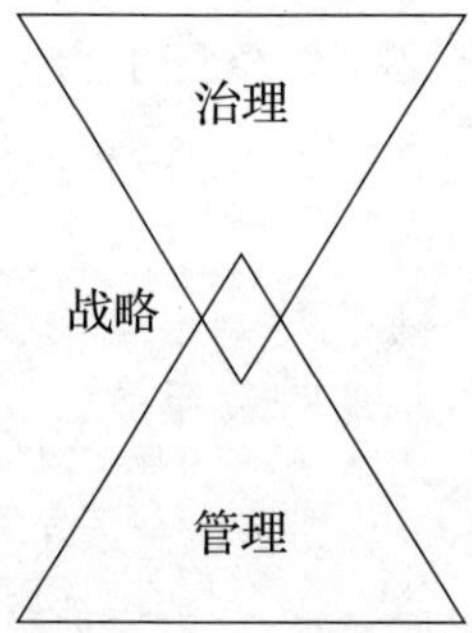

图 2-3　治理与管理关系图

没有良好的公司治理，即便有很好的公司管理体系，公司也是一棵根基不牢的大树，随时都有倒掉的危险；反之，只有好的公司治理，缺乏规范的公司管理的支撑，公司治理仅是一幅蓝图，不能取得应有的效果。因此，在实践中，划清公司治理与公司管理之间的界限，是实现良好公司治理的重要标志。

□ 小　结

现代公司的重要特征之一就是公司所有权与经营权的分离，这种分离既解决了企业成长中的资金问题，又导入了专业化管理。由于人的经济性特征，公司所有者与经营者的利益往往不一致，导致委托-代理问题突出，公司治理应运而生。公司治理解决的是所有权的配置与公平性问题，公司管理解决的是经营权的配置与效率问题，二者是一枚硬币的两面，在企业的发展中都是不可或缺的。

□ 关键术语

所有权	经营权	委托-代理关系
信息不对称	逆向选择	道德风险
公司治理	公司治理机制	良好的公司治理

□ 选择题

1. （单选题）所有权具有排他性是指（　　）。

A. 所有权不需要他人的积极行为，只要他人不加干预，所有人自己便能实现

其权利

B. 所有权人有权排除他人对其行使权利的干涉，并且同一物上只能存在一项所有权而不能并存两项及以上的所有权

C. 所有权是所有人对其所有物进行一般的、全面的支配，是内容最全面、最充分的物权，它不仅包括对物的占有、使用、收益，还包括对物的最终处分

D. 所有权不能约定其存续期间

2.（单选题）公司的本质特征是公司所有权与经营权分离条件下的（　　）关系。

A. 委托-代理　　B. 交易

C. 行政隶属　　D. 承包

3.（单选题）现代公司所有权和经营权分离导致的委托-代理关系，产生了难以解决的投资者和经营者之间以及投资者之间的代理问题，出现这种问题的关键在于（　　）。

A. 信息不对称　B. 利益冲突　C. 利益不一致　D. 道德风险

4.（多选题）从全球来看，所有权与经营权分离程度不同导致的利益冲突问题包括（　　）。

A. 如何保证投资者的投资回报，即协调股东与企业的利益关系

B. 如何防止控股股东或大股东侵占中小股东的利益

C. 如何协调企业管理层与董事会的关系

D. 如何协调企业各利益相关者的关系

5.（单选题）南开大学李维安教授认为，公司治理是指（　　）。

A. 所有者、董事会和高级执行人员即高级经理人三者形成的一种组织结构

B. 有关公司董事会的功能与结构、股东的权力等方面的制度安排

C. 通过一套包括正式或非正式的、内部或外部的制度或机制来协调公司与所有利益相关者之间的利益关系，以保证公司决策的科学化，最终维护公司各方面利益的一种制度安排

D. 为维护股东、公司债权人以及社会公共利益，保证公司正常、有效地运营，由法律和公司章程规定的有关公司组织机构之间权力分配与制衡的制度体系

6.（单选题）下列关于广义的公司治理的表述错误的是（　　）。

A. 广义的公司治理不局限于股东对经营者的制衡

B. 广义的公司治理不只限于以治理结构为基础的内部治理

C. 在广义上，公司不仅仅是股东的公司

D. 广义的公司治理不涉及广泛的利益相关者

7.（多选题）美国学者奥利弗·哈特在《公司治理理论与启示》一文中提出公司治理的分析框架。哈特将（　　）作为公司治理存在的条件和理论基础。

A. 代理问题　　B. 合约的不完全性

C. 信息不对称问题　　D. 关联交易问题

8.（多选题）构成公司治理问题的核心是（　　）。

A. 谁最终从公司决策层、高级管理层的行动中受益

B. 最终受益者是否应该从公司决策层、高级管理层的行动中受益

C. 谁从公司决策层、高级管理层的行动中受益

D. 谁应该从公司决策层、高级管理层的行动中受益

9.（单选题）（　　）机制是公司所有者对经理人的经营决策行为、结果进行有效审核与控制的制度设计。

A. 委托-代理　　B. 监督　　C. 控制　　D. 协调

10.（单选题）对经营者激励的核心是将经理对个人效用最大化的追求转化为对公司利润最大化的追求。在现代公司经营过程中，对经营者的激励主要体现在（　　）。

A. 股权激励　　B. 绩效激励　　C. 薪酬激励　　D. 目标

11.（多选题）良好的公司治理的意义包括（　　）。

A. 良好的公司治理有利于扩大员工职业发展空间

B. 良好的公司治理可以透视公司的未来价值

C. 良好的公司治理关系到企业的生存与成长

D. 良好的公司治理可以改善公司的声誉和信誉

12.（多选题）良好的公司治理的特征包括（　　）。

A. 保护股东权利，平等对待股东

B. 保护利益相关者的合法权利

C. 信息透明

D. 董事会尽责

□ 思考题

1. 为什么会发生公司所有权和经营权分离？不分离可以吗？

2. 委托-代理关系会带来什么问题？

3. 公司治理机制有哪些？

4. 良好的公司治理的特征是什么？

5. 公司治理与公司管理有何区别？

□ 案例分析

你会投资绿龙公司吗

绿龙公司是由刘一手和其远房亲戚吴所卫在 1998 年创立的，旨在用德国技术为中国市场提供建渣处理技术服务。在刘一手的领导下，绿龙公司业务稳步增长，市场前景良好。公司在 2015 年引入职业经理人曾仕场任公司 CEO，刘一手任公司董事长。刘一手和吴所卫各自减持部分股份，授予曾仕场 15%的公司股份。绿龙公司的股权结构如表 2－2 所示。

表 2－2　绿龙公司的股权结构

股东	类别	股份
刘一手	创始人/董事长	63%
吴所卫	创始人	22%
曾仕场	CEO	15%

2019 年，绿龙公司计划投资建设建渣处理技术升级工程项目，需要融资 1 000 万美元。于是，刘一手找到两家投资机构——青松资本和蓝石资本，邀请其作为战略投资者向该公司投资，分别持股 10%和 18%。绿龙公司为激励公司管理团队，计划留出 4%的股份用于股权激励。设想的融资后股权结构如表 2－3 所示。

表 2－3　设想的融资后股权结构

股东	类别	股份
刘一手	创始人/董事长	42%
吴所卫	创始人	15%
曾仕场	CEO	11%
CFO 张全能代表的管理团队	公司管理团队	4%
青松资本	投资机构	10%
蓝石资本	投资机构	18%

绿龙公司表示计划未来到香港上市。

通过初步接触，青松资本的投资团队察觉到绿龙公司有一定的公司治理风险，邀请南开大学的公司治理团队对绿龙公司开展公司治理评估，找出风险和问题，提出改进方案。

评估中，公司治理团队了解到以下信息：

(1) 对于公司治理评估，刘一手表示非常欢迎，他希望能通过这次评估为绿龙公司找出问题，提出改善建议。吴所卫表示与刘一手意见一致。曾仕场认为公司规模还很小，目前公司的关键任务应该是进一步开拓市场而不是改善公司治理。他非常担心公司治理的推进会影响公司的运营效率。

(2) 除《公司章程》外，绿龙公司没有制定与公司治理相关的其他制度或程序，包括董事会议事规则、股东会议事规则、关联交易制度。

(3) 公司董事会由刘一手、吴所卫、曾仕场3人组成，刘一手任董事长。3人的年龄、经历和专长为：刘一手，60岁，自学医术并行医20多年，1998年创立绿龙公司后弃医经商；吴所卫，70岁，数学博士，刘一手远房亲戚，现居德国，每年回国2～3次；曾仕场，45岁，美国工商管理硕士，曾在北京几家化工企业任市场销售总监。

(4) 考虑到3位董事都是公司股东，公司没有向其支付董事薪酬。

(5) 董事会每年召开一次董事会会议，与股东会合并召开。公司管理团队全员参加会议。会议内容为总结公司过去一年的经营业绩，讨论公司未来的发展战略。没有书面的会议决议和会议记录。

(6) 董事会没有设立专门委员会，也没有董秘。

(7) 公司现有在编员工50人。公司的组织结构如图2-4所示。

(8) 公司管理人员没有书面的岗位职责说明，其岗位职责由CEO曾仕场口头定。曾仕场对管理团队的绩效考核比较随意，没有事先设定绩效目标，也没有具体的考核标准。考核是通过口头谈话进行的，考核结果由曾仕场一人决定。

(9) 公司侧重于市场拓展和技术开发，管理团队中没有人负责全公司的风险管理工作，公司也没有开展过风险培训。2018年公司因印章管理漏洞遭遇了两场诉讼，造成了不小的经济损失。

(10) 公司没有建立内部审计制度，未曾开展内部审计。

(11) 公司2018年聘请了毕马威华振会计师事务所（KPMG）对公司的财务报表进行审计。KPMG出具了无保留意见的审计报告，但没有为公司提供《管理

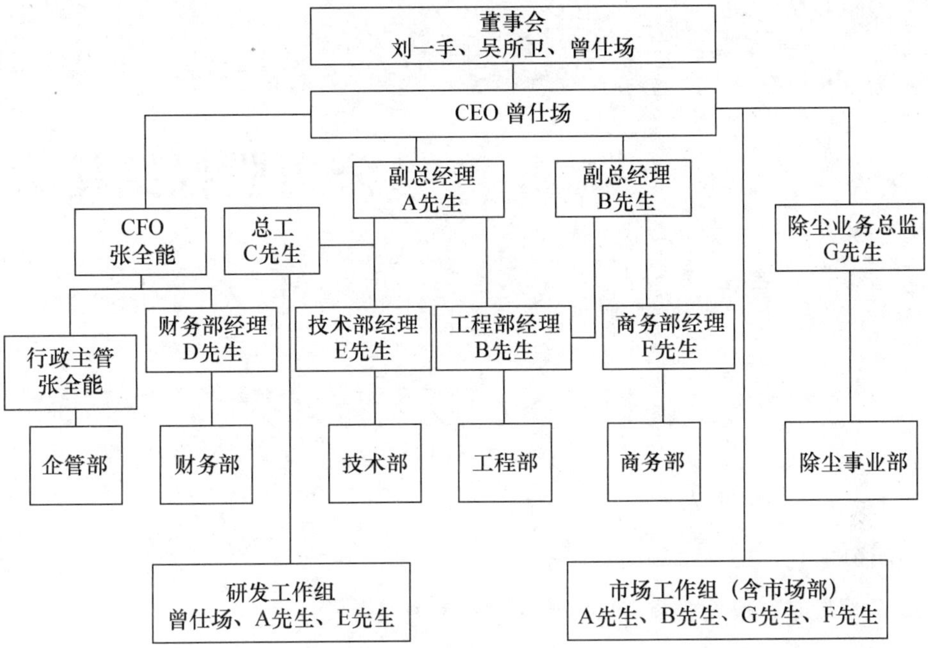

图 2-4　绿龙公司组织结构图

建议书》，也没有与公司董事会、CEO 就审计情况进行沟通。KPMG 除此项审计服务外，没有向公司提供其他服务。

(12) 公司有 3 名财务人员，都未取得相应的会计师资格证书。财务人员编制的财务报表的质量曾受到 KPMG 的质疑。CFO 张全能同时兼任公司的人力资源总监、办公室主任，没有时间和精力开展全面预算管理。

(13) 为了提高建渣处理工程项目招标的中标率，刘一手在中国成立了另外 4 家建渣处理公司，由刘一手和其妻子共同持股。绿龙公司与这 4 家公司之间有频繁的业务往来，包括分包建渣处理工程、借款、技术咨询等。这些交易的定价主要由刘一手决定。

(14) 虽然公司每年都盈利，但刘一手认为公司尚处于发展阶段，需要大量资金，决定每年都不分红。吴所卫和曾仕场对此略有微词。

资料来源：世界银行国际投资公司培训资料.

问题讨论：

1. 仅仅从公司治理的角度来考虑，你会不会投资绿龙公司？
2. 如果不投资，理由是什么？
3. 如果要投资，如何降低公司治理风险？

第3章

公司股权结构设计

学习目标

1. 了解股东、股份的含义以及股东的权利与义务；
2. 掌握股权结构的设计；
3. 学会运用机制设计解决所有权与经营权分离后的控制权问题；
4. 掌握股东会运行和表决机制的设计；
5. 了解投资者关系管理的含义与内容。

素养提升

1. 注重激发包括非公有资本在内的各类资本活力，发挥其促进科技进步、繁荣市场经济、便利人民生活、参与国际竞争的积极作用，使之始终服从和服务于人民和国家利益，为全面建设社会主义现代化国家、实现中华民族伟大复兴贡献力量。①

2. 我们要探索如何在社会主义市场经济条件下发挥资本的积极作用，同时有效控制资本的消极作用。要依法加强对资本的有效监管。②

3. 习近平总书记在党的二十大报告中指出："深化国资国企改革，加快国有经济布局优化和结构调整，推动国有资本和国有企业做强做优做大，提升企业核心竞争力。"③

---

① 依法规范和引导我国资本健康发展　发挥资本作为重要生产要素的积极作用．人民日报，2022-05-01.

② 习近平．正确认识和把握我国发展重大理论和实践问题．求是，2022（10）.

③ 习近平．高举中国特色社会主义伟大旗帜　为全面建设社会主义现代化国家而团结奋斗——在中国共产党第二十次全国代表大会上的报告．北京：人民出版社，2022：29.

学习导图

学习公司治理知识需要了解公司的股权结构，股权比例是投资者取得公司管理权的主要因素，公司管理权来源于股权或基于股权的授权，合理的股权分配是公司稳定的基石。为此，本章以公司股权分配为主线，依次介绍股东的权利与义务、股权结构设计、股东会运行与表决机制设计，以及投资者关系管理等内容。

本章主要内容为股权结构的设计与管理，股权结构设计对于公司治理而言就是顶层设计，股权结构将直接影响公司股东会的决策效率和决策结果。在学习过程中，应特别注意股权结构的地位与作用。

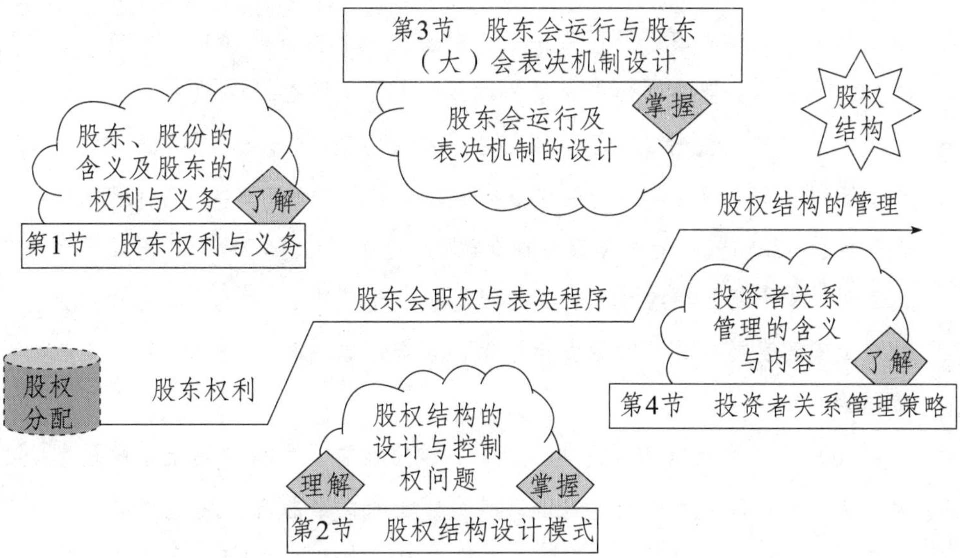

引例

为何立下如此遗嘱：“后三代不准当老板”

对于徐中大来说，过去几十年里，他都是和父亲、弟弟等亲人一起吃年夜饭，从无例外。2012 年的除夕夜，徐中大选择一个人在北京过。那时候，他和亲人之间的关系已经出现了裂痕。用他的话说，这顿年夜饭他不愿意和亲人们一起吃。

中大国际控股有限公司成立于 2000 年 9 月 14 日，注册地为百慕大。至徐中大被罢免时，中大BVI有限公司占股28%，中大集团副董事长张玉清持股3.4%，公众持股68.6%。中大BVI有限公司由徐中大、徐连宽两兄弟控股，分别占股57.22%、42.78%。

在外界看来，中大集团走到今天这一步，不仅仅是因为家族式管理的弊端，背后还有一个不同于一般家族企业的因素：内部成员股权不清晰！

造成这一问题的根源还要从1995年说起。彼时，徐中大想带领中大集团在香港上市。然而，在此之前，江苏省还没有民营企业在港上市的先例，地方政府和香港方面对此都缺乏经验。据徐中大回忆，对于上市，当时香港方面需要地方政府出具中大集团股权证明。于是，1996年盐城市委常委召开会议确定中大集团的股权结构。在当年市委常委第8期会议纪要中写道："会议认为，对中大集团资产权属界定，必须考虑以下因素：一、中大集团的前身是徐中大承包（租赁）的新洋乡乡办集体企业。二、中大集团近几年有了突飞猛进的发展，徐中大、徐连宽及其家人在其中做出了突出贡献，在中大发展中发挥了关键性作用……"最终，该次会议确定在中大集团的股权结构中，徐中大、徐连宽共占股份52.64%，职工共享股份42.36%，地方政府占股份5%。就这一结果，地方政府征求了中大集团的意见。中大集团在给地方政府的回复中写道："我们考虑到各方面因素，为了加快中大集团发展和满足国际发行股票的需要，原则同意市里对中大集团产权界定的结论。"

2001年，中大集团如愿成为江苏省首家在香港主板市场上市的民营企业。那时，徐中大或许没有想到，这份助其成功上市的股权界定竟也成了日后矛盾的爆发点——在这份股权界定中，只写着徐中大、徐连宽共占股份52.64%，却没有标明各自具体的占股比例。

过去，伴随着中大集团的快速发展，兄弟俩对此都没有太多意见。然而，当危机爆发后，兄弟俩对话语权、控制权和现实利益的争夺逐渐呈现白热化状态，矛盾也就迅速激化。

徐连宽在接受《中国汽车报》采访时说道："两个人的股份在一起是52.64%，那就是一人一半，不存在什么争议。"徐中大则坚持认为自己理应是单一最大股东："如果是一人一半，那我的地位就受到了威胁。作为创始人，我的股份一定要比徐连宽多，哪怕只多0.01个百分点！"

按照这样的股权结构，徐中大和徐连宽都是大股东，重组和改革需要两个人都同意才行。也正是由于这个原因，双方才有权否决对方提出的重组方案。双方在这一问题上陷入僵局，互不相让，中大集团的重组和改革迟迟无法推进。

中大集团的核心资产之一就是客车及新能源客车的生产资质和能力。到2014年年初，中大集团的客车停产已经快两年了，集团濒临破产。工信部等国家相关部门明文规定，企业一旦破产或进入破产程序，抑或是长期年销量低于一定标准，其各类生产资质将被注销。

尽管陷于如此困境，但徐中大对中大集团的未来仍然充满信心。他认为，只要以国家批准的新能源客车项目为抓手，邀约国内外有远见卓识、有强烈愿望、有强大实力的企业巨头并购重组，彻底废除家族式管理，实现股权社会化，完全由职业经理人运作，建立起中国式的人性化的现代企业，中大集团就一定能够起死回生、再创辉煌。然而，经历了这么多事情，他对于"老板"这个看似光鲜的身份有了新的认识。他说："我这辈子做的最后悔的事情就是当老板，我已经立下遗嘱，后三代不准当老板。"

资料来源：马安越．知名民营企业家为何立此遗嘱："后三代不准当老板"?．中国机电工业，2014 (5).

第1节　股东权利与义务

一、股东的定义

股东（shareholder）是指向公司出资或者持有公司股份并对公司享有权利和承担义务的人，是公司资本或股份的所有者。股东是公司存在的基础，没有股东就不可能有公司。由于公司的性质和类型不同，投资者向公司出资的时间以及取得股权的方式和种类不同。按照不同的标准可以对股东做出以下分类。

（一）隐名股东和显名股东

根据出资的实际情况与登记记载是否一致，股东可分为隐名股东和显名股东。隐名股东是指虽然实际出资认缴、认购公司出资额或股份，但在公司章程、股东名册和工商登记等材料中却记载为他人的投资者，又称隐名投资人、实际出资人。显名股东是指在正常状态下，出资情况与登记状态一致的股东。根据《公司法》的规定，有限责任公司成立后，应当向股东签发出资证明书，并置备股东名册，记载股东的姓名或者名称及住所、股东认缴和实缴的出资额、出资方式和出资日期、出资证明书编号、取得和丧失股东资格的日期等事项。

（二）机构股东和个人股东

根据股东主体身份，股东可分为机构股东和个人股东。机构股东是指享有股东权的法人和其他组织，包括各种基金、保险等。个人股东是指一般的自然人股东。

延伸阅读3-1

机构投资者

机构投资者是指用自有资金或者从分散的公众手中筹集的资金专门进行有价证券投资活动的法人机构。这类投资者一般具有投资资金量大、收集和分析信息的能力强等特点。这些投资活动对市场的影响较大，使得机构投资者比较注重资产的安全性，能够充分分散投资风险。按照主体性质的不同，可以将机构投资者划分为企业法人、金融机构、政府及其机构等。其中，企业法人是证券市场上的交易主体，既是资金供给者又是资金需求者。企业法人进行投资的目的主要有两个：一是资产增值；二是参与管理。这种投资一般都是长期投资，交易量大，但是相对稳定。

从我国机构投资者的发展历程来看，有三个重要的时间点：

第一个时间点是封闭式基金成立并开始运作的1998年3月。封闭式基金的成立引入了真正意义上具有专业优势的机构投资者。

第二个时间点是三类企业资金和保险公司资金入市的1999年。其中保险公司投资于证券投资基金的总额增长了13倍，从开放初的14.79亿元上升到2001年的208.99亿元。保险资金成为机构投资者最大的资金来源。

第三个时间点是中国开放式基金成立的2001年9月底。自此，基金产品差异化日益明显，基金的投资风格也趋于多样化。

（三）创始股东和一般股东

根据获得股东资格的时间和条件，股东可分为创始股东与一般股东。创始股东是指组织设立公司、签署设立协议或者在公司章程上签字盖章，认缴出资，并对公司设立承担相应责任的人。一般股东是指因出资、继承、接受赠予而取得股东权利、承担股东义务的人。

（四）控股股东和非控股股东

根据股东的持股数量和影响力，股东可分为控股股东与非控股股东。控股股东又分为绝对控股股东与相对控股股东。控股股东是指其出资额占公司资本总额超过50%或依其出资额所享有的表决权已足以对股东会、股东会的决议产生重大影响的股东。其余的股东就是非控股股东。

延伸阅读3-2

控股股东的界定

根据《公司法》第二百六十五条第（二）款的规定：控股股东，是指其出资额占有限责任公司资本总额超过百分之五十或者其持有的股份占股份有限公司股本总额超过百分之五十的股东；出资额或者持有股份的比例虽然低于百分之五十，但依其出资额或者持有的股份所享有的表决权已足以对股东会的决议产生重大影响的股东。

（五）大股东和中小股东

根据公司支配权与持有的表决权资本数量，股东可分为大股东和中小股东，这是一组相对的概念。一般来说，以公司中股东持有的股份数为标准，持有多数股份的股东为大股东。大股东可依靠其掌握的相对较多的表决权资本享有控制权。相对持股较少的股东是中小股东，掌握表决权资本数量相对较少的第二大股东和广大中小股东的控制权依次弱于大股东。虽然大股东通常会处于拥有公司支配权的地位，但是其与控股股东的概念不完全一致。比如，可以存在非拥有支配权的大股东，也可以存在非持有多数股份的控股股东。

二、股东的权利

股东的权利（简称股权）是基于股东出资而享有的权利，主要包括投资受益权、优先认股权、股份转让权、投票表决权、建议权和质询权、选举权、知情权、诉讼权等。

（一）投资受益权

股东以其投资取得公司股东的法律地位，因而具有要求投资回报的权利。股东的受益权主要包括股利分配权、清算剩余分配权。股利分配权即股东享有在董事会宣告分配股利或有其他形式的利益分配公告时，依照其所持有的股份获得股利和其他形式的利益分配的权利。股利分配权是指公司股东的一种固有权，由公司的盈利本质所决定，是实现投资者投资回报的重要形式。清算剩余分配权是指公司被解散、撤销、破产或注销之前，公司全部债权、债务关系清算完毕后资产如有剩余，股东有权参与剩余财产分配。

（二）优先认股权

在公司增资扩股时，原股东一般享有优先出资或认股的权利，以及对转让出资的优先购买权。优先认股权是公司发行新股增加资本时，按照原股东的持股比例，给予其在指定期限内以规定价格优先认购一定数量新股的权利。该权利产生的目的在于保证原股东对公司所有权的控制权不因资本的增加而被削弱。优先认股权可以转让、买卖，也可以放弃。买卖优先认股权的价格，由股票市场上该种股票的价格、新股的发行价格和认购一股新股所需的优先认股权数三个因素决定。

（三）股份转让权

公司的股东有权按照自己的意愿转让手中的股票，以获取资本收益或转移风险。在我国，有限责任公司股东向股东以外的人转让其出资，必须经其他股东过半数同意，且原股东享有优先受让权；股份有限公司股东特别是持有流通股的股东可以依法自由转让其股份。

（四）投票表决权

股东可以出席股东会，对公司重大事项进行表决，形成公司决议。投票表决权是在有限责任公司或股份有限公司中，股东按其持有的股份对公司事务进行表决的权利。投票表决权的大小取决于股东所掌握的股权数量。股东出席股东会，股东会由股东按照出资比例行使表决权，所持每一股份有一表决权。

（五）建议权和质询权

股东对公司的经营建议权和质询权是股东特别是中小股东的一项重要权利。建议权是指股东对公司提出有关经营管理方面的意见、改善措施、方案的权利；质询权是指股东对公司的决策失误、管理不当、高管人员的不尽职或失职行为提出质疑，要求其改正的权利。每位股东都有权进行建议和质询，与其持股比例无关。

（六）选举权

选举权即股东选择董事、监事等公司管理者的权利，当然，股东也有被选举的可能。由于股东对公司往往不直接参与经营管理，而是通过董事会、监事会等组织机构进行经营管理，股东通过选举董事、监事组成董事会和监事会，进而获得对公司业务的控制权，因此如何选择和监督公司的组织机构对股东来说就具有重大的意义。也可以说，选择公司的经营管理者的权利是股东经营管理权的具体化，也是股东最实质的管理公司的权利。

（七）知情权

知情权是股东最基本的权利之一。按照《公司法》第五十七条的规定，股东有权查阅、复制公司章程、股东名册、股东会会议记录、董事会会议决议、监事会会议决议和财务会计报告。公司应将上述文件置备于公司以供查阅。股东的知情权主要包括以下两个方面的内容：告知权和查阅权。告知权就是股东对公司的重要事项有被告知及公告的权利，公司要向股东告知公司各个方面的重要事项。查阅权就是股东对公司重要文件有查阅及复制权，公司重要文件主要指公司章程、股东名册、股东会会议记录、公司董事等高级管理人员的个人资料、公司财务会计文件等。

事例3-1

股东的知情权

2021年，孙某出资15万元、王某出资35万元共同成立了某仪器设备公司，孙某担任公司监事，王某担任公司执行董事。公司成立以来，运行良好，市场份额稳定，但管理层中渐渐出现矛盾。孙某发现公司已被王某实际控制，自己在公司渐渐被架空。孙某认为公司盈利，应召开股东会并分红，但王某表示公司亏损，拒绝召开股东会并拒绝分红。孙某要求查阅财务会计报告和会计账簿，但王某拒绝提供，且一直不出面解决此事。孙某在多次沟通未果后委托律师办理。

律师在接受委托后发现王某一直拒绝出面，律师随即建议孙某书面邮寄查阅会计账簿申请，王某在收到申请后仍无任何配合的意思表示，孙某便向法院起诉。

法院经过审理判决该仪器设备公司应于判决生效10日内向孙某提供自公司成立之日起至判决生效之日止已经产生的股东会会议记录、年度财务会计报告、公司会计账簿。

（八）诉讼权

诉讼权是按照一定程序对一定的人向法院提出权益主张，并要求法院支持其请求的权利。股东的权利受到侵害时，有权向公司、政府主管部门、法院寻求救济，其中，股东的诉讼是维护其合法权益最重要也是最有效的手段。根据《公司法》，股东有权向人民法院提起诉讼。诉讼类型主要涉及两种：一是直接诉讼；二是派生诉讼。

1. 直接诉讼

直接诉讼（direct suit）是指股东纯为自身利益而以股东身份向公司或者其他侵害其权利的人直接提起的诉讼，也即股东为实现其作为股份所有者而拥有的某项权利提起的诉讼。例如，要求股息的诉讼，要求查阅账簿的诉讼，要求行使投票权的诉讼，要求召开股东会的诉讼等。直接诉讼主要涉及股东与公司间的关系。股东的该项权利既可以由股东单独行使，也可以由股东共同行使。

2. 派生诉讼

当公司的正当权益受到他人侵害，特别是受到有控制权的股东、董事和其他管理人员等的侵害时，应该代表公司行使诉讼权的公司机构如董事会往往不可能代表公司进行诉讼。为了维护公司利益而提起的诉讼应当由董事会决议，由公司代表如董事长代表公司出庭，但如果是董事会损害了公司利益，就会形成董事会自己起诉自己的局面，董事会很可能拒绝或怠于行使诉讼权。此时，股东或公司的其他主体可以代表公司，对侵害人提起诉讼，以要求停止侵害，赔偿公司损失。这就是派生诉讼（derivative suit）。

事例3-2

特别代表人诉讼第一案

康美药业虚假陈述案是自2020年3月1日新《证券法》实施以来首例证券纠纷特别代表人诉讼，被媒体誉为“中国版证券集体诉讼制度”第一案，是我国资本市场和证券司法史上一个里程碑式的事件。

广州市中级人民法院审理查明，2016—2018年间，康美药业披露的年度报告和半年度报告中，存在虚增营业收入、利息收入及营业利润，虚增货币资金和未按规定披露股东及其关联方非经营性占用资金的关联交易等情况，正中珠江会计师事务所出具的财务报表审计报告存在虚假记载，均构成证券虚假陈述行为。经专业机构评估，投资者实际损失为24.59亿元。2021年4月8日，中证中小投资者服务中心有限责任公司受部分证券投资者的特别授权，向广州市中级人民法院申请作为代表人参加诉讼。

《证券法》第九十五条规定：“投资者保护机构受五十名以上投资者委托，可以作为代表人参加诉讼，并为经证券登记结算机构确认的权利人依照前款规定向人民法院登记，但投资者明确表示不愿意参加该诉讼的除外。”即受到50名以上投资者的委托后，投资者保护机构可以作为代表人发起诉讼，投资者保护机构向证券登记结算机构调取权利人名单后，直接代表全体权利人向法院申请将全部权利人登记为原告，无须征得权利人的明确同意。如果投资者不同意参加该代表人诉讼，应明确表示不愿意参加诉讼，这就是特别代表人诉讼最具特色的“默示加入，明示退出”诉讼参与方式。

资料来源：吴晓璐．首单特别代表人诉讼落地 资本市场投资者保护迈入新时代．证券日报，2021-04-19.

三、股东的义务

权利与义务总是相对的，股东享有权利，也要承担义务。股东的义务主要包括出资义务、对公司承担有限责任的义务、不得滥用其权利的义务等。

（一）出资义务

股东的出资义务，即股东必须依其所认缴数额向公司缴纳股款。认股人一旦按时缴纳出资额，就取得了股东资格。在允许股东分期缴纳其所认缴股款的情况下，股东只需缴纳首期出资即可取得股东资格。

（二）承担有限责任的义务

股东以其认缴出资或所持股份为限对公司承担有限责任；股东除出资外，对公司不承担任何其他财产责任，公司债务与股东无关，除非特别例外，如“揭开公司面纱”。

（三）股东不得滥用其权利的义务

股东应遵守法律、行政法规和公司章程，不得滥用股东权利损害公司或者其他股东的利益，不得损害债权人的利益，如有侵害，应当依法承担赔偿责任。我国《公司法》第二十一条规定：“公司股东应当遵守法律、行政法规和公司章程，依法行使股东权利，不得滥用股东权利损害公司或者其他股东的利益。公司股东滥用股东权利给公司或者其他股东造成损失的，应当依法承担赔偿责任。”第二十二条规定：“公司的控股股东、实际控制人、董事、监事、高级管理人员不得利用关联关系损害公司利益。违反前款规定，给公司造成损失的，应当承担赔偿责任。”第二十三条规定：“公司股东滥用公司法人独立地位和股东有限责任，逃避债务，严重损害公司债权人利益的，应当对公司债务承担连带责任。股东利用其控制的两个以上公司实施前款规定行为的，各公司应当对任一公司的债务承担连带责任。只有一个股东的公司，股东不能证明公司财产独立于股东自己的财产的，应当对公司债务承担连带责任。”

事例3-3

苏美材料对股东侵害公司利益不吱声

2015年挂牌新三板的苏美材料（833129）是一个活脱脱“熊孩子”的案例。该公司在2016年被主办券商恒泰证券接连点名4次。2016年9月6日，因苏美材料控股股东及实际控制人冷某顺“存在损害该公司利益的行为”，苏美材料未及时履行信息披露义务，亦未及时向恒泰证券报告相关情况，恒泰证券发布公告进行批评。

控股股东及实际控制人冷某顺与非关联方宿迁天问贸易有限公司（以下简称天问贸易）法定代表人兼总经理张某为好友关系，天问贸易面临急需周转资金的困境，为支持好友的公司经营，苏美材料于2016年3月15日向天问贸易拆出300万元，不存在交易实质，未约定收取利息。截至2016年9月6日，此款项尚未归还苏美材料。

该事项发生在苏美材料亏损尚未弥补的情况下，不利于苏美材料止损扭亏，系控股股东及实际控制人损害公司利益的行为。同时，苏美材料未及时履行信息披露义务，未将此事项及时告知主办券商，构成了信息披露遗漏。

资料来源：苏美材料对股东损害公司利益不吱声 主办券商“很生气”．每日经济新闻，2016-09-09.

四、股东的法律地位

股东的法律地位具体表现在股东与公司之间的法律关系和股东之间的法律关系两个方面。

（一）股东享有股东权

股东权又称股东权利或股权，广义上是指投资者向公司投资后所形成的所有者的权利，即股东依其出资或所持股份而享有权利、获取收益并承担义务的总称。从狭义上讲，股权仅指股东根据其股东资格所享有的权利。通常所说的股权是指狭义上的股权。

股东作为公司的出资者和所有者依法享有股权是股东与公司之间的法律关系和股东法律地位的集中表现，股权是任何类型公司中股东普遍享有的权利。股东将自己的资产交由公司进行管理，是基于自己的出资或持有的股份享有的相应权利，从而通过股东权实现自己的经济目的。

（二）股东一律平等

股东的法律地位还体现在股东之间的法律关系上。股东之间一律平等是指股东基于其股东资格，按其出资或所持有股份的性质和数额，在权利和义务上享受平等待遇，不得对任何股东予以歧视。原则上股东同股同利和同股同权，具体含义如下：

一是公司同种类别的股份包含同样性质的股权，即持有同一种类股份的股东所享有的权利和承担的义务是同等的，持有不同种类的股份的股东如优先股股东、特别股股东和普通股股东之间的权利和义务并不相同。

二是股东持有同等数量的同种股份所享有的权利和承担的义务是同等的，即股东的平等是以所持有的股份比例为度量标准的，股东持有的股份数量越大，其享有的权利就越大，其承担的责任及义务也就越大。

三是所有股东在权利受到侵害时，都应当得到有效的补偿。

第 2 节　股权结构设计模式

一、股份的含义与种类

（一）股份的含义

投资者向股份有限公司的投资即股份（stock）。股份是股份有限公司资本构成的基本单位和最小单位，是股东权利与义务的产生根据和计算单位。股份通过股票表现其价值，并且可转让。

事例 3-4

脸书上市，油漆工成富豪

2012 年，脸书（Facebook）在美国上市，估值达到 1 000 亿美元，一举超过风头正劲的谷歌。据金融机构统计，这家全球最大的社交网站上市将造就1 000多名百万富翁。除了创始人扎克伯格身价倍增，曾为公司刷墙的油漆工也跻身亿万富豪之列。

据《纽约时报》等媒体报道，2005年，一个名叫大卫·乔伊的工人受脸书时任主席的邀请，对公司总部墙面进行装饰。关于报酬，主席向乔伊提供了一个选择：要么收下数千美元现金，要么收下同等价值的股票。尽管乔伊当时认为脸书"荒谬且没有意义"，但仍然收下了股票。

2012年，这个选择改变了乔伊的人生。据媒体披露，这个曾经生活落魄的工人，在脸书上市后所持的股份高达2亿美元。

当然，命运被改变的不止乔伊这样一只"丑小鸭"。2010年，扎克伯格在脸书估值为200亿美元时，为缓解纽瓦克市财政困境，向该市的公立学校（全美最差的教育系统）捐助了价值1亿美元的股票。在脸书上市时，这笔原本1亿美元的捐助立即膨胀至5亿美元，从而让这所美国最差的公立学校一夜之间"脱贫致富"。

资料来源：根据媒体报道整理.

（二）股份的种类

依据不同的标准，可以将股份有限公司的股份划分为不同的种类。

1. 根据股东所享有权益的内容和承担义务的大小划分

根据股东所享有权益的内容和承担义务的大小，可将股份分为普通股份和优先股份。

（1）普通股份，即普通股，是指股东所拥有的权利和承担的义务在性质上完全相等，没有差别待遇的股份。普通股是股份有限公司资本中最重要、最基本的股份，各国立法普遍赋予普通股表决权，特别是上市公司的普通股，并禁止以章程或股东会决议剥夺或限制表决权。这样，普通股数量的多少就决定了股东对公司事务的控制程度。

普通股具有以下特点：一是其股利不固定，一般视公司有无利润、利润多少、现金情况而定，而且要在支付公司债务利息和优先股股利后才能分配。如果公司利润丰厚，普通股股利上不封顶，普通股股东是公司获利的主要受益者；反之，公司亏损时，不仅股利全无，甚至连本都要亏掉。二是在公司清算时，普通股股东要排在公司债权人和优先股股东之后分配公司剩余财产。三是普通股一般享有投票表决权，即参与公司重大问题投票决策的权利。四是多数公司的普通股股东享有优先认股权，即普通股股东享有按一定比例优先购买新发行股票的权利。

（2）优先股份，也称优先股，即比普通股享有优先权的股份。优先股具有以下特点：一是优先股可优先参与分配股利或剩余财产，且股利一般是固定的，不受公司经营状况等因素的影响。二是优先股在分配公司盈余或剩余财产方面享有优先权，相应地，其表决权等权利受到限制或剥夺，这是优先股在取得优先权时所付出的代价。

2. 根据股份有无表决权划分

根据股份有无表决权，可将股份分为表决权股份和无表决权股份。

（1）表决权股份，即在任免董事等公司重大事项上享有无条件的表决权的股份。表决权股份具体又分为两种：1）普通表决权股份，指每股享有一票表决权的股份；2）多数表决权股份，指一股享有一票以上（如两票或更多票）表决权的股份，这种股份一般由特定股东如董事、监事拥有。设置多数表决权股份是为了保持特别股东对公司事务的控制权，但多数表决权股份助长了少数股东的特权，公司容易被少数股东操纵。

（2）无表决权股份，指依据法律或公司章程被取消表决权的股份。依法被取消表决权的股份主要是公司的自有股份；依据章程自愿放弃表决权的股份，主要是享有优先分配公司利润或剩余财产权利的优先股。此外，还有表决权受到《公司法》或公司章程限制的股份，即限制表决权股份。如有股东持有股份占公司资本的一定比例（如 30%）时，公司就以公司章程限制其表决权，这是为了防止大股东对公司事务的操纵和对小股东权益的侵害。

二、股份比例设计

股份比例，即每个股东投入的股份占总股本的比例，如注册资本为 100 万元，1 元 1 股，总股本为 100 万股。A 股东投入 90 万元，即拥有 90 万股，占 90%的股份；B 股东投入 10 万元，即拥有 10 万股，占 10%的股份。

事例 3-5

全球最贵的公司——苹果公司

苹果公司创立不到 50 年，其市值高达 3 万亿美元。苹果公司能够走到今天，不仅得益于其优秀的产品，还受益于公司的股权结构设计。例如，苹果公司在创立时，就进行了科学的股权结构设计。1977 年 1 月，创始人乔布斯和沃兹涅克、风险投资家马库拉三人签署文件，正式创建了苹果电脑股份公司。风险投资家马库拉、创始人乔布斯和沃兹涅克各占30%的公司股份，另外10%为设计师霍尔特所有，形成相互合作和相互制衡的股权结构。马库拉出任苹果公司董事会主席，斯科特出任CEO，实现了所有权和经营权的分离。这种股权结构使得创始人乔布斯逝世没有对苹果公司的持续发展产生较大的影响。

（一）设置股份比例的原则

（1）一般以出资额为准，这是行使表决权的基础。

（2）股份比例最好不要均等。若股份比例均等，在股东意见不一致的情况下，就会面临困局，如两个股东的股份配比为50∶50，三个股东的股份配比为33∶33∶34等。在实际运作中，最好有明显的股份梯次。

（3）核心股东能够掌握控制权和话语权。

（4）股东之间要资源互补。股东之间的合作不仅是资金的集合，更是其他资源的互补，如技术、运营、品牌、专利、政策等。

（5）股东之间要信任。公司是通过契约关系结合的经济组织。股东合作是为了一个目标，股东之间要共创、共担、共享。

事例3-6

真功夫内斗背后：世上最差股权结构

潘某海在东莞长安镇107国道旁开了一家“168甜品店”。1994年，其姐姐潘某峰和姐夫蔡某标加入，投资了4万元，潘某海自己也出资4万元，把“168甜品店”改为“168快餐店”。股权结构是潘某海占50%，姐姐和姐夫各占25%。初期，企业经营以潘某海为主，姐姐管收银，姐夫做店面扩张。

1997年，“168快餐店”借助其电脑程控蒸汽设备，攻克了中式快餐业的速度和标准化两大难题，开始在全国各地开设连锁店，企业快速发展起来，并更名为“东莞市双种子饮食有限公司”。在这个阶段，负责店面扩张的蔡某标对企业的贡献越来越大。2003年，企业主导权从潘某海转到了蔡某标手中。2004年，公司确定总体发展战略，将品牌名称改为“真功夫”。2006年9月，蔡某标、潘某峰夫妇离婚，潘某峰所持有的25%股权归蔡某标所有。至此，潘某海与蔡某标各占50%的股份。

真功夫出色的商业模式和发展业绩，以及中式快餐市场的广阔发展前景，吸引了众多股权投资基金。2007年10月，今日资本和中山联动两家私募股权投资基金各投1.5亿元，各占3%的股权，蔡某标和潘某海的股权比例均由50%摊薄到47%。

这时，蔡某标与潘某海的发展思路出现了严重分歧。蔡某标追求企业快速发展，潘某海重视企业稳健经营，蔡某标和潘某海为争夺公司控制权缠斗多年。之后，潘某海之妻向公安机关报案，2011年3月17日，蔡某标被广州警方以“涉嫌经济犯罪”的名义带走。

2013年12月13日，广州市天河区法院认定，真功夫前董事长蔡某标职务侵占和挪用资金两项罪名成立，判处有期徒刑14年，没收个人财产100万元。真功夫的命运表明了股权结构对于企业发展的重要性。

资料来源：黄嵩．真功夫之争：世上最差股权结构．中国证券期货，2013（12）：78-79.

事例3-7

海底捞：成功解决世上最差股权结构

1994年，四个要好的年轻人在四川简阳开了一家只有四张桌子的小火锅店，这就是海底捞的第一家店。现在的海底捞董事长兼总经理张勇没有出一分钱，其他三个人凑了8000元，四个人各占25%的股份。后来，这四个年轻人结成了两对夫妻，两家人各占50%的股份。

随着企业的发展，没出一分钱的张勇认为另外三个股东跟不上企业的发展，毫不留情地让他们先后离开企业，只做股东。张勇最先让自己的太太离开企业，2004年让施永宏的太太也离开企业。

2007年，海底捞步入快速发展时期，张勇让无论是股权投入还是时间精力付出都平分秋色、20多年的朋友施永宏也离开企业。张勇在让施永宏离开的同时，以原始出资额的价格，从施永宏夫妇的手中购买了18%的股权，张勇夫妇成了海底捞的绝对控股股东（占68%的股份）。

施永宏夫妇将18%的股权以13年前原始出资额的价格转让给了张勇夫妇，这简直匪夷所思。施永宏是如此回答的：“后来我想通了，股份虽然少了，赚的钱却多了，同时人也清闲了。张勇是大股东，对公司会更操心，公司会发展得更好。”

资料来源：黄嵩．真功夫之争：世上最差股权结构．中国证券期货，2013（12）：78-79.

（二）股权结构分析

1. 股权集中度

股权集中度（concentration ratio of share，CR）指第一大股东持股比例（单

独持有）或与后面 n 个股东（$n=1, 2, \cdots$）持股比例之和（合计持有）。

CR＝100％，公司无法进行股权融资，如果有资金需求，只能进行债务融资，但是股东具有100％的控制权。

2/3＜CR＜100％，具有绝对控制权，即在董事会和股东会上对特别事项拥有2/3以上的表决权。特别事项包括修改章程，增加或减少注册资本，公司合并、分立、解散或者变更公司形式。

1/2＜CR＜2/3，具有相对控制权，即对公司的普通事项拥有1/2以上的表决权。

1/3＜CR＜1/2，具有否决权，即拥有1/3以上的否决权。这是一项防御性的控制权，针对特别事项可以行使这一表决权。

30％≤CR＜1/3，单独或合计持有时，具有要约收购的权力。

10％≤CR＜30％，单独或合计持有时，具有提出召开临时股东会、董事会和解散公司的权力。

3％≤CR＜10％，单独或合计持有时，具有临时提案权，即有在股东会召开10日前提出临时提案的权力。

2. 股权制衡度

股权制衡度（Z指数）是指第一大股东所持股份与后面 n 个股东所持股份之和的比值。

$$Z=\frac{\text{第一大股东持有的股份}}{\text{后面 } n \text{ 个股东所持股份之和}}$$

Z值大于1，股权集中，说明第一大股东具有控制权。股权集中的优势是存在一个有足够控制权和足够激励的股东主动监督公司的经营管理，并确保公司以股东利益最大化原则运营。股权集中的劣势是大股东可能滥用权力，迫使管理层做出对自己有利却损害中小股东利益的决策。

Z值小于1，股权较为分散，说明第一大股东的控制权不稳定，有可能遭到其他股东的联合抵制。股权结构分散的优势如下：一是提高了股票的变现能力。随着有更多的投资者持有股票，有可能形成一个活跃的股票市场，股票出售者更容易找到股票购买者。同时，更强的股票变现能力最终会使资金成本更低，有利于公司整体利益的提升以及市场价值的提高。二是敌意收购者持续关注公司的表现，表现糟糕的公司更容易受到攻击，导致经理人面临持续的压力，不得不努力表现，以避免公司股价下跌及敌意收购的发起。股权结构分散的劣势是存在股东“搭便车”（free-rider）问题。如果一家公司股权过度分散，那么可能没有人具有足够的动力来监督公司的管理。如果有一个股东决定花费时间、金钱以及精力来监督公司的管理，好处将由所有股东分享，成本却由这个股东自己承担，那么对于单一股东而言，监督成本很可能高于其本应该获得的收益。因此，在股权分散的公司中，管理层很可能受到很少的监督或几乎没有任何监督，可以做出对自己有利却损害股东利益的决策。

3. 赫芬达尔指数

赫芬达尔指数（Herfindahl，H 指数）是公司前 n 位股东持股比例的平方和，在股权结构分析中用于反映少数股东的股权集中情况，是 CR 的有效补充，能够有效衡量公司前 n 位股东的股权集中程度。H 值越大，股权集中度越高；反之，集中度越低。在股权集中度相同或相似的情况下，H 指数能准确地区分前 n 位大股东持股比例的均衡情况。例如，假设 A 公司前五位大股东的持股比例为 30%，5%，5%，5%，5%，B 公司前五位大股东的持股比例均为 10%，这时 A、B 两公司的股权集中度 CR5 相等，均为 50%，但二者的 H5 指数分别为 1 000、500，前者是后者的 2 倍。

事例 3-8

美的集团与格力电器的股权结构分析

根据美的集团股份有限公司（以下简称美的集团）2021 年年度报告和珠海格力电器股份有限公司（以下简称格力电器）2021 年年度报告，两家公司前十大股东的持股比例分别如表 3-1 和表 3-2 所示。

表 3-1　美的集团前十大股东的持股情况

序号	前十大股东	股东性质	持股比例
1	美的控股有限公司	境内非国有法人	31.05%
2	香港中央结算有限公司	境外法人	17.42%
3	中国证券金融股份有限公司	国有法人	2.84%
4	方洪波	境内自然人	1.67%
5	加拿大年金计划投资委员会—自有资金（交易所）	境外法人	1.49%
6	中央汇金资产管理有限责任公司	国有法人	1.26%
7	黄健	境内自然人	1.23%
8	栗建伟	境内自然人	0.71%
9	Merrill Lynch International	境外法人	0.63%
10	黄晓祥	境外法人	0.56%

表3-2 格力电器前十大股东的持股情况

序号	前十大股东	股东性质	持股比例
1	珠海明骏投资合伙企业（有限合伙）	境内非国有法人	15.26%
2	香港中央结算有限公司	境外法人	11.15%
3	京海互联网科技发展有限公司	境内非国有法人	8.34%
4	中国证券金融股份有限公司	国有法人	3.04%
5	珠海格力集团有限公司	国有法人	2.87%
6	前海人寿保险股份有限公司—海利年年	其他	0.79%
7	珠海格力电器股份有限公司—第一期员工持股计划	其他	0.78%
8	董明珠	境内自然人	0.75%
9	HHLR管理有限公司—HHLR中国基金	境外法人	0.73%
10	阿布达比投资局	境外法人	0.48%

（1）股权集中度。美的集团第一大股东持股比例为31.05%，民营企业，实际控制人为何享健；格力电器第一大股东持股比例为15.26%，无控股主体，无实际控制人。

美的集团CR2=48.47，CR3=51.31，CR4=52.98；格力电器CR2=26.41，CR3=34.75，CR4=37.79。美的集团股权集中度较高。

（2）股权制衡度。美的集团Z1=1.78，Z2=1.53，Z3=1.42，Z4=1.33，Z5=1.26，制衡度相对不高；格力电器Z1=1.37，Z2=0.78，Z3=0.68，Z4=0.60，Z5=0.58，与美的集团相比，制衡度较高。

（3）H指数。美的集团H1=964.10，H2=1 267.56，H3=1 275.62，H4=1 278.41，股权相对集中；格力电器H1=232.87，H2=357.19，H3=426.75，H4=435.99，股权相对分散。如果对前四大股东的H指数做比较，美的集团是格力电器的2.9倍。

（4）股东异质性。美的集团前十大股东中境内非国有法人、境外法人、境内自然人、国有法人等均占有一定的股份比例；格力电器前十大股东中境内非国有法人、境外法人、国有法人、其他、境内自然人等均占有一定的股份比例。两家公司的股东异质性相对较高。在前十大股东中，美的集团的境内自然人持股比例高于格力电器。

资料来源：根据美的集团股份有限公司和珠海格力电器股份有限公司2021年年报整理．

事例 3-9

罕见的双头股东大会

2004 年 1 月 11 日，人们关注已久的宏智科技[①]（600503）第一次临时股东大会终于如期举行。不少投资者希望本次临时股东大会有好的结果，公司股东的纷争能够就此结束，宏智科技的经营能够重回正轨。然而，令投资者大跌眼镜的是，股东大会居然有两个会场：一个在福州美伦华美达大酒店四楼的展鸿厅（公告地点），另一个在相同酒店三楼的三狮厅（公司董事会临时更改的地点），审议的是同一议案，却得出两个截然不同的结果，出现了两套董事会、监事会班子！宏智科技股权之争越来越扑朔迷离了。

宏智科技是一家只有 1.1 亿股规模的科技公司。2002 年 6 月在上交所上市，7 月发行 4 000 万股公众股，第一大股东和第二大股东都是自然人，分别持有 18.03%和 15.79%的股份；第三大股东和第四大股东是法人股东，分别持有 13.15%和 5.21%的股份。矛盾的冲突就发生在第一大股东和第四大股东之间。出席第一大股东召集的股东大会的股东有 51 人，代表 2 466 万股，占总股本的 22.42%；出席第四大股东召集的股东大会的股东有 5 人，代表 4 071.46 万股，占总股本的 37.01%。此怪事的出现，根源何在？

资料来源：罕见的双头股东大会．证券时报，2004-01-14.

三、股权结构模式

（一）股权的分类

股权结构是指公司总股本中，不同性质的股份所占的比例及其相互关系。股权即股东因出资而取得的，依法定或者公司章程的规定参与事务并在公司享受财产利益的，具有可转让性的权利。按照股权的不同属性，股权可以分为如下几种。

1. 股权控制权和意思表决权

股权控制权一般是相对所有权而言的，是指通过股份享有对某项资源的支配权，并不一定是对资产有所有权。比如通过持有更多的股份，取得对公司的控制权。

① 现为华丽家族。

延伸阅读3-3

实际控制人的界定

《公司法》第二百六十五条第（三）款规定：实际控制人，是指通过投资关系、协议或者其他安排，能够实际支配公司行为的人。

意思表决权又称股东议决权，是指股东基于出资人地位而享有的对股东会的审议事项做出一定的意思表决的权利。股权控制权与意思表决权有时是一致的，有时是不一致的，主要表现为股权与表决权的分离。现实中，公司权利的实现主要体现在表决权的制度安排上。

意思表决权具有以下性质：

（1）表决权是一种固有权。表决权是基于股东地位从股东权中延伸出来的，除非有法律规定，否则不允许公司章程或股东会决议予以剥夺或限制。

（2）表决权是一种共益权。表决权的行使固然要体现各股东的利益和要求，但公司的意思表示来自多个股东表决权的行使，表决权的行使必然介入公司和其他股东的利益，这种介入形式既可表现为对公司和其他股东利益的尊重和促进，又可表现为对公司和其他股东利益的限制和压抑。

（3）表决权是单独股东权。这是一股一表决权原则的必然要求。

（4）表决权是一种特殊的民事权利。当表决权为公司所侵害时，股东可以此为由提起对股东会决议撤销的诉讼，并对直接参与此种侵权行为的董事请求损害赔偿；当表决权为第三人所侵害时，股东可依《中华人民共和国侵权责任法》的一般原则，向侵权人请求停止损害、排除妨碍和损害赔偿。

延伸阅读3-4

何谓一股一表决权原则

一股一表决权原则是股东平等原则特别是股份平等原则在表决权领域的必然体现。依股份平等原则，每一股份所蕴含的表决权和表决力是完全平等的。为便于计算和比较诸股东表决权的大小，需要承认一股一表决权原则。一股一表决权原则与资本多数决原则并不是互相矛盾的，相反，前者是后者的逻辑基础，后者则是前者的题中应有之义。这是由于一股一表决权原则与一人一表决权原则是截然相反的，前者注重投资数额上的平等，后者则注重表决权行使主体人数上的平等。既然股份有限公司这种典型的“资合公司”不实行一人一表决权原则，贯彻一股一表决权原则必然导致资本多数决原则而非人头多数表决原则。一股一表决权原则为强制性法律规范中的效力规定，除非《公司法》另有规定。

2. 自益权和共益权

自益权是指股东专为自己的利益而行使的权利。股东的自益权主要包括发给出资证明或股票的请求权、股份转让过户权、出资转让权、新股认购优先权、可转换股份转换请求权、分配股息红利等投资受益权、剩余财产分配权等。

共益权是指股东为自己的利益同时兼为公司的利益而行使的权利。股东的共益权主要包括出席股东会权、表决权、选任公司董事等管理人员的请求权、代表诉讼提起权、股东会召集权、提案权、质询权、股东会或董事会决议撤销诉讼权、申请特别清算权、公司重要文件查阅权等。

由此可见，自益权与共益权就其内容而言，前者主要表现为股东自身的、直接的经济利益，多具所有权的内容；后者主要表现为股东对公司经营的参与和监督，多具所有权中占有、使用、管理等权能的内容，二者相辅相成，共同构成股东所享有的完整股权。

3. 固有权和非固有权

按照股权性质是否可被剥夺或限制的不同，股权可分为固有权和非固有权。

固有权，又称法定股东权或不可剥夺权，是指《公司法》赋予股东的、不得以公司章程或股东会决议予以剥夺或限制的权利。非固有权又称非法定股东权或可剥夺权，是指可由公司章程或股东会决议予以剥夺或限制的权利。

划分固有权和非固有权的意义在于，明确股东的哪些权利是法定不可剥夺或不可限制的，哪些权利是可依公司章程或股东会决议予以剥夺或限制的，从而既可加强对股东权的保护，又可对股东权利重新进行分配或配置。如果股东的固有权被公司限制或者剥夺，则属于公司的违法行为，股东可依法主张权利，并采取相应的救济措施。

4. 单独股东权和少数股东权

按照股权行使方式的不同，股权可分为单独股东权和少数股东权。

单独股东权是指不论股东持股数多少，股东一人即可依自己的意志而单独行使的权利。单独股东权包括股东在股东会上的表决权、宣告股东会决议无效的请求权。

少数股东权又称共同股东权，是指持有公司已发行股份一定比例以上的股东才能行使的权利。少数股东权的行使与股东人数的多少并无必然联系，行使少数股东权的关键是必须持有一定数额或比例的出资或股份，因此少数股东既可以是持股达到一定比例以上的单个股东，也可以是持股数总计达到一定比例以上的多个股东。少数股东权又可分为两种情况：一是法定少数股东就可行使的权利。如根据我国《公司法》的规定，单独或合计持有公司10%以上股份的股东请求时，应当在两个月内召开临时股东会会议。二是法定多数股东才可行使的权利。如我国《公司法》第一百零三条规定，成立大会应当有持有表决权过半数的认股人出席，方可举行。

设立少数股东权是为了防止多数股东滥用多数决原则。因此，共益权多属于少数股东权，自益权属于单独股东权。

5. 一般股东权和特别股东权

按照股权行使主体的不同，股权可分为一般股东权和特别股东权。

一般股东权是指公司的普通股东行使的权利。特别股东权是指公司的特别股东（如优先股股东、劣后股股东、发起人股东等）才可以享有的权利。公司的特别股东虽然享有某些特别的权利，但是其权利和义务是对等的，他们在某些权益上的所得往往少于公司的普通股东。

（二）股权结构模式

股权结构按照公司所有权和控制权的组合可以划分为四种模式（见图3-1）。

所有权 \ 控制权	弱	强
分散	组合A：分散的所有权和弱控制权	组合B：分散的所有权和强控制权
集中	组合C：集中的所有权和弱控制权	组合D：集中的所有权和强控制权

图3-1　股权结构模式

1. 组合A：分散的所有权和弱控制权

这种组合模式增加了股票流动性和公司被收购的可能性，公司可能缺少来自分散股东的监管。在该模式下，如何处理股东与管理层之间的委托-代理问题是关键。可口可乐公司采用的是这种模式（见表3-3）。

表3-3　截至2021年12月31日可口可乐公司的前十位大股东

投资者名称	持股比例（%）	国家
伯克希尔-哈撒韦公司	9.23	美国
先锋集团	7.90	美国
贝莱德公司	6.45	美国
道富公司	3.94	美国
惠灵顿管理公司	1.68	美国
大地资本管理公司	1.60	美国
富达管理公司	1.56	美国
摩根大通	1.41	美国
摩根士丹利	1.21	美国
嘉信理财投资管理公司	1.16	美国

资料来源：可口可乐官方网站披露信息.

2. 组合B：分散的所有权和强控制权

这种组合模式是在所有权分散的条件下采用杠杆控制，即用少量的股权控制相当大比例的表决权。具体方式如下：

（1）所有权金字塔控制。所有权金字塔（ownership pyramids）控制是指大股东通过设置多层子公司，以较少量的现金流拥有更多的公司控制权。金字塔层级越高，上层股东对下层企业的控制程度就越高。如图3-2所示，A公司用51%的股份控制B公司，B公司用51%的股份控制C公司，C公司最终由A公司控制，即A公司通过26.01%（51%×51%）的股份拥有C公司的控制权。

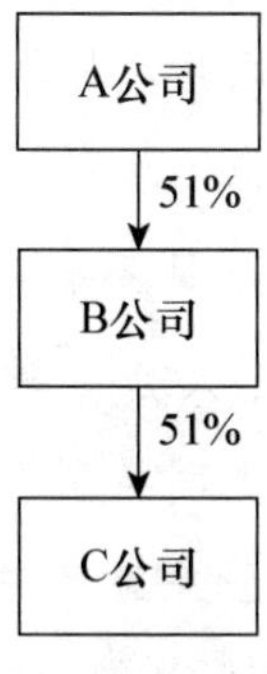

图3-2　A公司所有权金字塔控制图

（2）交叉持股控制。交叉持股（cross holdings，cross ownership），又称相互持股，是指两个以上的公司基于特定的目的，互相持有对方发行的股份而形成的企业法人间相互参股。交叉持股一方面可以稳定公司的股权结构，规避被并购的风险；另一方面可以降低经营失败的风险，推动公司之间的合作，带来协同效应。

例如，A公司联合B、C两家公司，分别投资2 000万元、1 000万元、1 000万元，成立D公司。A公司在设计D公司的股权结构时，让D公司再给A公司投资1 000万元，持有A公司5%的股份。这样，A公司实际上与B、C两个公司出资一样多，都是1 000万元，但拥有D公司50%的股份，具有绝对控制权。

（3）代理投票控制。代理投票是指召开股东会时，股东本人因故不能参加，可以委托他人代表自己参加股东会并行使表决权的投票制度。股东委托书由公司印发，一股东出具委托书，以委托一人为限，应于股东会开会5日前送达公司。委托书通常载明授权范围、委托代理人、出席股东（大）会行使表决权是否合法等。某股东即使只有少量股份，也可利用征集代理权的方式，实现控制公司的目的。我国《公司法》第一百一十八条规定："股东委托代理人出席股东会会议的，应当明确代理人代理的事项、权限和期限；代理人应当向公司提交股东授权委托书，并在授权范围内行使表决权。"

事例3-10

中国证券市场上首次大规模委托书收购

1999年12月10日，胜利股份（000407）的第一大股东胜利集团因涉及多起经济纠纷，所拥有的胜利股份遭法院拍卖。通过竞买，广州通百惠服务有限公司（简称通百惠）获得了胜利股份3 000万股国有法人股，凭其持有的占总股本13.77%的股份成为第一大股东。之后，原胜利股份第四大股东邦胜公司通过受让多家法人股，持股比例由6.98%上升为15.34%，替代通百惠成为第一大股东。

由于邦胜公司与通百惠之间意见不合，为实现对胜利股份的控制，双方必须在2000年3月30日召开的股东大会上赢得对己有利的多数表决。此后股权收购不断升级，邦胜公司与通百惠之间持股差距缩至0.69%。由于邦胜公司有较稳固的法人股作为支撑，第二大股东通百惠便将目光投向了占胜利股份总股本50%的众多中小股东，并于2000年3月27日、28日、29日向社会公开征集委托投票权。

最后，通百惠成功地征集到1 500份委托书，委托股权近3 200万股，为中国证券市场上首次大规模的委托书征集画上了圆满的句号。可以说这次胜利股份股权之争的意义远超事件本身，它向我们展示了国外经常运用的委托书收购制度，也再次提醒股民重视自己拥有的一项重要权利——股东委托投票权。

资料来源：胜利股份"代理权之争". 企业观察报，2014-11-24.

事例3-11

持股比例低于其他股东，怎么就被认定为控股股东了

2017年6月19日，威华股份（002240）发布公告称，公司控股股东及实际控制人发生变更，控股股东由李建华变更为盛屯集团。李建华持股比例为10.49%，为公司第一大股东；盛屯集团持股比例为8.15%，为公司第三大股东。盛屯集团持股比例低于李建华，怎么就变成控股股东了呢？

原来李建华与盛屯集团签订了《表决权委托协议》，李建华将其持有的威华股份51 475 200股（占公司总股本的10.49%）对应的表决权以及提名和提案权委托给盛屯集团行使。本次表决权委托后，盛屯集团可实际支配表决权的股份占威华股份股份总数的比例为18.64%，盛屯集团成为威华股份的控股股东。

资料来源：持股比例低于其他股东，怎么就被认定为控股股东了呢？. 网易财经，2017-06-18.

（4）一致行动人联合投票控制。中国证监会发布的《上市公司收购管理办法》（2020年修正）第八十三条规定："本办法所称一致行动，是指投资者通过协议、其他安排，与其他投资者共同扩大其所能够支配的一个上市公司股份表决权数量的行为或者事实。"一致行动人可通过协议、合作、关联方关系等合法途径，扩大其对一家上市公司股份的控制。

一致行动人一般包括四个基本点：一是采取一致行动的法律依据是协议、合作、关联方关系等合法方式；二是采取一致行动的手段是行使目标公司的表决权；三是采取一致行动的方式是采取相同意思表示；四是采取一致行动的目的是扩大其对目标公司股份的控制比例，或者巩固其对目标公司的控制地位。

事例3-12

网宿科技《一致行动人协议》

陈宝珍和刘成彦分别持有网宿科技34.860%和21.366%的股份，成为网宿科技第一大股东和第二大股东，并于2009年4月签署了《一致行动人协议》，该协议自双方签署后生效，至网宿科技首次公开发行股票并上市交易36个月届满后失效，该协议对双方保持一致行动事宜做出如下约定：

（1）在处理有关公司经营发展且需要经公司股东大会审议批准的重大事项时应采取一致行动。

（2）采取一致行动的方式为：就有关公司经营发展的重大事项向股东大会行使提案权和在相关股东大会上行使表决权时保持充分一致。

（3）如任一方拟就有关公司经营发展的重大事项向股东大会提出议案，须事先与另一方充分沟通协商，取得一致意见后，以双方名义共同向股东大会提出议案。

（4）在公司召开股东大会审议有关公司经营发展的重大事项前须充分沟通协商，就双方行使何种表决权达成一致意见，并按照该一致意见在股东大会上对该等事项行使表决权。如果协议双方充分沟通协商后，对有关公司经营发展的重大事项行使何种表决权达不成一致意见，双方在股东大会上对该等重大事项共同投弃权票。

资料来源：根据公开资料整理.

（5）表决权分设控制。即同样的股份享受不同的表决权。

1）优先股份，也称优先股，即比普通股享有优先权的股份。根据《上市公司章程指引》（2022年修订）第十六条规定中的注释，发行优先股的公司，应当在章程中明确以下事项：①优先股股息率采用固定股息率或浮动股息率，并相应明确固定股息率水平或浮动股息率的计算方法；②公司在有可分配税后利润的情况下是否必须分配利润；③如果公司因本会计年度可分配利润不足而未向优先股股东足额派发股息，差额部分是否累积到下一会计年度；④优先股股东按照约定的股息率分配股息后，是否有权同普通股股东一起参加剩余利润分配，以及参与剩余利润分配的比例、条件等事项；⑤其他涉及优先股股东参与公司利润分配的事项；⑥除利润分配和剩余财产分配外，优先股是否在其他条款上具有不同的设置；⑦优先股表决权恢复时，每股优先股股份享有表决权的具体计算方法。

2）双层股权结构（dual-class share structure）。这种制度设计包括：一是公司股票区分为A序列普通股（class A common stock）与B序列普通股（class B common stock），或更多，例如C序列。二是A序列普通股通常由机构投资人与公众股东持有，B序列普通股通常由创业团队持有。三是A序列普通股与B序列普通股设定不同的投票权。比如，脸书、谷歌与百度等企业都将其A序列普通股每股设定为1份投票权，B序列普通股每股设定为10份投票权。但是，B序列普通股每股10份投票权并不是唯一确定的，比如，星佳（Zynga）就将其设定为每股70份投票权。四是A序列普通股无法转换为B序列普通股，但B序列普通股一经转让即自动转换成A序列普通股。通过这些制度设计，创业企业的创业团队在出让股权利用外部资源时，并不会丧失对公司的有效控制。

延伸阅读3-5

双层股权的由来和应用

苹果公司董事会1985年罢免了乔布斯的董事长职务，理由是乔布斯对产品的乐观预期出错，导致企业经营陷入危机。而乔布斯的离职使得苹果股价在接下来7年多的时间里持续下跌，公司开始停滞不前、亏损甚至濒临破产。直到1997年乔布斯再次就职，才开始逐步扭转苹果公司的命运。鉴于在美国硅谷，类似公司创始人被董事会“炒鱿鱼”的事情很多，一些企业在有限合伙制的基础上“发明”了双重股权结构制度，即同股不同权、同股不同利。

以京东为例，2014—2016年间，腾讯旗下黄河投资有限公司先后三次购入京东的存托股共计802万股，所持的京东股份从17.6%增加至21.25%，成为第一大股东。通过入股京东，腾讯逐步加大对电商领域的战略性布局，并且不断强化与核心业务之间的协同。但是，腾讯持股比例的提高并没有对京东的实际控制权产生影响。在京东的股权架构下，刘强东通过Max Smart、Fortune共持有18.8%的股份，多家资本机构均将所持股份的投票权委托给Max Smart。按照公司章程的规定，Max Smart、Fortune所持每一股均享有20份投票权，而其他股东所持每一股仅对应1份投票权。如此，刘强东共计拥有80%以上的投票权，拥有对京东的绝对控制。作为中国最大、全球第二大电商企业，阿里巴巴也在有限合伙制和双重股权结构上做出探索。尽管软银和雅虎分别以31.8%和15.3%的持股比例成为阿里最大的两个股东，但是按照公司章程的规定，以马云为首的34位合伙人始终控制着董事会成员的提名权，直接负责企业经营。

资料来源：戚聿东，肖旭．数字经济时代的企业管理变革．管理世界，2020，36（6）：135-152.

事例 3－13

蔚来汽车的三层股权结构

许多在美国上市的中国科技公司都采用了AB股结构，但上海蔚来科技有限公司（简称蔚来汽车）采用了少见的ABC股的三层股权结构。

蔚来汽车于2014年11月成立，成立之初李斌自己投资1.5亿美元。蔚来汽车于2018年8月14日在美国提交上市申请，8月29日更新招股书，9月12日上市，发售价格为每股6.25美元，总估值约为64亿美元。

在公司上市后，蔚来汽车的股票共分为A，B，C三类，A类股票每股可投1票，B类股票每股可投4票，C类股票每股可投8票。

A，B，C三类股票的持有人除表决权和转换权不同外，在其他方面享有同等权利。

持有C类股票的只有创始人李斌一人，他的持股比例为14.5%（包含少于0.01%的A类股票），拥有约48.3%的投票权。持有B类股票的只有腾讯一家，持股比例为12.9%，拥有21.5%的投票权。除李斌以外的管理团队（含李想等前董事）持有的都是A类股票，持股比例为4.3%，拥有1.8%的投票权。高瓴资本持有A类股票，持股比例为6.4%，拥有2.7%的投票权。其他股东持有的都是A类股票，持股比例低于5%，没有披露。

B类股票和C类股票可随时由持有人选择转换为A类股票，但A类股票不得转换为B类或C类股票，B类股票或C类股票对外转让时自动转换为A类股票。也就是说，1股8票的C类股票专属于李斌一人，1股4票的B类股票专属于腾讯。

资料来源：股权道．蔚来汽车ABC股权设计，李斌持股14.5%也能控制公司．界面，2018－09－13.

3. 组合C：集中的所有权和弱控制权

这种组合模式实行表决权最高限制，即限制单一股东在股东会上行使投票权的最大比例。为了更好地保护中小股东，也为了限制收购者拥有过多权力，可以在公司章程中加入限制股东表决权的条款。比如，可增加限制条款："凡是在投票时累计持股达35%的股东，由《公司章程》限制其表决权，超出35%的部分按一定比例折算其表决权，具体比例由《公司章程》规定。"

通常限制大股东表决权的方式有三种：一是直接限制，即明文规定持股一定比例以上股东其超额部分的股份的表决力弱于一般股份，即该部分股份不再是一股一表决权，而是多股享有一份表决权。二是间接限制，即通过规定不同公司议案的通过所需要的最低出席人数和最低表决权数，增加大股东滥用表决权的难度，从而间接达到限制效果。三是限制代理表决权，例如，对代理人的资格做出限制，即因特别利害关系表决权被排除的股东不得代理其他股东行使表决权；再如，对代理表决权数进行限制，主要是要求代理人代理行使的表决权数只能占已发行股份总表决权数的一定比例。

4. 组合 D：集中的所有权和强控制权

这种组合模式的优点是所有权和经营权被控股股东掌握，因此容易形成很强的自我激励，如控股股东和管理层高度重合等。缺点是降低了资产变现能力和增值收购的可能性，存在大股东通过关联交易等手段侵占中小股东利益的可能性。

事例 3-14

亚投行的股权设计

2015 年 2 月 25 日，由中国主导的亚洲基础设施投资银行（AIIB，简称亚投行）宣告成立，标志着全球迎来首个由中国倡议设立的多边金融机构，在国际经济治理体系改革进程中具有里程碑意义。亚投行从倡议到成立，经过多轮会议谈判，最终确定了股份制银行的治理机制。其核心内容为：

(1) 股权结构设计：法定股本为 1 000 亿美元，分为 100 万股，每股的票面价值为 10 万美元，初始法定股本分为实缴股本（200 亿美元，分 5 次缴清，每次缴纳 20%）和待缴股本（800 亿美元）。域内外（即亚洲以内和以外）成员出资比例为 75∶25。目前总认缴股本为 981 亿美元，中国占比 30.34%。

(2) 投票权设计：总投票权由股份投票权、基本投票权（占总投票权的 12%，全体成员平均分配）以及创始成员投票权（每个创始成员拥有 600 票的投票权）构成，其中，基本投票权和创始成员投票权占总投票权的 15%。中国拥有 26.06%的投票权。

(3) 治理结构设计：设立理事会、董事会、管理层；董事会成员 12 名，其中域内 9 名、域外 3 名；设立行长 1 名，从域内产生，任期 5 年，可连选连任一次。

(4) 理事会决策机制：理事会采取简单多数（投票权半数以上）、特别多数（理事人数占理事总人数半数以上，且所代表投票权不低于成员总投票权一半的多数通过）和超级多数（理事人数占理事总人数 2/3 以上，且所代表投票权不低于成员总投票权3/4的多数通过）原则决策。理事会讨论所有事项采取简单多数原则；选举行长、增加资本金、修改协定、下调域内出资比例等重大事项采取超级多数原则；吸收新成员采取特别多数原则。

（5）董事会决策机制：董事会讨论的所有问题均应由投票权的简单多数决定，其中，董事会制定主要业务和财务政策、向行长下放政策及项目决定权须不低于总投票权3/4的多数通过。

第3节 股东会运行与股东会表决机制设计

一、股东会的内涵

股东会（shareholders meeting）作为由公司全体股东组成的对公司重大事务进行决策的机制，在本质上并不是“机构”，而是一种制度，是股东民主的制度形式。股东会由全体股东组成。股东会是公司的权力机构，依照《公司法》行使职权。

（一）股东会由公司全体股东组成

这是由股东出资设立公司，作为公司所有者的地位决定的。这意味着公司所有股东，不论其持有的股票是否享有表决权，都有权出席股东会会议。股东会由公司全体股东组成的意义主要表现在两个方面：

第一，股东会不能由股东代表大会替代，即对公司有关事项做出决议的只能是股东会而不能是股东代表大会。任何以股东代表大会名义做出的决议都是违法的，都没有法律效力。

第二，任何股东均有权出席股东会会议。也就是说，任何人均不得以任何理由阻止公司股东出席股东会会议，依法行使作为股东所享有的权利。对于无表决权的股东来说，其出席股东会会议仅仅是不能行使表决权，而不是不能行使任何股东权利。因此，不能将股东会会议狭隘地理解为仅仅是股东行使表决权的场所。相反，股东会会议不仅是股东行使表决权的场所，还是股东行使质询权、提案权等重要股东权利的场所。

（二）股东会是公司的意思机构

第一，股东会是为公司做出意思表示的自然人集合体。股东会代公司做出意思表示的形式是形成股东会决议。

第二，从股东的角度来看，股东会决议是由单个股东的意思转化而来的，是公司全体股东的“公意”。股东出席股东会会议对公司有关事项做出决议的目的在于约束公司的经营管理者，即公司的经营管理者必须按照股东会决议经营管理公司事务。

（三）股东会是公司的权力机构

这是由股东作为公司出资者的地位决定的。股东会作为公司的权力机构主要体现在以下几个方面：

第一，在公司的组织机构中，没有任何机构能够位居股东会之上。

第二，董事会和监事会作为公司组织机构的组成部分，都源于股东会，其成员都是由股东会直接选举或者间接选举产生的。

第三，公司经营管理者受股东会监督，股东会决议对公司经营管理者具有约束力。

第四，股东会对公司重大事项包括公司本身的“生死”拥有决策权。

（四）股东会是公司的必备机构

虽然由于种种原因股东会的权力日益萎缩，董事会的权力不断扩大，但由于股东会作为公司组织机构的重要组成部分，在公司治理中发挥着不可替代的作用，股东会是公司的必备机构，这是由股东作为公司出资者的地位决定的。换言之，股东会的地位与股东的地位具有相互促进的关系，股东的地位决定股东会的地位，股东会在公司的地位反映了股东在公司利益相关者中的地位。

二、股东会的职权

股东会是公司的最高权力机构，由全体股东组成，对公司重大事项进行决策，有权选任和解除董事，并对公司的经营管理有广泛的决定权。

根据《公司法》的规定，股东会行使下列职权：

（1）选举和更换董事、监事，决定有关董事、监事的报酬事项；

（2）审议批准董事会的报告；

（3）审议批准监事会的报告；

（4）审议批准公司的利润分配方案和弥补亏损方案；

（5）对公司增加或者减少注册资本作出决议；

（6）对发行公司债券作出决议；

（7）对公司合并、分立、解散、清算或者变更公司形式作出决议；

（8）修改公司章程；

（9）公司章程规定的其他职权。

延伸阅读3-6

《上市公司章程指引》（2022年修订）第四十一条规定：股东大会是公司的权力机构，依法行使下列职权：

（一）决定公司的经营方针和投资计划；

（二）选举和更换非由职工代表担任的董事、监事，决定有关董事、监事的报酬事项；

（三）审议批准董事会的报告；

（四）审议批准监事会报告；

（五）审议批准公司的年度财务预算方案、决算方案；

（六）审议批准公司的利润分配方案和弥补亏损方案；

（七）对公司增加或者减少注册资本作出决议；

（八）对发行公司债券作出决议；

（九）对公司合并、分立、解散、清算或者变更公司形式作出决议；

（十）修改本章程；

（十一）对公司聘用、解聘会计师事务所作出决议；

（十二）审议批准第四十二条规定的担保事项；

（十三）审议公司在一年内购买、出售重大资产超过公司最近一期经审计总资产百分之三十的事项；

（十四）审议批准变更募集资金用途事项；

（十五）审议股权激励计划和员工持股计划；

（十六）审议法律、行政法规、部门规章或本章程规定应当由股东大会决定的其他事项。

三、股东会的类型

股东会是一种定期或临时举行的由全体股东出席的会议，是一种非常设的公司的最高权力机构。股东会主要有以下几种形式。

（一）定期会议

股东会的定期会议又称股东会年会，一般每年召开一次，通常是在每一会计年度终了后6个月内召开。召开股东会年会，应当将会议召开的时间、地点和审议的事项于会议召开20日前通知股东。年会的内容一般包括：选举董事、变更董事、变更公司章程、宣布股息、讨论增加或者减少公司的资本、审查董事会提出的各项议案等。伯克希尔-哈撒韦公司的年度股东大会的场景如图3-3所示。

图3-3　伯克希尔-哈撒韦公司年度股东大会场景

事例3-15

伯克希尔-哈撒韦公司的股价为何如此高

2019年10月，美国伯克希尔-哈撒韦公司（Berkshire Hathaway）股价高达30多万美元一股！而1965年沃伦·巴菲特刚接管公司时，该公司的股票价格为每股22美元，现在上涨了1万多倍。我们不仅要问，巴菲特是如何做到的？在看到上面类似著名歌星演唱会的图片后，答案也许就不言自明了。该场景是一年一度的伯克希尔-哈撒韦公司的股东大会，出席人数高达5万，地点是在美国的一个小镇——奥马哈，而不是大名鼎鼎的金融中心华尔街。为什么巴菲特的公司能吸引如此众多的投资者参加股东大会？股东大会参会人数与公司股价有什么关系？巴菲特每年都要亲笔撰写《致股东的一封信》，信中说到一条黄金规则：“你做任何事情的时候，应该感到似乎你所在的公司只有一个所有者，尽管这个所有者并不在公司，但你必须对他负责，并尽你所能，用各种适当的方法推动他的长远利益发展。”这也许是吸引股东积极参加股东大会并促使许多投资者计划终身成为伯克希尔-哈撒韦公司股东的真谛所在，即投资者是上帝。反观国内上市公司是如何对待中小股东的？股价又是如何表现的？仅从每年出席股东大会的人数寥寥无几来看（当然符合监管要求），“投资者是上帝”的理念并未真正树立，有效吸引投资者的办法还相当缺乏，公司股价与企业业绩之间没有太强的关联，最终受到伤害的还是广大的中小股东。因此，在中国中小投资者利益保护的任务依然艰巨。

资料来源：马连福．公司治理优化研究——基于自主性治理与投资者关系管理的视角．北京：科学出版社，2016：前言1.

（二）临时会议

临时股东会是指除定期股东会之外，因临时急需而召开的股东会议。我国《公司法》第一百一十三条规定，股东会应当每年召开一次年会。有下列情形之一的，应当在两个月内召开临时股东会会议：

（1）董事人数不足本法规定人数或者公司章程所定人数的三分之二时；

（2）公司未弥补的亏损达股本总额三分之一时；

（3）单独或者合计持有公司百分之十以上股份的股东请求时；

（4）董事会认为必要时；

（5）监事会提议召开时；

（6）公司章程规定的其他情形。

事例3-16

ST慧球失控：拟开股东大会审千项议案

2017年1月3日，ST慧球通过信息披露业务系统提交了《第八届董事会第三十九次会议决议公告》和《关于召开2017年第一次临时股东大会的通知》，拟召开股东大会审议1 001项议案。

上海证券交易所称，经审核发现，ST慧球拟提交股东大会审议的议案数量极大，很多议案前后矛盾，逻辑混乱，且相关议案仅列举了标题，没有披露具体内容，对重大事项也未按照临时公告格式指引的要求单独披露。总体来看，ST慧球提交的公告不符合上市公司信息披露的基本要求，投资者难以获得有效信息，股东难以据此投票表决。

上海证券交易所于2017年1月3日向ST慧球发送监管工作函，督促公司董事勤勉履职，认真审议拟提交股东大会的各项议案，对不符合相关规定的议案进行调整修改，确保股东大会的召开程序和议案内容合法合规，信息披露符合规则要求。《关于召开2017年第一次临时股东大会的通知》中大多数议案内容不属于《公司法》及公司章程规定的股东大会职权范围，例如，“关于公司建立健全员工恋爱审批制度”等议案。

同时，上海证券交易所表示，对ST慧球上述信息披露违规行为高度关注，已启动纪律处分程序。针对ST慧球信息披露中存在的有关问题，中国证监会已立案调查。

资料来源：李继远．ST慧球失控：拟开股东大会审千项议案．新浪财经，2017-01-05.

四、股东会表决机制的设计

股东会的决议是通过一定的表决制度形成的，因此，某项决议能否获得通过以及通过的决议是否科学、正确，关键取决于股东会表决制度的选择与安排。股东会的表决制度主要有以下几种。

（一）举手表决制度

股东会会议议案的表决在多数情况下采取“一人一票”的举手表决制度，获得多数票数的议案得以通过。举手表决制度又称按人头表决，与股权的占有状态没有联系，一律“一人一票”。采用这一表决制度，委托投票的受托人不论委托的票数有多少，也只能投一票。举手表决制度将股权的多少与议案的表决割裂开来，弱化了大股东的表决权限，加之受从众心理的影响，其表决结果有悖于公平、公正、公开的投资原则，未必能准确反映广大股东的真正意向。举手表决的优点是操作简便、节省时间，只适用于那些象征性表决，或比较琐碎、不大容易引起争议的议案。有争议的举手表决议案经某些股东提议，可以通过投票表决方式重新审议。如果董事会所提议案被举手表决否决，董事会成员或会议执行主席可以要求以投票表决方式重新审议。

（二）投票表决制度

1. 直接投票制度

直接投票制度是指当股东行使投票表决权时，必须将与持股数目相对应的表决票数等额地投向他所同意或否决的议案。

例如，某股东的持股量为100股，表决的议题是选举5个董事，那么该股东的有效表决票数就等于500票（100×5），该股东必须将有效表决总票数分成5份，等额地投向他所选定的每一个董事，即每个候选董事都从他那里获得100票。这种表决制度对于大股东有利，只要持股达到50%以上，就可操纵董事人选。

2. 累计投票制度

累计投票制度是指股东会选举两名以上的董事时，股东所持的每一股份拥有与应选董事总人数相等的投票权，股东既可用所有的投票权集中投票选举一人，也可分散投票选举数人，按得票多少依次决定董事人选。累计投票制度体现的是一种表决权。

上例中，该股东可以将所有有效表决总票数投向某个候选董事，即某个候选董事从该股东得到500票。累计投票制度的目的就在于防止大股东利用表决权的优势操纵董事的选举，矫正“一股一票”表决制度的弊端，同时充分调动中小股东行使投票权的积极性。

3. 代理投票制度

代理投票制度是现代股份公司会议表决的一个重要组成部分。按常规，必须由本人参加会议或投票表决，但是，股东委托代理人代为投票，在全世界范围内一直是各公司所认定和遵从的投票表决习惯。早期的代理投票大多是股东相互委托，而且许多公司的章程中都规定，这种委托只能发生在本公司的股东间，也就是说，代理人必须是本公司的股东。

事例3-17

格力电器中小股东何以胜出

2012年，格力电器爆出重大新闻，由于中小股东反对，格力集团总裁周少强以36.6%的得票率落选格力电器董事会董事。这在中国股市较为少见。

刚在珠海市国资委副主任位置上履新格力集团总裁的周少强，被认为年富力强，格力集团又是格力电器的最大股东，进入董事会应该是顺理成章的。可是，周少强只有在银行及政府部门工作的背景，无家电行业管理经验，中小股东对他能否带领格力电器在激烈的市场竞争中胜出没有充分的把握。格力电器前十大股东中有7家是机构投资者，大股东对格力集团的持股比例不足20%，没有绝对控制权。机构投资者所持股份占公司有表决权总股份的66.34%，参与率非常高。选举采取累计投票制度。结果中小股东集中选票力保自己的代言人冯继勇进入董事会，大股东格力集团却未能充分利用累计投票制度，保住自己重要的董事候选人。

资料来源：鲁桐，于宝亮．格力电器中小股东何以胜出——加强机构投资者参与公司治理的意愿和能力．资本市场，2012（7）.

4. 网络投票制度

网络投票制度是指上市公司借助互联网召开股东会，股东可以通过网络远程参加股东会并行使表决权。网络投票制度可以有效地保障中小股东的合法权益，降低股东参加股东会的时间和金钱成本，大大提高了中小股东的话语权。

延伸阅读3-7

上市公司股东大会网络投票工作指引（试行）

第一条　为进一步完善上市公司股东大会的表决机制，保护投资者的合法权益，制定本指引。

第二条　上市公司召开股东大会，应当遵守《中华人民共和国公司法》《上市公司股东大会规范意见》等相关法律、行政法规和规章的规定，并遵守本指引。

第三条　上市公司召开股东大会，除现场会议投票外，鼓励其通过网络服务方向股东提供安全、经济、便捷的股东大会网络投票系统，方便股东行使表决权。股东大会议案按照有关规定需要同时征得社会公众股股东单独表决通过的，除现场会议投票外，上市公司应当向股东提供符合前款要求的股东大会网络投票系统。

第四条　股东大会股权登记日登记在册的所有股东，均有权通过股东大会网络投票系统行使表决权，但同一股份只能选择现场投票、网络投票或符合规定的其他投票方式中的一种表决方式。

第五条　上市公司召开股东大会并为股东提供股东大会网络投票系统的，应当在股东大会通知中明确载明网络投票的时间、投票程序以及审议的事项。

股东大会网络投票的开始时间，不得早于现场股东大会召开前一日下午3:00，并不得迟于现场股东大会召开当日上午9:30，其结束时间不得早于现场股东大会结束当日下午3:00。

第六条　上市公司年度股东大会采用网络投票方式的，提案人提出的临时提案应当至少提前十天由董事会公告。提案人在会议现场提出的临时提案或其他未经公告的临时提案，均不得列入股东大会表决事项。

第七条　上市公司股东或其委托代理人通过股东大会网络投票系统行使表决权的，应当在股东大会通知规定的有效时间内参与网络投票。

上市公司股东或其委托代理人有权通过股东大会网络投票系统查验自己的投票结果。

第八条　上市公司股东或其委托代理人通过股东大会网络投票系统行使表决权的表决票数，应当与现场投票的表决票数以及符合规定的其他投票方式的表决票数一起，计入本次股东大会的表决权总数。

股东大会议案按照有关规定需要同时征得社会公众股股东单独表决通过的，还应单独统计社会公众股股东的表决权总数和表决结果。

第九条　股东大会投票表决结束后，上市公司应当对每项议案合并统计现场投票、网络投票以及符合规定的其他投票方式的投票表决结果，方可予以公布。

在正式公布表决结果前，股东大会网络投票的网络服务方、上市公司及其主要股东对投票表决情况均负有保密义务。

第十条　上市公司董事会、独立董事和符合一定条件的股东可以通过股东大会网络投票系统向上市公司股东征集其在股东大会上的表决权。

第十一条　上市公司聘请的股东大会见证律师，应当比照《上市公司股东大会规范意见》的规定，对上市公司股东大会网络投票有关情况出具法律意见。

第十二条　本指引由中国证券监督管理委员会负责解释。我会此前发布的规章或其他规范性文件中有关股东大会投票表决的规定与本指引规定不符的，适用本指引的规定。

第十三条　本指引所称股东大会网络投票系统是指利用网络与通信技术，为上市公司股东非现场行使股东大会表决权服务的信息技术系统。

第4节　投资者关系管理策略

一、投资者关系管理的产生过程

（一）国外投资者关系管理概述

投资者关系管理（investor relationship management，IRM）发端于美国。在

20 世纪 30 年代以前，美国的证券市场与中国资本市场初级阶段颇为相似：内幕交易盛行，虚假信息泛滥，上市公司与投资者之间存在人为的严重信息不对称和沟通障碍。投机的盛行（投资者缺乏公司的财务信息）最终导致了“怒吼的 20 年代”和随后的 1929 年股市大崩盘。对此，美国政府及时出台了《证券法》，对上市公司必须披露哪些信息、如何披露这些信息做了明确规定。从此，市场对投资者关系管理的客观需求日渐显现。此时，投资者关系管理虽然得到重视，但仅仅迫于监管者的要求，被当作一种以财务信息为主的被动的信息披露工作来做，侧重于解决投资者与公司之间的代理问题，等同于承担法定义务的信息披露。

20 世纪 40 年代末 50 年代初的美国迎来了一个经济繁荣时期，社会公众投资热情日益高涨，中小投资者也开始进入证券市场。由于中小投资者人数众多，总体资本雄厚，出于吸纳和争夺资本的考虑，上市公司不得不将投资者关系管理列入议事日程，以尽可能满足投资者尤其是中小投资者的投资需求。1953 年，通用电气公司主席拉尔夫・科迪纳（Ralph Cordiner）为规范上市公司与投资者之间的关系，首先提出了“投资者关系管理”这个术语并率先建立投资者关系管理部门。自此，投资者关系管理成为一个职能部门进入实质性的组织建设。

1956 年 3 月，美国管理协会（American Management Association，AMA）公布了第一份关于美国上市公司股东关系的研究报告，旨在指导美国上市公司股东关系管理实践。1969 年，美国投资者关系协会成立（会员至今已达 5 000 多个），标志着投资者关系管理在资本市场中逐渐被人们接受。20 世纪 90 年代，英国、加拿大、德国、法国、日本等国家先后成立了全国性投资者关系组织。在这一时期，投资者关系管理的内涵发生了重大变化，开始由过去重视形象维护或危机处理向强调沟通和建立投资者信任发展，投资者关系管理成为企业的一种战略行为。同时，投资者关系管理的手段趋于规范化、多样化，上市公司开始利用各种可能的渠道和方法与投资者进行有效沟通，并努力构建与投资者之间的和谐关系。与投资者关系管理实践同步，以英美为代表的成熟资本市场中的投资者关系的研究也走在前列。如今，美、英、日、德等发达国家的投资者关系协会都拥有专门的投资者关系网站和刊物，如《投资者关系杂志》《投资者关系季刊》等，尤其是在美国，《管理学评论》《管理研究杂志》等刊物定期对投资者关系研究进行专题报道，有关投资者关系的专著也不断问世，出现了不少专门研究投资者关系的学者。

20世纪70年代，美国日渐强大的机构投资者以出色的资产管理能力和极强的投资分析能力，对股票价格产生了巨大影响，使公司开始重视投资者关系问题。1982—1987年美国连续6年的牛市行情，最终奠定了投资者关系管理在美国证券市场的地位。值得一提的是，1987年10月美国股市崩溃后，机构投资者的投资行为趋于消极，正是投资者关系管理支撑着苟延残喘的股票行情。

（二）国内投资者关系管理概述

在我国，2000年6月28日《中国证券报》刊发了题为“我们所理解的投资者关系”的文章，“投资者关系管理”首次正式出现在国内媒体上，但是当时并未引起太多市场反响。此后有关上市公司投资者关系管理的规章制度陆续出台，2002年中国证监会采取的推进上市公司治理改革的七大措施之一就是“推动投资者关系管理，把投资者关系管理作为公司治理的一项重要制度，在上市公司中加以全面推进和建立”。

2003年7月30日，中国证监会上市部下发《关于推动上市公司加强投资者关系管理工作的通知》，指出结合诚信建设，将投资者关系管理工作作为完善公司治理的重要内容加以推动；切实增强上市公司对投资者关系管理工作重要性的认识；明确上市公司投资者关系管理工作的内容和形式，要求各公司制订工作规范及相关细则；建立专门机构，落实专人负责；以主动性信息披露为重点，推动投资者关系管理工作；加强对投资者关系管理工作的指导和监督。深圳证券交易所（简称深交所）于2003年公布《上市公司投资者关系管理指引》，并将推动上市公司投资者关系管理列为当年的八项工作重点之一；2004年又对中小企业板上市公司的半年报提出了必须披露公司开展投资者关系管理情况的新要求。所有这些政策、活动都对我国上市公司开展投资者关系管理起到了极大的推动作用，同时也给我国上市公司开展投资者关系管理指明了方向。但与西方成熟市场经济国家相比，投资者关系管理在我国还只是起步，甚至由于证券市场尚未成熟、股东文化意识淡薄、股东价值观念陈旧、投资者关系管理专业人才缺乏、理论研究深度不够等原因，我国上市公司并没有形成完整的投资者关系管理理念，更多上市公司的投资者关系管理制度形同虚设、有形无神。

为了进一步推动投资者关系管理工作，2005年7月11日，中国证监会发布了《上市公司与投资者关系工作指引》，提供了一整套有关投资者关系管理的办法和标准。在监管部门的推动下，众多上市公司制定并披露投资者关系制度、规定或规范，改进公司信息网络平台建设，开展属于投资者关系范畴的工作，如在报刊和网站上公布年报、中报、股民咨询电话并派专人回答股民提问，路演，网上直播新股发行等。尤其是随后的股权分置改革把投资者关系管理推向一个新的阶段。证监会于 2022 年 4 月颁布了《上市公司投资者关系管理工作指引》，进一步增加和丰富了投资者关系管理的内容及方式，并明确了上市公司投资者关系管理的组织和实施。

另外，移动互联网的快速发展促进了投资者关系管理水平的提高。目前，深交所推出投资者关系互动易平台，供投资者与上市公司直接沟通，一站式汇集公司资讯，提供第一手的互动问答、投资者关系信息、公司声音等内容。上海证券交易所（简称上交所）推出投资者关系 e 互动沟通平台，旨在引导和促进上市公司、投资者等各市场参与主体之间的信息沟通。

事例 3-18

交通银行的投资者关系管理

交通银行 2005 年和 2007 年分别在香港和上海证券交易所上市。上市以来始终以“做与资本市场和投资者沟通最好的银行”为目标，致力于持续丰富与投资者沟通的渠道和形式，拓展沟通覆盖面，加强沟通力度，努力实现股东价值最大化。2018 年，通过“引进来‘十’走出去”，多渠道、多种方式与市场形成紧密互动，积极宣传推介交通银行投资价值和展现深化改革成果，提升信息透明度，依法合规地做好信息披露各项工作。2018 年，共举行四次定期业绩发布会，开展亚美欧三地路演、境内机构投资者路演，高管团队与超过 300 名记者、分析师和机构投资者见面交流；投资者关系团队参加境内外投行举办的投资者论坛活动共 15 场，接待分析师、机构投资者来访调研 50 批次，举行信用卡专题反向路演；充分利用上证 e 平台、网上接待日、投资者热线、投资者邮箱等平台，积极参加上海上市公司协会等机构组织承办的“投资者集体接待日”主题活动，通过在线方式回应投资者提出的问题；恪守“真实、准确、完整、及时、公平”原则开展法定信息披露，全年共发布定期报告 4 项，临时公告 A 股 52 项、H 股 48 项。2018 年，交通银行已连续 10 年跻身《财富》世界 500 强。

资料来源：交通银行 2018 年年报.

二、投资者关系管理的界定与作用

投资者关系管理是指运用财经传播和营销的原理，通过管理公司同财经界和其他各界进行信息沟通的内容和渠道，实现利益相关者价值最大化并如期获得投资者的广泛认同，规范资本市场运作，实现外部对公司经营约束的激励机制，实现股东价值最大化和保护投资者利益。其作用如下：

（1）帮助投资者有效地行使投票权。投资者可以依据获得的信息进行建议和监督，通过投资者关系管理部门将建议和监督信息反馈给公司董事会，帮助董事会对管理层决策活动履行监督、建议和批准的职责，约束管理者的道德行为，实现股东利益最大化。

（2）充分的信息互动沟通能够优化公司股权结构。公司信息权的配置能够使投资者确认投资机会的价值，甄别出投资项目的好坏，保证投资者的权益，是一项投资者权益保护的治理机制。当投资者利用信息权知晓投资风险降低时，他们所要求的投资回报率也随之降低，这会大大降低公司的资本成本，对于投资者而言具有甄别效应。充分的信息互动沟通能够减少投资者与上市公司之间的信息不对称，解决逆向选择和道德风险问题，防止发生“劣股驱逐良股”的现象。因此，投资者关系管理也是一项实现科学决策和提高公司价值的治理机制，能够吸引战略机构投资者参与公司的决策过程。

（3）了解投资者需求，增强投资者对公司的信任。外部投资者尤其是战略投资者可能会对公司治理标准提出更高的要求，如总经理和董事长是否两职分离、独立董事比例、专门委员会的组成、监事会的组成、股东会是网上投票还是累计投票、经理层激励如股权激励机制等治理机制，这些要求体现了投资者的需求，也是投资者对公司自主性治理机制施加影响的体现。

（4）能够提高公司市场公信力，促进股权文化的形成。投资者关系管理作为公司处理其与外部投资者之间关系的一种治理机制，在很大程度上会影响公司其他治理机制的效率，改善公司治理结构，成为提高公司治理有效性的最优路径。

三、投资者关系管理的核心内容

（一）投资者关系管理的性质是公司持续的战略管理行为

公司战略以企业发展全局为对象，具有全局性、综合性和系统性。投资者关系管理表面看只是面向资本市场，实现公司与投资者之间的沟通，实际上，企业之间的竞争逐渐由单一的产品市场竞争转向包括资本市场竞争在内的全方位竞争。今天，企业在资本市场上的表现更能体现企业的方方面面。因此，投资者关系管理必将成为企业的一项全局性战略管理行为。投资者关系战略将和企业的发展战略、产品战略、市场营销战略、财务战略、人力资源战略等协调一致、彼此支持、相辅相成，形成一种良性循环。

公司战略具有长远性，投资者关系管理正是企业的一种长期行为。一方面，投资者关系管理伴随企业战略逐步演进，需要不断向现有投资者和潜在投资者介绍公司的经营和发展前景，以取得他们对公司及公司战略的认可；另一方面，投资者关系管理将成为一种共识，作为一种观念长期根植于企业每一个员工的头脑中，也就是说，只有公司真正形成尊重投资者的理念，才能在面临纷繁复杂的外部环境和内部事务时，从投资者角度考虑。公司通过投资者关系管理影响投资者不是一朝一夕的事，公司需要以多种方式、多种渠道持续沟通，与投资者形成长期的、稳固的、亲善的关系。

（二）投资者关系管理的目的是实现公司相对价值最大化

公司价值与公司的产品价值和资产价值不同，它体现公司的盈利能力和发展潜力，是现有投资者和潜在投资者对公司的一种预期。这里需要说明的是：第一，公司价值作为一种预期，在公开市场上由交易价格体现，股票市场正是这样一种公开市场；第二，在一个有效市场即理性市场中，公司股票的交易价格可以体现公司价值；第三，考虑到股票市场所面临的外部环境和系统风险，公司价值往往体现为整个市场中公司的相对价值。表现相对价值高低的指标有相对市盈率、相对市净率等。相对市盈率高表明公司的市盈率高于同类或近似上市公司的市盈率，反映投资者对该上市公司的预期高于对同类或近似上市公司的预期。

公司价值的提升伴随着公司的良好前景和投资者对公司的良好预期，投资者发现公司价值并长期看好公司是公司价值提高的一个重要环节。投资者关系管理就是要通过有效的沟通，提高投资者对公司的认同度和忠诚度，进而实现公司相对价值最大化。

（三）投资者关系管理的核心是通过沟通促进了解和认同

在证券市场不断发展、上市公司数量不断增加、投资品种日渐丰富的情况下，让投资者发现公司价值，并且保持对公司的长期认可并不是一件容易的事。越来越多的上市公司发现其股票交易不活跃，常常被市场冷落。因此，与投资者有效沟通，促使他们全面真实地认知公司，是公司面临的一项重要任务。

投资者关系管理的核心就是通过与投资者的有效沟通，促进他们对公司的了解和认同。在沟通的过程中，首先，公司应当将投资者关系管理作为一种观念和态度，与投资者平等、诚恳地沟通，取得投资者的信任；其次要讲究沟通的方式方法，注意运用资本营销等手段，增强沟通效果。

（四）投资者关系管理中沟通的内容是影响投资者决策的相关信息

严格规范的信息披露是公司每位股东获得平等知情权的制度保证，因此，从市场监管的角度，要求公司根据有关法规从形式和实质上披露股价敏感信息。投资者关系管理是一个与投资者沟通的过程，电话、参观、分析师会、小型说明会、一对一介绍、路演等形式广泛运用于投资者关系管理中。在互动交流的过程中，投资者对公司了解的程度不同，投资偏好不同，必然会提出各种各样的个性化问题，交流的内容也就远远超出强制信息披露的内容。因此，在投资者关系管理中，公司与投资者沟通的内容是与投资者决策相关的信息，而不仅仅是强制信息披露要求的信息。通过这种沟通，公司可以了解投资者对公司的认知，进一步判断哪些信息有可能形成股价敏感信息而需要公开披露。

（五）投资者关系管理的手段是金融营销

现代公司的营销工作主要包括两个方面：产品（服务）营销和金融营销。产品（服务）营销的对象是公司的产品或服务，受众是满足消费需要的消费者或满足生产需要的生产者。消费者或生产者购买公司的产品或服务的目的是获得产品或服务的效用。产品（服务）营销的高级形式是对产品（服务）的品牌营销。

现代公司特别是上市公司，一方面会向消费者销售产品或服务；另一方面会向投资者销售股票、债券或其他金融产品，以筹集公司发展所需的资金。金融营销的对象是公司的股票、债券或其他金融产品，目标受众是投资者。投资者购买金融产品的根本目的是获得投资收益。

金融营销作为公司的营销活动，与产品（服务）营销一样需要运用营销学的基本原理、方法、手段，但由于金融营销与产品营销的对象、受众、目的不同，具体的方法也有很大区别。

（六）投资者关系管理的对象是公司的投资者或潜在投资者

在信息充分披露的前提下，公司应当根据不同的投资者对象——机构投资者、个人投资者、潜在投资者的需求，采取不同的形式，重点交流其关注的信息。

投资者关系管理的对象有投资者和潜在投资者之分，投资者又有机构投资者和个人投资者之分。因此，公司应当根据投资者的身份，有所侧重地与之交流。比如，潜在投资者可能对公司没有系统的了解，甚至对公司所处的行业也不了解，公司就应当与之交流行业特点，并突出公司特点和价值；机构投资者甚至公司的战略投资者谙熟公司的背景和特点，应侧重使其对公司的发展规划和战略部署建立长期信任；个人投资者有的善于短线操作，有的看好公司，愿意长期持有股票，公司应根据不同的需求实现高效沟通。

延伸阅读 3-8

投资者需要适当性管理

2016 年 12 月，《证券期货投资者适当性管理办法》由中国证监会发布，自 2017 年 7 月 1 日起施行。《证券期货投资者适当性管理办法》共 43 条，主要规定 5 项制度安排：一是形成了依据多维度指标对投资者进行分类的体系，统一投资者分类标准和管理要求；二是明确了产品分级的底线要求和职责分工，建立层层把关、严控风险的产品分级机制；三是规定了经营机构在适当性管理各个环节应当履行的义务，全面从严规范相关行为；四是突出对普通投资者的特别保护，向投资者提供有针对性的产品及差别化服务；五是强化了监管职责和法律责任，确保适当性义务落到实处。

（七）投资者关系管理的基础是充分的信息披露

公司采用多样的形式、有效的手段以及快捷的渠道与投资者进行沟通，有利于增进投资者对公司的了解和认同。事实上，任何公司的经营都会有喜有忧，有的公司存在一种误区，认为信息披露就是试图利用各种形式和工具将公司的好消息告知公众，甚至讨好股东，对那些不利于公司的消息避而不谈，以免损害公司形象。

四、如何做好投资者关系管理

良好的投资者关系管理战略包括以下内容：

（1）设定公司形象。研究表明，公司形象能提高投资者信心。公司形象的设计应与公司的战略目标和宗旨等相适应。

（2）开展市场调查。主要围绕投资者和资本市场相关因素展开调查，了解不同投资者的需求特征、资本市场、影响投资者决策及公司战略制定和执行的各种外部市场因素，从而提高公司科学决策的水平，提升公司价值。

（3）选择恰当载体。投资者关系管理战略本质上是一种信息沟通战略，信息载体的选择和利用是沟通效率的技术保证。目前投资者关系管理战略选用的载体包括：印刷品，如年报、中报、证监会要求的一些文件、新闻稿等；电子信息服务，包括一些中介提供的数据库服务、互联网（如公司主页、交易所网站等）；会议，包括一对一沟通、CEO的演示、业绩说明会等；电话和邮件联系，包括电子邮件、一对一电话、电视电话会议、在线播报等。这些载体各有利弊。美国投资者管理研究协会（American Investor Management Research，AIMR）对其成员的调查显示，电话会议被认为是传递战略和信息最有价值的方式，互联网和电子邮件等载体的质量、及时性、准确性也得到了投资者比较广泛的认可。

（4）实施计划。实施投资者关系管理战略既包括针对外部不同的信息需求者沟通相关信息的活动，也包括投资者关系管理部门从外部获取投资者以及资本市场利益相关者需求的相关信息，然后反馈给管理层以确保战略准确执行的活动，还包括投资者关系管理部门直接参与公司战略决策的活动。

（5）评估结果。鉴于投资者关系管理战略既涉及公司战略决策方面的工作，如战略沟通活动，又涉及战略执行方面的工作，如直接参与公司的股价管理和股权结构管理等，对投资者关系管理战略效果的评估也需要从这两方面开展（参见第9章相关内容）。

延伸阅读3-9

提升投资者关系管理水平　赋能上市公司高质量发展

2022年4月11日，证监会发布新修订的《上市公司投资者关系管理工作指引》（以下简称《指引》），自5月15日起施行。南开大学商学院教授、中国公司治理研究院投资者关系管理研究中心主任马连福在接受中国证券报记者采访时表示，随着我国股票发行注册制的全面推广以及投资者群体的持续扩大，上市公司的投资者关系管理工作变得更加重要。《指引》对于促进上市公司深耕做实投资者关系管理工作和推动我国上市公司投资者关系管理迈上一个新台阶具有重大的意义。

…………

马连福称，此次新修订的《指引》必将推动我国上市公司在合法合规的基础上，根据公司战略目标，以投资者需求为导向，积极开展自主的、有特色的投资者关系管理活动。与此同时，监管部门、自律组织和投资者保护机构可以对上市公司投资者关系管理状况进行评估评价，以评促进，对标对表，推动上市公司治理迈上新的台阶，实现高质量发展。

资料来源：黄一灵．马连福：提升投资者关系管理水平 赋能上市公司高质量发展．中国证券报·中证网，2002-04-15.

相关链接：《上市公司投资者关系管理工作指引》（中国证券监督管理委员会公告〔2022〕29号）及《上市公司投资者关系管理工作指引》修订说明．http://www.gov.cn/zhengce/zhengceku/2022-04/16/content_5685513.htm.

□ 小 结

没有股东也就没有公司，在所有权与控制权分离程度越来越高的情况下，股东权利保护成为公司治理的核心。因此，在明确股东的权利和义务之后，设计合理的股权结构和股东会运行机制至关重要。股权结构高度集中，会带来大股东与小股东之间的利益冲突；股权结构高度分散，会带来股东与经理层之间的利益冲突。因此，根据企业具体情况，设计一套适合自己的股权结构，对于建设良好的公司治理机制至关重要。当然，股权结构不是静态的而是动态的，需要加强投资者关系管理。

□ 关键术语

股东　　股份　　股权　　控制权

表决权　　股东会　　累计投票制度　　网络投票制度

投资者关系管理

□ 选择题

1. （单选题）控股股东是指其出资额占公司资本总额（　　）以上或依其出资额所享有的表决权已足以对股东、股东会的决议产生重大影响的股东。

A. 33%　　B. 50%　　C. 75%　　D. 25%

2. （单选题）大股东的定义与控股股东的定义有相似之处，但是不完全一致。例如，可以存在非拥有（　　）的大股东，也可以存在非持有（　　）的控股股东。

A. 多数股份；多数表决权资本数量

B. 支配权；多数股份

C. 多数表决权资本数量；多数股份

D. 多数股份；支配权

3.（单选题）下列关于股东表决权的说法，不正确的是（　　）。

A. 普通股股东对公司重大决策的参与权是通过参加股东会，行使表决权实现的

B. 股东每持有一份股份，就有一份表决权

C. 对于各个股东来说，其表决权的数量视其购买的股票份数而定

D. 普通股股东只能自己出席股东会，不得委托他人代理出席或代其行使表决权

4.（多选题）股东的法律地位包括（　　）。

A. 股东平等

B. 股东承担无限责任

C. 股东享有股东权

D. 股东是公司的出资人

E. 股东是公司经营的最大受益人和风险承担者

5.（单选题）（　　）是股份有限公司资本中最重要、最基本的股份。

A. 流通股

B. 优先股

C. 普通股

D. 限制股

6.（单选题）一般而言，在公司股份比例中，持有（　　）的股份具有绝对控制权，持有（　　）的股份具有相对控制权，持有（　　）的股份具有否决权。

A. 33.4%；51%；66.7%

B. 51%；33.4%；20%

C. 66.7%；51%；33.4%

D. 90%；66.7%；33.4%

7.（单选题）下列关于股权制衡度<1的说法，错误的是（　　）。

A. 股权制衡度<1，股权较为分散，说明第一大股东的控制权不稳定

B. 提高了股票的变现能力，股票出售者更容易找到股票购买者

C. 不利于公司整体利益的提升以及市场价值的提高

D. 敌意收购者持续关注公司的表现，表现糟糕的公司更容易受到攻击

8.（多选题）下列有关股份比例设置原则的说法，正确的有（　　）。

A. 一般以出资额为准

B. 股东之间要信任

C. 股份比例要均等

D. 核心股东能够掌握控制权和话语权

E. 股东之间要资源互补

9.（单选题）下列有关股东会的论述正确的是（　　）。

A. 股东会一般每一年或半年定期召开一次

B. 董事会不可以提议召开临时股东会

C. 只有监事会才可以提议召开临时股东会

D. 股东会选举董事、监事，可以依照公司章程的规定或者股东会的决议，实行累计投票制

10.（多选题）根据公司法律制度的规定，股份有限公司股东会所议下列事项中，必须经出席会议的股东所持表决权2/3以上通过的有（　　）。

A. 增加公司注册资本　　B. 修改公司章程

C. 发行公司债券　　D. 与其他公司合并

11.（多选题）股东会作为公司的权力机构主要体现在（　　）。

A. 在公司的组织机构中，没有任何机构能够位居股东会之上

B. 董事会和监事会作为公司组织机构的组成部分，都源于股东会，其成员都是由股东会直接选举或者间接选举产生的

C. 公司经营管理者受股东会监督，股东会决议对公司经营管理者具有约束力

D. 股东会对公司重大事项包括公司本身的“生死”拥有决策权

12.（单选题）下列关于投资者关系管理的说法不正确的是（　　）

A. 投资者关系管理的性质是公司持续的战略管理行为

B. 投资者关系管理的核心是通过沟通促进了解和认同

C. 投资者关系管理中沟通的内容是影响投资者决策的相关信息

D. 投资者关系管理的手段是产品营销

13.（单选题）投资者关系管理的目的是（　　）。

A. 实现企业目标　　B. 实现公司相对价值最大化

C. 实现公司利益相关者利益最大化　　D. 实现个人利益最大化

14.（多选题）良好的投资者关系管理战略应该包括（　　）

A. 设定公司形象　　B. 开展市场调查

C. 选择恰当载体　　D. 实施计划和评估结果

15.（多选题）投资者关系管理是指运用财经传播和营销的原理，通过管理公司同财经界和其他各界进行信息沟通的内容和渠道，实现利益相关者价值最大化

并如期获得投资者的广泛认同，规范资本市场运作，实现外部对公司经营约束的激励机制，实现股东价值最大化和保护投资者利益。其作用包括（　　）。

A. 帮助投资者有效地行使投票权

B. 了解投资者需求，增进投资者对公司的信任

C. 充分的信息互动沟通能够优化公司股权结构

D. 提高公司市场公信力，促进股权文化的形成

□ 思考题

1. 股东有哪些权利和义务？
2. 如何设计股份比例？
3. 所有权与控制权分离后如何进行有效控制？
4. 股东会如何有效运行？
5. 股东会的表决机制如何设计？
6. 如何做好投资者关系管理？

□ 案例分析

谁动了我的“灯泡”——雷士照明控制权争夺始末

吴某江，1965年生于重庆铜梁，1998年底创立雷士照明。雷士照明于2010年5月20日在港交所主板上市（代码：02222.HK）。雷士照明拥有广东、重庆、浙江、上海等制造基地，2家研发中心，36家运营中心和3 000余家品牌专卖店，并在世界30多个国家和地区设立了经营机构。2012年，雷士照明由一个创建之初100万元的小公司成长为年收入超过150亿元的上市公司。

2012年5月25日，雷士照明宣称董事长兼CEO吴某江因个人原因辞职。此后，雷士照明陷入动荡，工人罢工两周，高管离职不断。2012年8月17日，吴某江赶到惠州工厂进行安抚，并以创始人身份主持生产。

吴某江创业融资的历程

1998年底，吴某江出资45万元，他的两个高中同学出资55万元，以100万元的注册资本在惠州创立雷士照明。2005年，三个股东之间产生了严重分歧。其他两个股东认为，公司前几年一直在投入，现在赚钱了应该分红。吴某江却认为，企业做得还不够大，赚来的钱应投入扩大再生产。双方互不让步，最后股东之间

摊牌，对方占有55%的股份，吴某江只有45%的股份，吴某江让出了董事长的位置，并被要求领走8 000万元后彻底退出雷士照明。在吴某江签订协议退出后，经销商、供应商以及公司的中高层干部发起了“雷士战略研讨会”，大家决定举手表决吴某江的去留，结果是全票通过吴某江留下，其余两名股东被迫各拿8 000万元离开，吴某江持有雷士照明100%的股权。

困难随之而来，支付给另外两名股东总额1.6亿元的现金使得雷士照明不堪重负，吴某江开始寻求外部资金。2006年，亚盛投资创始人兼总裁毛某丽开始协助吴某江融资，她与陈某霞等四人共投资994万美元购买雷士照明30%的股份，吴某江的股份被稀释为70%。

由于扩大再生产的需要，2006年8月，毛某丽牵线软银赛富投资雷士照明2 200万美元。两次稀释公司股权之后，吴某江仅拥有雷士照明41.8%的股权。

2008年8月，雷士照明为了增强其节能灯制造能力，以现金加股票的方式收购世通投资，其中现金部分必须支付4 900万美元，但雷士照明并没有足够的现金来支付这笔收购款，不得不引入高盛。高盛出资3 656万美元，占股11.02%。软银赛富选择行使上次融资时合同规定的参与下一次融资的买权，跟投出资1 000万美元，占股36.05%，成为雷士照明第一大股东。至此，财务投资者拥有47.07%的股权，控制企业，吴某江持股34.4%。

吴某江收购世通投资，定向增发326 930股雷士照明普通股给世纪集团作为收购对价的一部分，世纪集团占14.75%。这次增发后，吴某江的股权减少至29.33%。

2010年5月，雷士照明在港交所上市，发行6.94亿新股，占发行后总股本的23.85%，发行价2.1港元/股，募资14.57亿港元。吴某江的股权进一步被稀释到22.33%。

2011年7月，雷士照明引进法国施耐德电气作为策略性股东，软银赛富、高盛联合吴某江等六大股东，以4.42港元/股的价格共同向施耐德转让2.88亿股。施耐德耗资12.75亿港元，股份占比9.22%，成为雷士照明第三大股东。施耐德与雷士照明签订了为期十年的《销售网络战略合作协议》，据此施耐德的电气产品可以通过雷士照明旗下的3 000家门店渠道进行销售。至此，创始人吴某江占股17.15%。其间，吴某江通过与汇丰银行签订看涨股权衍生品交易合约以及向券商贷款买股票方式在二级市场增持股票，到2012年5月15日持股比例达到19.19%。

吴某江 PK 机构投资者

雷士照明于2012年5月25日早晨发布公告，称公司创始人吴某江因个人原因已辞任董事长、执行董事兼首席执行官、董事会所有委员会职务，接任者为公司的非执行董事、机构投资者阎某，委任机构投资者一方张某鹏为首席执行官。

2012年6月14日，经多方证实，吴某江疑因在重庆涉嫌未经董事会批准将2 000万元人民币的政府补助和一块土地转至自己公司名下，被有关部门带走调查。6月22日，吴某江接受采访时强调自己是雷士照明这艘船上的一分子。“明理的人都知道，大家已经上了船，如果不愿意下船，你想赶也赶不走。”“何况我还是一个创始人，如果我不想下这个船，谁也赶不走我，这是个很简单的道理。”

2012年7月12日，吴某江首次公开回应“辞职门”，表示当时辞职是因为董事们要求自己回避一段时间。随后，雷士照明董事会与员工、管理层、运营商等召开沟通见面会。会上，雷士照明的中层管理人员、基层员工、经销商、供应商等一致向投资方赛富基金合伙人、雷士照明现任董事长阎某及施耐德代表提出诉求，包括让雷士照明创始人、原董事长吴某江尽快回到雷士照明工作，以及施耐德退出雷士照明等（详见表3-4）。

表3-4 经销商、供应商与股东谈判提出的五点要求

1. 改组董事会，不能让外行领导内行，阎某不能干涉公司经营管理。
2. 争取更多员工期权。
3. 让吴某江尽快回到雷士照明工作。
4. 施耐德退出雷士照明。
5. 选出两位经销商进入董事会。

雷士照明部分员工称，如果投资方不尊重员工意见，就会无限期停工。在雷士照明的万州工厂、惠州工厂等基地，有员工拉起了“无良施耐德”“吴总不回来，坚决不复工”等横幅，部分岗位出现了上岗不工作的情况。

自2012年7月27日罢工以来，万州工厂55名员工、惠州工厂102名员工已辞职，分别占万州工厂总员工数的2.6%、惠州工厂总员工数的4.1%。雷士照明万州及惠州工厂共有50家核心原材料供应商，其中有25家表示未来不再为雷士照明供货。工厂现有的存货预计能维持一段时间生产，如果这个问题无法解决，公司只能寻找合适的替代供应商。

2012年8月15日，吴某江回归雷士照明，以大股东兼创始人身份主持生产。雷士照明14日晚间发布公告，对吴某江的卸任缘由、员工等情况进行说明。雷士照明公告显示，“就董事会组成而言，董事会并不认为现在是一个恰当的时间向董事会委任额外董事”。这意味着吴某江暂时无法回归雷士照明的董事会。

2012 年 9 月 4 日晚间，雷士照明发布公告，称公司决定设立一个临时委员会管理公司日常运营，运营委员会由吴某江、朱某、张某鹏等人组成，吴某江担任该临时委员会的负责人。吴某江作为运营委员会的负责人向董事会确认其会遵守上市规则、相关的法律法规以及董事会做出的所有决议和决定。此前停止供货的供应商陆续恢复供货，辞职的高管全部回归，公司正常运营，雷士照明全国各区域市场也趋于正常。

争斗尾声

2012 年 9 月 29 日，继雷士照明内斗风波之后，雷士照明创始人、前董事长吴某江，现任董事长阎某，施耐德电气（中国）有限公司董事长兼总裁朱某首次共同公开亮相。三人表示，之前的风波是因为对公司管理方式的意见不同，如今已经达成和解，有信心使雷士照明重回正常轨道并取得良好业绩。阎某在接受媒体采访时谈道：“我个人希望明天就辞掉董事长。”阎某认为理想的董事长人选是吴某江，并表明吴某江回归董事会不会超过 3 个月。吴某江也表示出对回归董事会的迫切心情。吴某江认为董事会是公司的最高决策机构，他希望能够进入董事会，尤其是在决策上发表一些见解、意见，也希望能够参与制定公司经营战略。

吴某江的结局

2014 年 4 月，德豪润达再度从吴某江手中收购股份，累计持股比例上升至 27.03%，吴某江个人持股下降到 1.71%。

雷士照明 2014 年 8 月 8 日晚间在港交所网站上发布公告，宣布罢免吴某江 CEO 职务。

2015 年 1 月 5 日，据证券时报网消息，吴某江因涉嫌挪用资金罪，已于1月4日下午正式被广东省惠州市公安局移送至惠州市人民检察院。

2016 年 12 月 22 日，广东省惠州市中级人民法院对外公告称，因挪用资金罪、职务侵占罪，吴某江被判处有期徒刑 14 年。

问题讨论：

1. 吴某江失去控制权的原因何在？
2. 吴某江可以通过哪些方式保持控制权？
3. 创始人应该如何处理与机构投资者的关系？
4. 本案例带给民营企业创始人哪些经验教训？

第 4 章

董事会决策机制设计

学习目标

1. 了解董事的胜任条件以及权利与义务；

2. 掌握董事会构成和组织设计的要素；

3. 了解董事会会议运行机制和董事会评价标准。

素养提升

1. 在全面依法治国理念的指导下，董事会作为公司内部的核心决策机构，在微观层面也需要不断推进制度建设，以确保公司决策的科学性，切实维护投资者和其他利益相关者的利益。

2. 党的二十大报告指出，“树立选人用人正确导向”①。公司董事会在选人、用人过程中，也要坚持正确用人导向，做到知人、识人、择人，构建高效董事会。

① 习近平．高举中国特色社会主义伟大旗帜 为全面建设社会主义现代化国家而团结奋斗——在中国共产党第二十次全国代表大会上的报告．北京：人民出版社，2022：66.

学　习　导　图

董事会作为现代公司治理的核心，扮演着公司最高战略决策机构的角色，与公司战略决策制定密切相关。董事会的决策又与公司绩效密切相关，董事会在决策过程中能否高效运作直接决定了公司未来绩效的好坏。为此，本章以公司董事会结构为主线，依次介绍董事的选举与任免、董事会职能与构成、董事会组织设计，以及董事会会议运行与评价等内容。

本章开篇讨论一个极其重要的问题，即董事会的职能范畴和职能定位。董事会的职能定位原则也就是整个公司治理系统的定位原则。在学习过程中，应特别注意董事会决策机制的地位与作用。

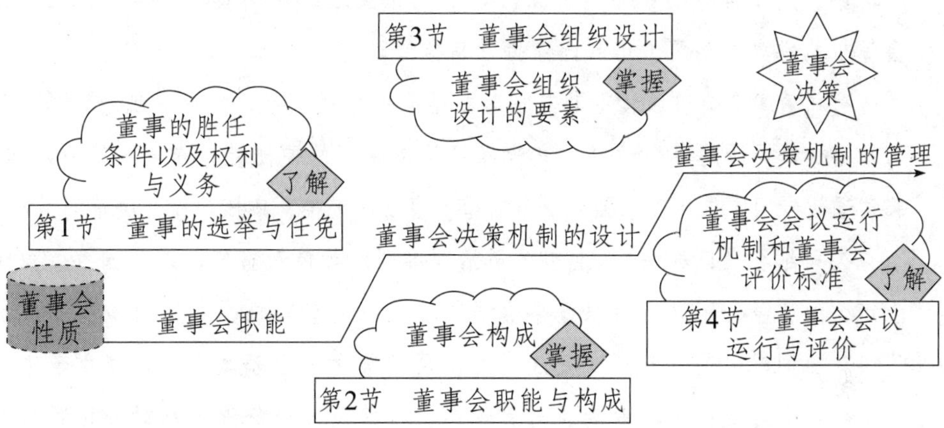

引　例

保利地产：多维提升董事会决策与治理能力

保利地产是中国保利集团公司控股的大型国有房地产上市公司，综合实力居中央地产企业首位，连续11年蝉联中国房地产行业领导公司品牌。截至2020年9月末，公司总资产规模达11 479亿元，房地产项目遍布国内外118个城市。

公司面向内地及香港两大资本市场，业务涵盖房地产开发、物管、商管等多个产业，对治理体系提出了较高要求。公司从提升履职能力、规范制度体系、关注行业发展趋势、保证重大事项及时决策等多个维度，完善董事会建设，提升公司董事会的决策能力和治理能力。

规范治理结构和制度体系，确保决策的规范性。目前公司董事会成员共9名，其中独立董事3名，董事会成员涵盖了房地产管理、财务管理、经济管理、法律等领域的专家，与公司发展需要高度契合。董事会下设战略委员会、薪酬与考核委员会、提名委员会、审计委员会四个专门委员会，其中薪酬与考核委员会全部由独立董事组成，充分发挥独立董事的专业指导和监督功能。

公司董事会以《公司章程》为基础，搭建起集公司基本制度、董事会运作专项制度、经董事会决策的核心业务制度于一体的制度体系，从制度层面保障公司董事会既有规范的决策流程，又有敏锐的经营触觉，建立从顶层决策到一线经营的立体化制度体系。

公司董事会注重董事履职能力的提升，保证决策的科学性。一是通过经营月报等方式，及时让董事掌握公司最新经营动态；二是组织董事深入项目一线参与现场调研，了解一线业务运营状况；三是积极组织董事参与证监会、上市公司协会等机构举办的学习、培训，掌握最新监管动态。

公司董事会会议通过定期与临时相结合的方式开展，并通过现场、通信等方式为董事提供灵活的参会途径，充分保障董事履职的便捷性。在重大事项决策方面，公司通过专门委员会确保独立董事对重大事项的把控、审核，提升决策的科学性。

公司结合《证券法》《上市公司治理准则》等最新修订，以及国务院关于提高上市公司质量的意见，组织董事会成员多次以监管培训、主题讨论等形式参与学习研讨。同时，董事会高度关注行业发展趋势和前沿领域研究，建立董事会战略委员会扩大会议机制，邀请公司管理层、具体业务线负责人针对公司各个业务板块的经营战略开展深入研讨，明确各业务发展的战略方向。

为更好地把握市场机会、服务业务经营需要，公司积极推动董事会审议重大融资、项目合作等事项，高效组织召开董事会，及时完成公司重要决策，并通过专项报告与外部董事沟通，提高汇报效率、缩短审议周期。同时，董事会指导经营层做好对照检查与整改提升，结合经营实际需要，不断优化重大决策及管控体系。

公司董事会注重提高信息披露质量，信息披露工作连续7年获得上交所A类评价。尤其是公司高度重视非财务经营性信息披露，持续优化信息披露业务流程，切实提升披露质量。自2007年起，率先发布月度销售及项目拓展公告，开创上交所房企自主披露的先河。自2009年起，连续12年向社会公开发布社会责任报告，并在报告中全面客观展现了公司在经济、社会、环境三大范畴中各利益方关注的重点议题、行动及相关实践成果。

资料来源："金圆桌"案例最佳实践：保利地产——多维提升董事会决策与治理能力．董事会，2021（3）．

第1节　董事的选举与任免

一、董事的任职资格

董事（director）是指由公司股东会选举产生的具有实际权力和权威的管理公司事务的人员。董事的任职资格是指出任公司董事职位的人员应当具备的资格条件，包括限制条件和胜任条件。

（一）限制条件

我国《公司法》规定，有下列情形之一的，不得担任公司的董事、监事、高级管理人员：

（1）无民事行为能力或者限制民事行为能力；

（2）因贪污、贿赂、侵占财产、挪用财产或者破坏社会主义市场经济秩序，被判处刑罚，或者因犯罪被剥夺政治权利，执行期满未逾五年，被宣告缓刑的，自缓刑考验期满之日起未逾二年；

（3）担任破产清算的公司、企业的董事或者厂长、经理，对该公司、企业的破产负有个人责任的，自该公司、企业破产清算完结之日起未逾三年；

（4）担任因违法被吊销营业执照、责令关闭的公司、企业的法定代表人，并负有个人责任的，自该公司、企业被吊销营业执照之日起未逾三年；

（5）个人因所负数额较大债务到期未清偿被人民法院列为失信被执行人。

公司违反上述规定选举、委派董事、监事或者聘任高级管理人员的，该选举、委派或者聘任无效。

（二）胜任条件

公司在选择董事的过程中，除了要考虑限制条件外，还要考察董事个人的胜任能力。董事应具备以下方面的特征：

（1）正直和责任心。这是评价任何董事人选时的首要考察内容，董事会应寻找那些在个人和职业行为中显示出高尚的道德和正直的品质、愿意按董事会的决定行动并且对此负责的候选人。

（2）见多识广的判断。董事应当具有聪明才智并能够将之应用于判断和决策。

（3）熟悉财务知识。董事至少应当知道资产负债表、利润表、现金流量表等基本的财务报表，据此来评估公司的经营业绩。

（4）自信、善于协作和尊重他人。

（5）资历和历史业绩。董事在过去应有良好的经营业绩。

二、董事的权利与义务

（一）董事的权利

董事的权利是指董事基于法律、公司章程的规定和委托契约的约定而享有的受托处理公司事务的各种权利。一般包括：

（1）出席董事会会议。董事本人应该出席董事会会议，因故不能出席的，可以书面委托其他董事代为出席，委托书中应载明授权范围。

（2）行使表决权。董事在董事会会议上有就所议事项进行表决的权利。董事会作出决议，必须经全体董事的过半数通过。

（3）董事会临时会议召集的提议权。公司1/3以上的董事可以提议召集董事会临时会议。

（4）报酬请求权。在现代公司中，董事是工作董事，董事在管理公司的过程中要付出大量的时间、精力，并要具备丰富的管理才能，因而公司应给予董事相应报酬。

（5）签字权。包括董事长在内，公司的全部董事作为股东的受托人和代理人，应当对股东会负责，在董事会所讨论和通过的文件上签字。

（6）代表公司对监事提起诉讼权。我国《公司法》赋予监事诸多义务，但当监事违反相关义务时，由谁代表公司起诉监事，以维护公司的利益？由于董事、监事都向股东会负责，因此当监事违反其义务时，应当由董事长或其他董事代表公司起诉监事。但《公司法》没有明确赋予董事这项权利。

（二）董事的义务

董事的义务就是董事作为公司的受托人和代理人，为满足股东和公司的合法利益，依法应当为或不为一定行为的规定。主要包括两大义务：

1. 勤勉义务

勤勉义务，是指董事执行职务应当为公司的最大利益尽到管理者通常应有的合理注意。

事例 4-1

董事会质疑公司决策合理吗

2021 年 2 月，慈星股份披露称，为了扩展新领域，寻求新的业绩增长点，公司收购昆明物理研究所及北方夜视科技研究院集团合计持有的北方广微 35%的股权，转让价为 1.40 亿元。

2022 年 4 月 19 日晚，慈星股份公告称，拟以 1.48 亿元转让持有的北方广微 35%的股权及相应债权，公司控股股东宁波裕人智慧科技（集团）有限公司（简称裕人智慧）为受让方，且本次交易北方广微并未配合上市公司委派的评估机构进行评估，慈星股份沿用了前一次购买时出具的评估报告。

对于上市公司此举，公司董事曹莉、颜浩洋明确表示反对，二者称公司“投资决策过于草率”。两名董事认为，本次出售北方广微股权，直接沿用 2021 年 4 月 16 日资产评估报告确定的评估价格，未进行最新评估，且未进行公开市场询价比价，直接指定关联方裕人智慧为受让方。

对此，深交所要求慈星股份说明北方广微不配合评估的原因及合理性，公司是否能够获得北方广微的财务数据并保证数据真实准确，是否会影响公司 2021 年年报披露。

资料来源：刚买一年就要卖，自家董事不同意，监管也追问：为啥？合理吗？. 上海证券报，2022-04-21.

2. 忠实义务

忠实义务，就是要求董事履职时应当采取措施避免自身利益与公司利益冲突，不得利用职权牟取不正当利益。具体内容包括：

（1）不得与公司进行交易。

（2）竞业禁止。董事竞业是指董事经营与其所任职公司具有竞争关系的业务，如生产经营同类产品等。由于董事的竞业，董事可能利用其地位与职权谋取私利而损害公司利益。

（3）不得泄露公司的秘密。

（4）不得篡夺公司的机会。公司的机会是指任何一种从事商业活动的机会（包括取得、使用任何合同权利或任何其他有形、无形财产），即公司主要管理人员或董事被告知或者能够得知的任何机会，并且这一机会与其公司所从事或依合理的预计能够从事的业务有密切的联系。如果认为某一商业机会是公司的机会，公司可能因此达成交易或合同并获取收益，那么公司董事或控股股东就不可以利用自己的地位或职权，为自己的利益而获得或抢夺该商业机会，因为这一机会应当属于公司。公司董事如果违反了公司机会规则，就要承担损害赔偿责任。

（5）不得侵占公司的财产。

事例4-2

疯狂的内幕交易案　胜利精密高管集体泄密

2016年5月19日，中国证监会一纸行政处罚书将胜利精密重组背后暗藏的内幕交易细节逐一曝光。令人唏嘘的是，公司董事长、董事、董秘等作为内幕知情人，集体扮演了泄密者的角色，或告知好友，或指挥配偶进行暗箱操作，本次重组的交易对方及标的公司负责人亦忍不住"伸手"。经中国证监会立案调查审理，本次相关内幕交易责任人被没收并处罚最高上千万元。

资料来源：祁豆豆．疯狂的内幕交易案 胜利精密高管集体泄密．上海证券报，2016-05-26.

三、董事的任期和解任

董事的任期就是董事在位的期间。一般都是在公司章程中做出规定。每届任期一般不得超过3年，可以连选连任。

董事在任期内，股东会无故不得解除其任职。董事的卸职、撤换等主要有以下几种情况：一是任期届满。二是转让出资或股份。三是股东会决议可以依法撤换董事甚至董事会，即使董事任期未满。四是法院判决。董事执行公司业务时有重大损害公司利益的行为，或违反法律法规、公司章程的规定，即使股东会没有解除其职务，股东依法可要求法院判决解任。五是资格条件的丧失。被选举为董事者应当具备积极和消极资格条件，如果董事在当选后出现了不具备上述资格条件的情况，董事应当自动离职。六是董事可以依法辞职。

四、董事的履职风险

《公司法》在明确公司法立法目的之弘扬企业家精神的前提下，相关规范不仅没有为董事履职增设容错机制，反而增设了董事对第三人的个人责任，提升了董事的履职风险。新增“董事、高级管理人员执行职务，给他人造成损害的，公司应当承担赔偿责任；董事、高级管理人员存在故意或者重大过失的，也应当承担赔偿责任。”应该说，增设董事对第三人责任制度，就是要强化责任导向，提升董事履职的质量，以确保公司利益最大化。

公司可以通过以下方式来有效规避董事履职风险：

（1）完善公司章程和公司制度，明确董事的职责权限范围和履职流程。公司通过公司章程和相应的规章制度对董事的职责权限范围以及履行职务的流程予以明确，从而降低因权责不清导致的履职风险。

（2）履职守法合规。董事在公司的日常经营和管理活动中要遵守相应法律法规，积极全面履行法定职责和法定义务，勤勉尽职，决策审慎，避免违法违规风险。

（3）履职留痕。董事的日常履职行为，应做好记录，保留行为依据，尤其是对于某项决议持反对意见或者同意意见的，须记录在决议文件，供日后备查。

（4）投保责任保险。为提升董监高的履职积极性，尤其董事的决策积极性。《公司法》第一百九十三条明确规定，“公司可以在董事任职期间为董事因执行公司职务承担的赔偿责任投保责任保险。公司为董事投保责任保险或者续保后，董事会应当向股东会报告责任保险的投保金额、承保范围及保险费率等内容”。这一规定鼓励担任公司的董事能大胆决策，并保护他们免受潜在的法律风险的影响，同时也有助于维护公司的长期利益。

第 2 节　董事会职能与构成

一、董事会的职能及义务

1. 董事会的职能

董事会（board of directors）是依照有关法律、行政法规和政策规定，按公司章程设立并由全体董事组成的业务执行机构。我国《公司法》规定，有限责任公司设董事会，董事会对股东会负责，行使下列职权：

（1）召集股东会会议，并向股东会报告工作；

（2）执行股东会的决议；

（3）决定公司的经营计划和投资方案；

（4）制订公司的利润分配方案和弥补亏损方案；

（5）制订公司增加或者减少注册资本以及发行公司债券的方案；

（6）制订公司合并、分立、解散或者变更公司形式的方案；

（7）决定公司内部管理机构的设置；

（8）决定聘任或者解聘公司经理及其报酬事项，并根据经理的提名决定聘任或者解聘公司副经理、财务负责人及其报酬事项；

（9）制定公司的基本管理制度；

（10）公司章程规定或者股东会授予的其他职权。

归纳起来，作为公司经营决策机构的董事会，其职能主要体现在以下几个方面：

（1）负责召集股东会会议，并向股东会报告工作，执行股东会的决议。董事会的这些职权体现了董事会与股东会的实质关系。董事会作为公司的经营决策机构，对公司的最高权力机构股东会负责，有权召集股东会，并向股东会报告工作，执行股东会的决议。这既是董事会的职权，也是其法定职责。

（2）决定公司的经营计划和投资方案。在股东会决定了公司的经营方针和投资计划后，董事会据此决定公司的经营计划和投资方案并组织实施，这是董事会经营决策权最重要的体现。

（3）制订有关股东会决议的重大事项的方案，包括利润分配方案和弥补亏损方案，增加或者减少注册资本以及发行公司债券的方案，公司合并、分立、变更公司形式、解散的方案。对于这些事项，股东会具有最终决定权，但公司董事会可以通过制订方案并提交股东会审议、表决来施加影响，参与公司重大事项的决策。

（4）决定公司内部管理机构、基本管理制度和重要管理人员，包括决定公司内部管理机构的设置，聘任或者解聘公司经理及其报酬事项，根据经理的提名，聘任或者解聘公司副经理、财务负责人及其报酬事项，制定公司的基本管理制度。这些职权也是董事会经营决策权的重要体现，是董事会执行股东会决议、实施公司经营计划和投资方案、保障公司良好运行的基础。

（5）公司章程规定的其他职权。公司股东可以根据公司的具体情况，通过公司章程授予董事会其他职权，例如可以规定由董事会决定承担公司审计业务的会计师事务所的聘任或者解聘等。

事例 4-3

董事会是否有权做出限制大股东权利的决议

*ST 康得 2019 年 6 月 20 日晚公告，公司第四届董事会第六次会议审议通过了《关于公司限制康得投资集团有限公司股东权利的议案》。鉴于公司控股股东康得投资集团存在非经营性资金占用及信息披露违规行为，根据有关法律及《公司章程》第 39 条的规定，公司董事会决定依法冻结康得投资集团及其一致行动人的股票，依法限制其相关权利，同时责成公司管理层依法提起司法冻结程序。

资料来源：康得新复合材料集团股份有限公司第四届董事会第六次会议决议公告．证券日报，2019-06-21.

2. 董事会的义务

《公司法》新增有限责任公司董事会的催缴义务。其中第五十一条规定，有限责任公司成立后，董事会应当对股东的出资情况进行核查，发现股东未按期足额缴纳公司章程规定的出资的，应当由公司向该股东发出书面催缴书，催缴出资。未及时履行该义务的，给公司造成损失的，负有责任的董事应当承担赔偿责任。

二、董事会的规模

由于公司类型不同、规模不同，公司的经营范围、经营规模以及领导模式各异，每家公司所需董事的数量不能一概而论。各国法律对公司董事人数做了不同的、弹性较大的规定，具体人数则由公司在章程中加以明确。另外，为了保证董事会决议能顺利通过，不致造成表决数目相等而无法形成决议的局面，董事的人数一般为奇数。

《公司法》取消了董事会规模的上限要求，规定有限责任公司和股份公司的董事会成员均为三人以上。各个公司董事的具体人数由公司章程依法规定，基本原则是能够充分讨论和提高决策的效率。

事例 4-4

中国工商银行董事会规模“之最”

截至 2017 年初，本届中国工商银行董事会规模达到 19 人，成为上市公司之最。具体情况如表 4-1 所示。

表4-1 中国工商银行董事会人员情况

序号	姓名	性别	出生年份	职务
1	谷澍	男	1967	执行董事
2	王敬东	男	1962	执行董事
3	希拉·C. 贝尔	女	1954	独立董事
4	易会满	男	1964	执行董事
5	杨绍信	男	1955	独立董事
6	柯清辉	男	1949	独立董事
7	程凤朝	男	1959	非执行董事
8	费周林	男	1958	非执行董事
9	汪小亚	女	1964	非执行董事
10	梁定邦	男	1946	独立董事
11	葛蓉蓉	女	1968	非执行董事
12	郑福清	男	1963	非执行董事
13	张红力	男	1965	执行董事
14	傅仲君	男	1957	非执行董事
15	衣锡群	男	1947	独立董事
16	钟嘉年	男	1957	独立董事
17	洪永淼	男	1964	独立董事
18	田国强	男	1956	独立董事
19	黄钢城	男	1948	非执行董事

资料来源：中国工商银行网站.

三、董事会的构成

在董事会规模既定的情况下，需要考虑董事人员的构成。

（一）董事会的董事构成

一般来说，公司董事会可以由以下两类董事构成。

1. 内部董事

内部董事（inside director）指同时也是公司职员的董事。具体包括：（1）公司的管理人员，如总经理、副总经理等，主要负责日常经营与管理，制定和执行战略。（2）公司的职工代表，根据《公司法》第六十八条，职工人数三百人以上的有限责任公司，除依法设监事会并有公司职工代表的外，其董事会成员中应当有公司职工代表。职工董事既保障了职工知情权、监督权等权利，又有利于凝聚职工力量、发挥职工智慧。

2. 外部董事

外部董事（outside director）指不属于公司职员的董事。具体包括：（1）独立董事，主要承担董事会的监督与咨询职能；（2）股权董事，即国有独资公司中由国资委或者集团公司委派，不在任职企业领取薪酬，与任职企业不存在劳动合同关系，能够保持一定的独立性，制约经理层和内部董事，实现公司决策权与执行权分离，防止内部人控制的董事。

事例 4-5

美的集团与格力电器董事会特征分析

美的集团和格力电器董事会基本情况分别如表 4-2、表 4-3 所示。

表 4-2　美的集团董事会基本情况

姓名	职务	性别	年龄	任职起始日	任职终止日	学历	薪酬（万元）
方洪波	董事长、总裁	男	54	2012-08-25	2024-09-16	硕士	1 106
何剑锋	董事	男	54	2012-08-25	2024-09-16	本科	
殷必彤	董事、副总裁	男	53	2016-12-16	2024-09-16	硕士	728
顾炎民	董事、副总裁	男	58	2014-04-21	2024-09-16	博士	564
王建国	董事、副总裁	男	45	2021-09-17	2024-09-16	硕士	464
于刚	董事	男	62	2018-09-26	2024-09-16	博士	45
薛云奎	独立董事	男	57	2018-09-26	2024-09-16	博士	45
管清友	独立董事	男	44	2018-09-26	2024-09-16	博士	45
韩践	独立董事	女	49	2018-09-26	2024-09-16	博士	45

资料来源：美的集团 2021 年年报．

表 4-3　格力电器董事会基本情况

姓名	职务	性别	年龄	任职起始日	任职终止日	学历	薪酬（万元）
董明珠	董事长、总裁	女	67	2012-05-25	2025-02-28	硕士	1 098
张伟	董事、党委书记	男	45	2019-01-16	2025-02-28	本科	366.67
郭书站	董事	男	65	2019-01-16	2025-02-28	专科	
张军督	董事	男	61	2012-05-25	2025-02-28	专科	
邓晓博	董事、副总裁、董事会秘书	男	46	2020-12-26	2025-02-28	本科	46.67
刘姝威	独立董事	女	69	2019-01-16	2025-02-28	硕士	15
王晓华	独立董事	男	60	2019-01-16	2025-02-28	硕士	15
邢子文	独立董事	男	59	2019-01-16	2025-02-28	博士	15
张秋生	独立董事	男	54	2022-03-01	2025-02-28	博士	

资料来源：格力电器 2021 年年报．

1. 董事会的结构

从董事会的规模来看，两家公司的董事会均由9名董事构成，其中格力电器拥有4名独立董事，独立董事占董事会总人数的比例为44.4%，而美的集团仅拥有3名独立董事，占董事会总人数的比例为33.3%。

2. 董事会的特征

（1）年龄结构。美的集团相较格力电器更年轻化，美的集团董事会成员年龄在51～60岁区间分布最多，格力电器则在60岁以上分布最多。其中，美的集团董事长方洪波时年54岁，格力电器董事长董明珠时年67岁。

（2）性别构成。两家公司的董事会成员中都是男性董事占多数。格力电器董事会中女性董事2名，为董事长董明珠和独立董事刘姝威；美的集团董事会中女性董事1名，为独立董事韩践。总体而言，两家公司在董事会成员性别构成方面差异不大。

（3）学历构成。美的集团董事会成员的学历层次明显高于格力电器。美的集团董事会中，仅何剑锋1人为本科学历，其余董事会成员均为硕士研究生及以上学历；而格力电器董事会成员中仅5人为硕士研究生及以上学历（4名独立董事与董事长董明珠）。

（4）薪酬水平。首先，格力电器有2名董事在关联公司领取报酬，美的集团有1名董事在关联公司领取报酬；其次，两家公司独立董事的薪酬也存在一定的差异，格力电器董事会中独立董事的比例虽比美的集团高，但美的集团每位独立董事在2021年度从公司获得的税前报酬总额是格力电器独立董事的3倍，这一较大的薪酬差异可能对格力电器董事会中独立董事履职的积极性产生影响。

（5）独立董事的背景和经验。美的集团现有的3名独立董事分别为财务、法律和管理方面的专家，而格力电器的4名独立董事中，除了包括证监会所规定的财务和法律专家以外，还涵盖了金融投资领域的专家和行业专家，相较于美的集团在监督和决策建议方面更具优势。

（二）董事会人员构成需要考虑的因素

1. 相关法律法规的要求

根据《上市公司独立董事管理办法》的规定，上市公司董事会成员中应当至少包括三分之一的独立董事，且至少包括一名会计专业人士。《公司法》明确了职工人数三百人以上的有限责任公司，除依法设监事会并有公司职工代表的外，其董事会成员中应当有公司职工代表；国有独资公司的董事会成员中，应当过半数为外部董事，并应当有公司职工代表。

2. 董事会的独立性

为了更好地实现监督职能，需要保持董事会的独立性。当公司面临较大的监督需求时，例如由于公司股权结构分散所带来的管理层权力过大、机会主义倾向较高时，独立董事的比例需要更高。

3. 董事会成员的互补性

董事会更强调集体决策的力量，因此董事会成员的异质性越来越重要，包括专业互补性、年龄互补性、性别互补性、区域互补性等。

延伸阅读 4-1

全球女性董事最新数据：平均占比已达 20%

德勤于2022年发布了第七版《董事会中的女性》报告。报告显示，目前全球10 493家公司拥有共计14 739名女性董事，女性董事占全体董事成员的比例从2016年的15%、2018年的16.9%，发展至2021年的19.7%；女性董事会主席的占比从2016年的3.8%、2018年的5.3%，发展至2021年的6.7%。

报告中六个不同行业（金融服务，消费者业务，技术、媒体和电信，制造业，能源和资源，以及生命科学和保健）女性董事分布的数据显示，女性董事比例最高的三个行业为生命科学和保健、金融服务，以及消费者业务。这三个行业中女性董事的比例都在逐年攀升，2016年女性董事在生命科学和保健、金融服务，以及消费者业务行业的占比分别为15.1%、15.2%和16.6%，2018年的占比分别为17.9%、17.6%和19.4%，2021年三个占比数据均增长至21.3%、21.2%和20.8%。

南开大学中国公司治理研究院发布的《2023年中国上市公司女性董事专题报告》指出，2014—2023年，上市公司女性董事比例持续增长，但是女性董事占比仍然偏低。女性董事比例从十年前的10.22%增长至如今的17.91%；没有女性董事的公司有1 108家，占比21.92%，整体来看女性董事比例仍有较大的提升空间。其中国有控股公司中女性董事偏低。26.84%的国控公司没有女性董事；女性董事比例为14.30%，与全部上市公司的均值（17.91%）差异较大。董事长为女性的公司仅占全部国控公司的5.11%，与民控公司（7.67%）差距较大。

第3节 董事会组织设计

董事会是由董事组成的，是对内掌管公司事务，对外代表公司的经营决策机构。董事会的组织设置如图4－1所示。

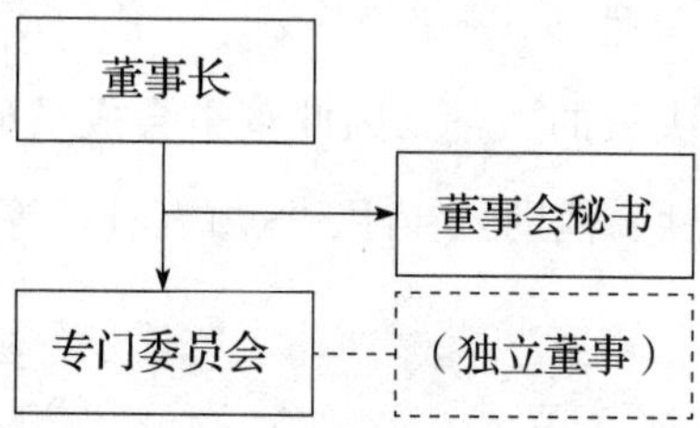

图4－1 董事会组织图

一、董事长或董事会主席

董事长在有的国家和公司又称为董事会（局）主席（chairman of the board），一般是公司董事会会议的召集和主持人，并对外代表公司诉讼和签字。一般而言，有限责任公司或规模较小的公司可以不设董事长，只有一名执行董事；股份有限公司和规模较大的公司应当设董事长。根据我国《公司法》第十条的规定，公司的法定代表人按照公司章程的规定，由代表公司执行公司事务的董事或者经理担任。董事会设董事长一人，可以设副董事长。

（一）董事长的职权及其义务

董事长在各国不同的法律地位决定了各国对其职权的规定有较大差异。我国《公司法》第一百二十二条规定，董事长召集和主持董事会会议，检查董事会决议的实施情况。除此以外，根据《上市公司治理准则》的规定，董事长在董事会闭会期间根据董事会的授权，还需行使董事会的部分职权。

副董事长协助董事长工作，董事长不能履行职务或者不履行职务的，由副董事长履行职务；副董事长不能履行职务或者不履行职务的，由过半数的董事共同推举一名董事履行职务。

尽管董事长、副董事长经董事会或公司授权，可以依法召集、协调董事会的运作，但其与公司一般董事居于同等的法律地位，在表决权上一人一票，没有指挥、命令其他董事的权力。董事长、副董事长与其他董事一样，都必须对公司负有善管及忠诚的义务，并承担相应的责任。

（二）董事长的产生

根据我国《公司法》第六十八条、一百二十二条、一百七十三条的规定，不同类型公司的董事长的产生方式有所不同：有限责任公司董事长、副董事长的产生办法由公司章程规定；股份有限公司董事长和副董事长由董事会以全体董事的过半数选举产生；国有独资公司的董事长、副董事长由履行出资人职责的机构从董事会成员中指定。

事例 4-6

华为公司的“双董事长”制度

2018 年 3 月 23 日晚间，华为公司正式公布新一届董事会成员，梁华接替孙亚芳出任新董事长。公司董事长梁华同时担任持股员工理事会理事长。作为华为创始人的任正非只是董事会成员之一，不再担任副董事长，但仍为公司董事，其在华为的行政职务仍为 CEO。

值得注意的是，华为董事会确定副董事长郭平、徐直军、胡厚崑担任公司轮值董事长。轮值董事长在当值期间是公司最高负责人，领导公司董事会和常务董事会，轮值董事长轮值期为 6 个月。

也就是说，华为公司开创了“双董事长”制度的时代。

资料来源：林曦．华为公司的“双董事长”制度．羊城晚报，2018-03-26.

二、董事会秘书

（一）董事会秘书的界定

公司董事会秘书（secretary of the board，简称董秘）尤其是上市公司的董事会秘书，虽然常常不是公司的董事，但却是公司中不可缺少的重要角色，代表公司的内在素质和外在形象。我国《公司法》第一百三十八条规定，上市公司设董事会秘书，负责公司股东会和董事会会议的筹备、文件保管以及公司股东资料的管理，办理信息披露事务等事宜。伴随着注册制全面落地实施，为规范上市公司投资者关系管理工作，加强上市公司与投资者之间的有效沟通，促进上市公司完善治理，提高上市公司质量，切实保护投资者特别是中小投资者合法权益，2022

年中国证监会制定了《上市公司投资者关系管理工作指引》，其中第二十三条进一步明确，董事会秘书负责组织和协调投资者关系管理工作。

（二）董事会秘书的素质要求

董事会秘书应当具有必备的专业知识和经验，由董事会委任，法律规定不得担任公司董事的情形适用于董事会秘书。公司董事或者其他高级管理人员可以兼任公司董事会秘书，公司聘请的会计师事务所的注册会计师和律师事务所的律师不得兼任公司董事会秘书。董事兼任董事会秘书的，如某一行为须由董事、董事会秘书分别做出时，则该兼任公司董事及董事会秘书的人不得以双重身份做出。董事会秘书由董事长提名，经董事会聘任或者解聘。

事例4-7

新三板出现董秘辞职潮

2018年11月30日，三钢闽光发布公告称，公司董事会在近日收到副总经理、董事会秘书钟嘉豪的书面辞职报告。公告显示，由于工作调动，钟嘉豪向公司董事会申请辞去公司副总经理、董事会秘书职务。辞职后，钟嘉豪将不再担任公司任何职务。无独有偶。同样是在11月30日下午，航天动力也发布公告称，公司董事会秘书崔积堂申请辞去公司董秘、副总经理职务，给出的原因同样是“工作调动”。

事实上，根据不完全统计数据，仅在2018年11月，就有千山药机、太安堂、科创新源、华仪电气、春兴精工、宏昌电子、＊ST凯迪等在内的20家上市公司发布了董秘辞职的公告，辞职的原因主要是“个人原因”或“工作调整”，且辞职后大多不在公司担任任何职务。

其实早在2016年，新三板企业就有1 132人辞去董事会秘书之职，成为外界关注的一大热点。据统计，截至2016年年底，新三板共有挂牌企业10 163家，除代理董秘、届满离任、公司免职等不计外，2016年卸任新三板董秘一职的人数达1 132人之多，约占该年末新三板挂牌公司总数的11%。对此，有关人士表示，新三板企业的董秘现在确实很稀缺，尤其是对经营、资本市场都有相当程度了解的优秀董秘更是可遇不可求，新三板已进入“万家时代”，优秀董秘是企业争夺的关键人才。

资料来源：董秘掀起离职潮：11月已有20位离职！. 腾讯网，2018-12-02.

（三）董事会秘书的主要职责

准备和递交国家有关部门要求的董事会和股东会出具的报告和文件；筹备董

事会会议和股东会，并负责会议的记录和会议文件、记录的保管；负责公司信息披露事务，保证公司信息披露的及时、准确、合法、真实和完整；保证有权得到公司有关记录和文件的人及时得到有关文件和记录；公司章程和公司股票上市的证券交易所上市规则所规定的其他职责。除此之外，公司还应当按照证券交易所上市规则中关于董事会秘书的规定，在章程中对董事会秘书的任职资格、职责等事项做出具体规定。

事例4-8

董事会秘书究竟是种什么动物

2007年5月的一天，时任建设银行韩国首尔分行总经理的我，正在办公室里审阅合同文件。突然，电话铃响了，是国内的同事打来的。同事告诉我，总行已经传开了，我将调回国内，出任我行的董事会秘书。

这是个好消息。我首先电话告诉了父母。当父亲听到我回总行是当“董事会秘书”时，沉默片刻后，关切地问：“你这么大的年龄了，做秘书吃得消吗?”我一时语塞。

至于董事会秘书，就如同一场宴会里的某个角色，他既不是请客的主人（董事会成员)，也不是做饭的厨师（管理层成员)，而是协助主人点菜，同时又督促厨师做饭的人，当然还要负责整个宴会的组织安排工作。

我找来了关于现代公司治理的主要文件，用最快的时间阅读了一遍。之后，又重点研究了一些案例。渐渐地，“董事会秘书是做什么的”在头脑里开始清晰起来。我想，既然这个职位是服务于董事会的“秘书”，那么，先搞清“董事会做什么”，再来考虑我的工作，就不会离谱。按照我的理解，董事会主要有三件事要做：一是做决策，二是做研究，三是走程序。那么，董事会秘书就应当定位在“给董事会决策事项当智囊，给董事会研究事项当助手，给董事会程序事项做服务”之上。至此，在理论上，我对自己的工作内容非常明白。

作为董事会和管理层的“中间人”，我必须先对决策之事有充分的了解和理解，并且协助管理层按照董事们关注的重点和最容易接受的方式准备议案。由此来看，董事会秘书做“智囊和助手”，不是要不要的问题，而是如何做的问题。然而，就那么多的决策事项而言，我不可能事事都研究在先、熟知在先，在时间和精力上都不允许。这道难题逼迫我自觉不自觉地走上了“战略研究”的高峰。

…………

不知不觉，我在这个职位上已经度过了八年多的时光。人，是动物中的一种。在人群中，“董事会秘书”又是种什么动物呢？从我的经历来看，如果仅仅将其理解为“程序事项服务者”，那就是一般动物；如果将其理解为“智囊、助手和服务者”，并具有战略研究牵头作用，那就是稀有动物。容易看出，要产生稀有动物的价值，不仅董事长和董事会要有眼光，董事会秘书自身也要有质量。

资料来源：建行董秘陈彩虹：董事会秘书究竟是种什么动物．卡盟网，2016－03－02.

三、董事会专门委员会

董事会专门委员会是指在董事会内部常设的若干由独立董事占多数组成的职能化和专业化组织。

（一）董事会专门委员会的起源与作用

董事会处于公司委托-代理链条中承上启下的中心环节，因此董事会治理成为公司治理的核心。然而，董事会是由股东会选举的若干名董事所组成的公司经营决策机构，是集体决定公司业务执行的机构。董事会作为公司的业务执行和决策机构存在其内生性缺陷：一方面，其功能的发挥主要表现为对已经形成的议案进行讨论和表决，而专业有效的议案的形或和提出往往需要进行广泛调查和深入研究；另一方面，部分董事会职能的履行，如财务审计和业绩评估等，也需要监督主体在监督对象日常履行职务的过程中加以考察和评估，这些都是每年仅仅数次的董事会会议力所不能及的。而董事会专门委员会的设立恰恰可以弥补上述董事会存在的缺陷。通过这样的安排，原本需要董事会做的初步工作可以在低于董事会的层次上展开，从而使董事会的工作更具有可操作性，同时也使董事会更加集中于那些战略性的事务决策。

2002年7月30日，距安然公司会计造假案件事发仅9个月，世通公司倒闭才几个星期，美国总统布什签署了旨在通过引入新的规则和修改原有规则来提升投资者对财务报告程序和金融市场的信任的《2002年公众公司会计改革和投资者保护法》，该法案的重要内容之一就是授权美国证券交易委员会（SEC）发布规则要求上市公司建立符合该法要求的审计委员会，并对审计委员会的权力、审计委员会成员的独立性、工作程序以及经费来源做出详细的规定。

与之相呼应，美国纽约证券交易所（NYSE）在2003年11月经SEC批准的上市规则中，也要求公司必须设立提名委员会、薪酬委员会以及审计委员会，并且对这些委员会的组成、目的和权力做出严格规定。另外，1999年OECD发布的《公司治理准则》在董事会的职责部分并未涉及董事会专门委员会的问题，但在2004年修订该准则时，将董事会专门委员会的内容纳入其中，文件指出，如果董事会设置委员会，那么董事会应该清楚界定委员会的权力、组成、工作程序并给予披露。同时，还对设置委员会可能产生的问题和应采取的措施做出说明。

与此同时，我国的政策制定者和部分中介组织也开始重视董事会专门委员会在促进良好公司治理方面的作用。2002年1月，中国证监会和国家经济贸易委员会联合发布的《上市公司治理准则》第五十二条规定，上市公司董事会可以按照股东大会的有关决议，设立战略、审计、提名、薪酬与考核等专门委员会。2018年9月，中国证监会对《上市公司治理准则》进行了修订，第三十八条规定上市公司董事会应当设立审计委员会，并可以根据需要设立战略、提名、薪酬与考核等相关专门委员会。专门委员会对董事会负责，依照公司章程和董事会授权履行职责，专门委员会的提案应当提交董事会审议决定。专门委员会成员全部由董事组成，其中审计委员会、提名委员会、薪酬与考核委员会中独立董事应当占多数并担任召集人，审计委员会的召集人应当为会计专业人士。

董事会专门委员会可以发挥如下作用：(1) 提高董事会的工作效率，有效发挥董事会的决策与监督专业化的职能；(2) 明确董事的义务和责任，防止董事会滥用权力。

(二) 董事会专门委员会的构成

1. 战略委员会

战略委员会（strategy committee）的设置源于适应公司战略发展的需要。为增强公司核心竞争力，确定公司发展规划，健全投资决策程序，加强决策科学性，提高重大投资决策的效益和决策的质量，完善公司治理结构，根据《公司法》《上市公司治理准则》《公司章程》及其他有关规定，公司设立董事会战略委员会，并制定相应的工作细则。

战略委员会主要负责制定公司经营管理目标和长期发展战略，监督、检查年度经营计划、投资方案的执行情况。战略委员会主要是从管理角度出发来设立的，主要职能在于对董事关于企业重大经营和战略目标的讨论进行把关，避免出现不顾股东回报或不顾社会效益的行为。战略委员会中非执行董事可以从多角度对经营活动及其潜在风险进行评议，降低执行董事的决策风险。

战略委员会的成员以执行董事为主，委员会主任由董事长或总经理担任。

事例4-9

中国四大银行的董事会战略委员会

中国工商银行董事会设置有战略委员会，由10位董事组成，委员会下设工作组，负责信息收集、研究支持、日常工作联络和会议组织等工作。

中国农业银行董事会设置有战略规划委员会，由5位董事组成，其主要职责是审议本行总体发展战略规划、各专项发展战略规划、重大投资和融资方案、企业兼并收购方案和其他影响本行发展的重大事项，并向董事会提出建议。

中国银行董事会设置有战略发展委员会，由6位董事组成，负责在战略发展方面向董事会提出建议。

中国建设银行董事会设置有战略发展委员会，由10名董事组成，主要职责是审核银行各项重大战略决策，监测、评估其实施情况，并向董事会提出建议。

事例4-10

中国联通董事会发展战略委员会工作细则

第一章 总则

第一条 为适应中国联合网络通信股份有限公司（以下简称“公司”）战略发展需要，增强公司核心竞争力，确定公司长期发展规划，健全重大投资决策程序，加强决策科学性，完善公司治理结构，根据《中华人民共和国公司法》《中华人民共和国证券法》《上市公司治理准则》等法律、法规、规范性文件及《中国联合网络通信股份有限公司章程》（以下简称“《公司章程》”）等有关规定，制定本工作细则。

发展战略委员会

…………

资料来源：中国联通网站.

2. 提名委员会

为了规范公司领导人员的产生，优化董事会组成，完善公司治理结构，世界各国的许多公司都在其董事会中设置了提名委员会（nomination committee）。提名委员会是公司董事会通常下设的专门委员会之一，主要负责制定董事和经理人员的选择标准和程序，提出提名候选人的建议，确保所提名的董事进入新的董事会，同时对董事、CEO 及其他高级管理人员的工作进行评估，决定现有董事是否有资格留任。提名委员会的存在可以最大限度地发挥独立董事的作用，维护董事会的独立性。

提名委员会主要负责拟定董事和高级管理层成员的选任程序和标准，对董事和高级管理层成员的任职资格进行初步审核，并向董事会提出建议。鉴于提名委员会的工作涉及人事这一关键问题，提名委员会成员的任职资格很重要。提名委员会的人员构成以独立董事为主，委员会主任由独立董事担任，既可以凭其较高的专业声誉得到各方的信赖，也符合国际通行的公司治理结构最佳实践。除了在提名董事中发挥作用，提名委员会在选择合适的人选担任 CEO 方面也肩负职责。

事例 4－11

中国联通董事会提名委员会工作细则

第一章　总则

提名委员会

第一条　为规范中国联合网络通信股份有限公司（以下简称“公司”或“本公司”）董事会提名委员会的组织、职责及工作程序，选拔合资格的董事及高级管理人员，完善公司治理结构，根据《中华人民共和国公司法》《上海证券交易所股票上市规则》《中国联合网络通信股份有限公司章程》（以下简称“《公司章程》”）等有关规定，制定本工作细则。

第二条　提名委员会是董事会下设的专门委员会，对董事会负责，向董事会报告工作。

…………

资料来源：中国联通网站．

3. 薪酬委员会

自伯利和米恩斯（Berle and Means，1932）提出“伯利-米恩斯命题”以来，如何设计有效的经理报酬契约以减少代理成本，便成为委托-代理理论研究的核心问题。在西方公司治理实践中，设计经理薪酬合约的职责一般由隶属于董事会的次级委员会——薪酬委员会（compensation committee，也称薪酬与考核委员会）

来履行。在英美等发达国家，薪酬委员会一般为公司董事会的常设专门委员会，由 4～6 名董事会任命的董事会成员（大多为独立董事）组成，通过薪酬委员会会议行使职权。薪酬委员会履行的主要职能有：评估经理绩效；制定和监督经理薪酬计划；制定员工退休金、利润分享等收益计划，对公司员工薪酬计划提出意见；披露和解释高管人员薪酬状况。能否制定有效的报酬契约，通过薪酬激励解决代理问题，成为衡量薪酬委员会是否有效的重要标准。

薪酬委员会主要负责审议公司薪酬管理制度和政策，拟定董事和高级管理层成员的薪酬方案，向董事会提出薪酬方案建议，并监督方案实施。薪酬委员会的历史可能比审计委员会还要久远。股票交易所和机构投资者普遍要求上市公司建立全部由非执行董事组成的薪酬委员会。薪酬委员会决定公司的管理人员薪酬政策以及每位执行董事的具体薪酬水平与构成，包括养老金和各种报酬性支付。薪酬委员会还要参与股票期权、利润分享以及其他激励计划的制定，执行董事的聘任合同也需要薪酬委员会批准。

薪酬委员会的人员构成以独立董事为主，委员会主任由独立董事担任。

事例 4－12

中国联通董事会薪酬与考核委员会工作细则

第一章　总则

第一条　为完善中国联合网络通信股份有限公司（以下简称“公司”）治理结构，提高公司治理水平，根据《中华人民共和国公司法》《中华人民共和国证券法》《上市公司治理准则》《上海证券交易所股票上市规则》《中国联合网络通信股份有限公司章程》（以下简称“《公司章程》”）等有关规定，制定本工作细则。

薪酬与考核委员会

第二条　薪酬与考核委员会是董事会下设的专门委员会，对董事会负责，向董事会报告工作。

第三条　薪酬与考核委员会成员须保证足够的时间和精力履行委员会的工作职责，勤勉尽责。

…………

资料来源：中国联通网站．

4. 审计委员会

在以董事会为核心的现代公司治理系统中，审计委员会（audit committee）越来越受到有关方面的重视。在历史悠久、国际领先的大公司中，审计委员会并不是新鲜事物：美国大都会保险公司设立审计委员会的历史已经超过80年。就监管法规来说，从软性建议到硬性要求上市公司设立审计委员会的有据可查的历史也接近70年。1939年，纽交所首次提出由“非雇员董事”组成的委员会挑选外部审计师（会计师事务所）的政策建议。1940年，美国证监会提出：外部董事提名外部审计师，股东投票选聘由外部董事提名的会计师事务所。不过，直到20世纪60年代末，审计委员会的做法并没有普及。

1972年，美国证监会发布了正式的“由外部董事组成的常设性的审计委员会的通知”，第一次明确要求所有公众公司设立由外部董事构成的审计委员会。1975年美国律师协会在其“公司董事指导手册”中提出，审计委员会作为公司董事会和外部审计师之间的一种沟通机制，对于公众公司具有重大价值。审计委员会可以提供一种监控公司财务报告和内部控制的有效手段。该报告同时建议，审计委员会由非管理层董事组成，并且有权在需要的时候聘请他们自己的律师、会计师和其他专家。1977年纽交所正式推行“审计委员会”政策，每一家在纽交所上市的公司都必须在1978年6月底之前设立由独立董事组成的审计委员会。1992年12月，英国的坎特伯雷委员会签署的一份有关公司治理的报告建议所有的英国上市公司都成立审计委员会。此后不久，伦敦证券交易所将成立审计委员会纳入其“最佳应用守则”。1998年，中国香港向伦敦学习，也将审计委员会纳入它的最佳应用守则，这意味着从1999年1月1日起，香港所有的上市公司在中报和年报中都必须包括一份陈述，以说明公司遵循了有关审计委员会的守则，或者说明没有遵循该守则的原因。这意味着在之后的三年中，香港所有优秀的上市公司都应设置审计委员会。

今天，包括中国在内，以独立董事为主的审计委员会是证券监管机构、证券交易所、机构投资者最为强调的，也是那些领先公司在公司治理实践中最为重视的一种公司治理机制。英国、美国及欧洲大陆的公司已经普遍设立审计委员会。

在我国，证监会2001年在《关于在上市公司建立独立董事制度的指导意见》中第一次提出上市公司董事会可以下设审计委员会，旨在通过内部监督的方式防范上市公司财务舞弊，提高上市公司财务信息披露质量。2002年，《上市公司治理准则》再次明确审计委员会的设立和运行模式，审计委员会被正式纳入A股上市公司的内部治理结构。2018年，《上市公司治理准则》进行了修订，对审计委员会的构成和职责进行了界定，包括：（1）监督及评估外部审计工作，提议聘请或者更换外部审计机构；（2）监督及评估内部审计工作，负责内部审计与外部审计的协调；（3）审核公司的财务信息及其披露；（4）监督及评估公司的内部控制；（5）负责法律法规、公司章程和董事会授权的其他事项。2023 年，《公司法》指出，有限责任公司可以按照公司章程的规定在董事会中设置由董事组成的审计委员会，行使本法规定的监事会的职权，不设监事会或者监事。这一新的修订进一步明确了审计委员会表决的必要性及表决机制，其重要性再度提升，不仅有助于提升审计委员会的运作规范性和有效性，而且标志着我国进入了“单、双”并行的转变的尝试阶段。

审计委员会的人员构成以独立董事为主，至少有一名会计专业人士，委员会主任由独立董事担任。根据《公司法》的规定，公司董事会成员中的职工代表可以成为审计委员会成员。

事例 4-13

中国联通董事会审计委员会工作细则

第一章　总则

…………

审计委员会

第四条　公司须为审计委员会提供必要的工作条件，配备专门人员或机构承担审计委员会的工作联络、会议组织、材料准备和档案管理等日常工作。审计委员会履行职责时，公司管理层及相关部门须给予配合。

第二章　审计委员会的人员组成

第五条　审计委员会成员由董事会从董事会成员中任命，并由 3 名或以上成员组成。

第六条　审计委员会中独立董事委员应当占审计委员会成员总数的 1/2 以上。

第七条　审计委员会全部成员均须具有能够胜任审计委员会工作职责的专业知识和商业经验。

第八条　审计委员会设主任一名（并作为召集人），由独立董事担任，并由董事会任命，负责主持委员会工作。审计委员会召集人须具备会计或财务管理相关的专业经验。

…………

资料来源：中国联通网站．

事例4-14

花旗集团董事会审计委员会职责

花旗集团在其审计委员会章程中列举了审计委员会在财务报告与信息披露方面的职责。审计委员会的首要职责就是，评估并与管理层和独立审计师讨论公司的财务报告，包括年度财务报告中“管理层有关财务条件和运营结果的讨论与分析”这部分披露的内容。在公司披露季度财务报告之前，审计委员会对其进行评估并与管理层和独立审计师进行有关讨论。

在财务报告核查过程中，审计委员会要从CEO和CFO那里得到有关下述问题的报告：公司内部控制方面任何设计和运行上的低效和缺陷；管理层或其他在公司内部控制方面担负重要职责的雇员的欺诈行为。

审计委员会要评估和讨论来自独立审计师的定期报告，包括：关键会计政策和做法；在一般可接受的会计准则之内有关财务信息的其他处理方法；在独立审计师和公司管理层之间的其他书面沟通资料；审计过程中遇到的困难，包括任何活动范围和获取信息通道的限制，任何与管理层的严重分歧；等等。审计委员会应该帮助解决审计中遇到的困难，并要与独立审计师就审计准则中有关审计行为规范的问题进行讨论。

审计委员会至少要每年一次与管理层和独立审计师就有关公司会计政策问题进行讨论，包括：监管和会计的宗旨；资产负债表表外的业务结构及其对花旗集团财务报告的效应；编制花旗集团财务报告中运用的会计政策，特别是那些需要管理层做出决定和判断的会计政策。

审计委员会要审查和评估公司的内部控制结构和财务报告流程，定期评估管理层在内部控制结构和财务报告流程方面存在缺陷的结论，包括任何控制和流程上的低效或无效，任何与控制和流程不相符的事项。与管理层讨论花旗集团所面临的主要财务风险，以及管理层所采取的监测和控制这些风险的步骤，包括花旗集团的风险诊断和风险管理政策。审计委员会要建立起有关会计、内控和审计事务投诉的一套接收、保存和处理流程，包括花旗集团雇员对公司可疑的会计和审计事务的秘密和匿名呈报。这是保证审计委员会切实发挥作用而不是一直被蒙在鼓里的很重要的办法。很多公司欺诈问题的揭露都与一位首先对公司财务问题提出批评并坚持揭露公司财务问题的内部关键人员有关。

审计委员会要负责监控公司的审计和风险评估工作。具体工作内容包括：评估和讨论公司总审计师的任命与替换；评估和讨论报告给管理层的公司审计和风险评估中发现的问题、管理层的反应以及有关的纠正行动计划和程序；审查和评估总审计师和公司审计与风险评估部门所做工作是否充分，确保公司审计和风险评估部门的独立性，并且拥有足够的资源完成其职责，包括年度审计计划的实施。

审计委员会还要肩负公司运作合规性的监督职责。为此，审计委员会要定期与公司管理层、公司法律总顾问和独立审计师讨论公司运作与监管部门或政府机构要求的一致性，花旗集团的任何重大法律问题，以及花旗集团遵守相应法律和上市规则的情况。

监控公司与其高管人员之间的利益关系是确保公司运作合规性的一个重要方面。审计委员会要审查和讨论总审计师有关花旗集团与其高级管理成员之间是否存在利益冲突，以及公司支付的高级管理人员额外薪酬的报告。

事例4-15

安然公司的审计委员会名存实亡

安然公司的问题并不是缺乏审计委员会，相反，它早就设立了中规中矩的审计委员会，只不过每个审计委员都从公司获得了数万到上百万美元的捐助和咨询费。为了确保公司董事会的独立性，遏制公司假账问题，2002年7月美国《萨班斯-奥克斯利法案》要求公司必须设立审计委员会，审计委员会必须全部由独立董事组成。“独立”的最新含义是：除了董事津贴、审计委员会委员津贴外，不得从公司领取其他薪金，为不受公司控股股东或者经营管理者影响的非关联人（unaffiliated)。该法案还要求审计委员会至少有一名财务专家，并重新规定了审计委员会的具体职责。

（三）董事会专门委员会的特征

（1）董事会专门委员会是董事会内部下属的辅助工作机构。董事会专门委员会设置于董事会内部，是否设立及其权利、职责、运行方式和人员构成等均应获得董事会的批准，并且董事会专门委员会向董事会负责。除上面提到的各种董事会专门委员会外，公司还可以根据发展的需要设置公共政策委员会、投资委员会、安全委员会等，如金融行业的公司还设置了风险管理委员会、关联交易管理委员会等。

（2）各专门委员会可以聘请中介机构提供专业意见，有关费用由公司承担。

各专门委员会对董事会负责，各专门委员会的提案应提交董事会审查决定。

(3) 董事会专门委员会设立的目的是确保董事会有效行使重大决策和监督职能，尤其是监督职能。董事会作为一个业务执行机构，不可能经常召开会议，为了更好地履行其职能设立了董事会专门委员会。

(4) 董事会专门委员会成员全部由董事组成，其中审计委员会、提名委员会、薪酬委员会中独立董事应占全部或多数并担任召集人，专门委员会至少由 3 名以上董事组成。

事例 4-16

中国工商银行董事会风险管理委员会工作规则

第一章 总则

第一条 为规范中国工商银行股份有限公司（以下简称本行）董事会决策机制，完善本行治理结构，确保全面有效的风险管理，根据《中华人民共和国公司法》《中华人民共和国商业银行法》《中国工商银行股份有限公司章程》（以下简称本行章程）及其他有关法律、行政法规、规章和规范性文件，制定本规则。

风险管理委员会

第二条 本行设立董事会风险管理委员会（以下简称本委员会）。本委员会协助董事会审定本行的风险战略、风险管理政策、风险管理程序和内部控制流程，以及对相关高级管理人员和风险管理部门在风险管理方面的工作进行监督和评价，并兼任美国联邦储备委员会《对银行控股公司和外国银行机构的强化审慎标准》规定的美国区域机构风险委员会职责。

第二章 人员组成

第三条 本委员会至少应由 3 名董事组成。其中至少有一名独立董事，且至少一名董事具有识别、评估和管理大型综合金融机构风险敞口的经验。

第四条 本委员会设主席 1 名，负责主持本委员会工作。担任本委员会主席的董事每年在本行工作时间不得少于 25 个工作日。

主席的主要职责为：

（一）主持本委员会会议，确保本委员会有效运作并履行职责；

（二）确定每次委员会会议的议程；

（三）确保委员会会议上所有委员均了解本委员会所讨论的事项，并保证各委员获得完整、可靠的信息；

（四）确保本委员会就所讨论的每项议案都有清晰明确的结论，结论包括：通过、否决或补充材料再议；

（五）提议召开临时会议；

（六）签发会议决议；

（七）本规则规定的其他职责。

…………

资料来源：中国工商银行网站.

四、独立董事

（一）独立董事的概念

独立董事（independent director）是指不在上市公司担任除董事外的其他职务，并与其所受聘的上市公司及其主要股东、实际控制人不存在直接或间接利害关系，或者其他可能影响其进行独立客观判断关系的董事。

延伸阅读 4-2

独立董事制度及其在我国的起源与发展

独立董事起源于20世纪30年代，1940年美国颁布的《投资公司法》是其产生的标志。该法规定，投资公司的董事会成员中应该有不少于40%的独立人士。其制度设计的目的在于防止控制股东及管理层的内部控制，防止其损害公司整体利益。1999年美国证监会在《建议规则》中要求独立董事在上市公司董事会中的占比超过2/3，2002年美国《萨班斯-奥克斯利法案》要求上市公司董事会审计委员会必须全部由独立董事组成。

1993年青岛啤酒在中国香港上市，独立董事引入中国企业。1997年，中国证监会发布《上市公司章程指引》，规定公司根据需要可以设独立董事，该规定为授权性规定，并未强制要求上市公司设立独立董事。2001年中国证监会发布《关于在上市公司建立独立董事制度的指导意见》，标志着独立董事制度在我国正式建立。20年来，独立董事在中国公司，特别是上市公司治理体系中扮演重要角色，在提高公司治理能力中发挥重要作用。特别是中国公司赴境外上市时，独立董事制度与国际资本市场认可的公司治理体系接轨，有利于中国公司海外融资，实现国际化发展，提高全球竞争力。

（二）独立董事的特征

1. 独立性

所谓“独立性”，是指独立董事必须在人格、经济利益、产生程序、行权等方面独立，不受控股股东和公司管理层的限制。具体包括：（1）资格上的独立性；（2）产生程序上的独立性；（3）经济上的独立性；（4）行使权力上的独立性。

2. 专业性

所谓“专业性”，是指独立董事必须具备一定的专业素质和能力，能够凭自己的专业知识和经验对公司的董事和经理以及有关问题独立地做出判断和发表有价值的意见。

（三）独立董事的任职条件

我国证监会2023年颁布的《上市公司独立董事管理办法》指出，担任独立董事应当同时符合下列条件：（1）根据法律、行政法规和其他有关规定，具备担任上市公司董事的资格；（2）符合本办法第六条规定的独立性要求；（3）具备上市公司运作的基本知识，熟悉相关法律法规和规则；（4）具有五年以上履行独立董事职责所必需的法律、会计或者经济等工作经验；（5）具有良好的个人品德，不存在重大失信等不良记录；（6）法律、行政法规、中国证监会规定、证券交易所业务规则和公司章程规定的其他条件。

《上市公司独立董事管理办法》第六条规定，下列人员不得担任独立董事：（1）在上市公司或者其附属企业任职的人员及其配偶、父母、子女、主要社会关系；（2）直接或者间接持有上市公司已发行股份百分之一以上或者是上市公司前十名股东中的自然人股东及其配偶、父母、子女；（3）在直接或者间接持有上市公司已发行股份百分之五以上的股东或者在上市公司前五名股东任职的人员及其配偶、父母、子女；（4）在上市公司控股股东、实际控制人的附属企业任职的人员及其配偶、父母、子女；（5）与上市公司及其控股股东、实际控制人或者其各自的附属企业有重大业务往来的人员，或者在有重大业务往来的单位及其控股股东、实际控制人任职的人员；（6）为上市公司及其控股股东、实际控制人或者其各自附属企业提供财务、法律、咨询、保荐等服务的人员，包括但不限于提供服务的中介机构的项目组全体人员、各级复核人员、在报告上签字的人员、合伙人、董事、高级管理人员及主要负责人；（7）最近十二个月内曾经具有第（1）项至第（6）项所列举情形的人员；（8）法律、行政法规、中国证监会规定、证券交易所业务规则和公司章程规定的不具备独立性的其他人员。

前款第（1）项至第（6）项中的上市公司控股股东、实际控制人的附属企业，不包括与上市公司受同一国有资产管理机构控制且按照相关规定未与上市公司构成关联关系的企业。

除此以外，该管理办法还规定，独立董事原则上最多在三家境内上市公司担任独立董事，并应当确保有足够的时间和精力有效地履行独立董事的职责。

（四）独立董事的提名、选举和更换办法

独立董事的提名、选举和更换应当依法、规范地进行。独立董事每届任期与该上市公司其他董事任期相同，任期届满，连选可以连任，但是连任时间不得超过6年。独立董事连续3次未出席董事会会议的，由董事会提请股东会予以撤换。

（五）独立董事的特别职权

具体包括：（1）独立聘请中介机构，对上市公司具体事项进行审计、咨询或者核查；（2）向董事会提议召开临时股东会；（3）提议召开董事会会议；（4）依法公开向股东征集股东权利；（5）对可能损害上市公司或者中小股东权益的事项发表独立意见；（6）法律、行政法规、中国证监会规定和公司章程规定的其他职权。独立董事行使前款第（1）项至第（3）项所列职权的，应当经全体独立董事过半数同意。

延伸阅读4-3

中国上市公司协会发布《上市公司独立董事履职指引》

为指导和促进上市公司独立董事规范、尽责履职，充分发挥独立董事在上市公司治理中的作用，根据《中华人民共和国公司法》《中华人民共和国证券法》《关于在上市公司建立独立董事制度的指导意见》以及上海证券交易所和深圳证券交易所上市公司上市规则、规范运作指引等相关法律、行政法规、部门规章、规范性文件、自律规则等，中国上市公司协会于2014年9月12日发布了《上市公司独立董事履职指引》，这对于促进上市公司独立董事充分、有效履职具有重要的指导意义。

事例4-17

国务院办公厅发布关于上市公司独立董事制度改革的意见

随着全面深化资本市场改革向纵深推进，独立董事定位不清晰、责权利不对等、监督手段不够、履职保障不足等制度性问题亟待解决，已不能满足资本市场高质量发展的内在要求。为进一步优化上市公司独立董事制度，提升独立董事履职能力，充分发挥独立董事作用，党中央、国务院坚持以习近平新时代中国特色社会主义思想为指导，深入贯彻党的二十大精神，坚持以人民为中心的发展思想，完整、准确、全面贯彻新发展理念，加强资本市场基础制度建设，系统完善符合中国特色现代企业制度要求的上市公司独立董事制度，大力提高上市公司质量，为加快建设规范、透明、开放、有活力、有韧性的资本市场提供有力支撑为指导思想，坚持基本定位、坚持立足国情、坚持系统观念、坚持问题导向，通过改革，加快形成更加科学的上市公司独立董事制度体系，推动独立董事权责更加匹配、职能更加优化、监督更加有力、选任管理更加科学，更好发挥上市公司独立董事制度在完善中国特色现代企业制度、健全企业监督体系、推动资本市场健康稳定发展方面的重要作用。主要任务是明确独立董事职责定位、优化独立董事履职方式、强化独立董事任职管理、改善独立董事选任制度、加强独立董事履职保障、严格独立董事履职情况监督管理、健全独立董事责任约束机制和完善协同高效的内外部监督体系。

资料来源：节选自《国务院办公厅关于上市公司独立董事制度改革的意见》(国办发〔2023〕9号)，2023。

第 4 节　董事会会议运行与评价

一、董事会会议的种类

(一) 定期会议与临时会议

董事会定期会议是指由法律和公司章程确定的每年度定期召开的董事会会议。至于每年度召开几次，由公司章程在法律确定的限度内自定。我国《公司法》第一百二十三条规定，(股份有限公司) 董事会每年度至少召开两次会议。对于上市公司，董事会每年至少召开两次定期会议，因为公司必须发布中期报告和年度报告。随着我国逐步进入分散股权时代，整体治理水平不断提高，上市公司董事会每年平均召开十次左右会议，就公司的重大事项进行决策。

董事会临时会议是指在两次定期会议之间于必要时召开的不定期的董事会会

议。我国《公司法》第一百二十三条规定，代表十分之一以上表决权的股东、三分之一以上董事或者监事会，可以提议召开临时董事会会议。

（二）现场会议与通讯表决

董事会现场会议是指定期会议中面对面召开的会议，在这种会议上，针对公司重大事项问题，董事们可以集思广益进行充分的互动交流，最后得出一致意见。通讯表决是指通过各种通信工具，就公司的程序性事项进行表决，其优点是降低了会议成本，但缺少互动讨论的环节。《公司法》第二十四条明确董事会召开会议和表决可以采用电子通信方式，这也是适应新发展阶段数字化、智能化发展的现实需求。

延伸阅读4-4

董事会通讯表决成主流，上交所称频繁使用存弊端

上海证券交易所2012年8月7日公布了沪市上市公司2011年度董事、监事和高级管理人员履职情况分析。上海证券交易所称，从董事会召开方式来看，通讯表决方式成为董事会召开的主要形式。在报告期内，以通讯方式召开董事会会议占比52.79%，超过了以现场方式召开次数，说明方便、快捷、参会成本较低的通讯表决方式为越来越多的公司所青睐。

上海证券交易所表示，开会方式和表决形式的多样化，降低了董事参会成本，同时可以在一定程度上保证董事出席会议并参加表决，减少了委托表决或缺席等行为的发生。

上海证券交易所同时指出，频繁采用通讯表决方式召开董事会，不利于董事之间的交流与讨论，特别是对一些重大事项做出决策时，董事发表意见的审慎性难以得到有效保证。

资料来源：董事会通讯表决成主流 上交所称频繁使用存弊端．中国新闻网，2012-08-07.

二、董事会会议的召集

（一）确定会议召集人

为保证董事会会议的效率，许多国家公司法规定了董事会会议的召集人和程序。我国《公司法》第七十二条规定，董事会会议由董事长召集和主持；董事长不能履行职务或者不履行职务的，由副董事长召集和主持；副董事长不能履行职务或者不履行职务的，由过半数的董事共同推举一名董事召集和主持。

（二）会前准备

召开董事会会议，应当履行一定的召集程序，向董事提前发出会议通知。对于会议的召集期限和程序，各国公司法一般不做限制性规定。我国《公司法》第一百二十三条规定，（股份有限公司）董事会每年度至少召开两次会议，每次会议应当于会议召开十日前通知全体董事和监事。（对于临时董事会）董事长应当自接到提议后十日内，召集和主持董事会会议。根据《上市公司章程指引》（2022 年修订）第一百一十七条，董事会会议通知包括以下内容：会议日期和地点；会议期限；事由及议题；发出通知的日期。

（三）确定董事会会议的法定人数

董事会会议必须有法定最低人数的董事出席方可举行，并形成有效的董事会决议。为保证董事会会议的民主决策，《公司法》第一百二十四条规定，（股份有限公司）董事会会议应有过半数的董事出席方可举行。

此外，根据我国《公司法》第七十四条和第七十九条规定，公司监事、经理有权列席董事会会议，监事还可对董事会决议事项提出质询或者建议。

（四）制定董事会会议的议事规则

与股东会的表决规则不同，董事会会议的议事规则坚持按董事人数确定表决的票数，每个董事享有一票表决权，董事会做出决议必须经全体董事的过半数通过。

董事会会议应严格按照规定的程序进行。董事会应按规定的时间事先通知所有董事并提供足够的资料，包括会议议题的相关背景材料及有助于董事理解公司业务进展的信息和数据。当两名或两名以上独立董事认为资料不充分或论证不明确时，可联名以书面形式向董事会提出延期召开董事会会议或延期审议该事项，董事会应予以采纳。《公司法》对于董事会决策程序进行了进一步的规范。一方面完善了决策的撤销，第二十六条规定，公司董事会的会议召集程序、表决方式违反法律、行政法规或者公司章程，或者决议内容违反公司章程的，股东自决议作出之日起六十日内，可以请求人民法院撤销。另一方面新增了决议不成立的规定，根据第二十七条规定，对于未召开董事会会议、董事会会议未对决议事项进行表决、出席会议的人数未达到《公司法》或者公司章程规定的人数、同意决议事项的人数未达到《公司法》或者公司章程规定的人数，董事会的决议不成立。

董事会应当就所议事项的决定做成会议记录，由出席会议的董事在会议记录上签名存档，并对董事会的决议承担责任。我国《公司法》规定，经证明在表决时曾表明异议并记载于会议记录的，该董事可以免除责任。因此，董事会会议记录是证明董事是否参与董事会会议并对该决议承担责任的重要证据，也是公司经理组织实施董事会决议的依据，具有重要作用。

由于公司的重大业务中除了法定和公司章程规定属于股东会决议的事项外，其他一般由董事会会议决定，因此董事会决议的内容和法律效力对公司具有重大意义。

在董事会闭会期间，董事会可授权董事长行使董事会部分职权的，公司应在公司章程中明确规定授权原则和授权内容，授权内容应当明确、具体。凡涉及公司重大利益的事项，应由董事会集体决策。

三、董事会评价

（一）董事会评价的意义

董事会的有效评价对于公司治理质量的提升具有重要作用。

（1）董事会评价可以清晰反映董事会对公司发展的贡献。评价过程有助于董事会及其董事考虑其实际角色和责任对于公司发展的重要意义，从而有助于董事提高对自身权力与责任的理解以及对公司发展的贡献。

（2）定期对董事会进行评价可以有效提高董事会的运作效率。董事会评价有助于董事会在实际运作中发现问题并及时提出改正措施，在保障科学决策的同时提高决策的效率。

（3）对董事会进行评价可以发挥预警作用。对董事会运作状况进行评价，有助于预判公司未来面临的风险。

（二）董事会评价的方式

（1）董事会自评，包括董事自评和董事互评。

（2）监事会评价，即监事会对董事行为进行评价。

（3）股东会评价，即股东会对董事会执行股东会决议情况进行评价。

事例4-18

某公司在进行董事会评价时使用的评价表如表4-4、表4-5所示。

表 4-4　某公司董事履职情况自我评价表

考核年度：　　　　　　考评日期：

评价内容	分数		
一、履职基本要求	单项分数	单项得分	整体得分
1. 是否具备履职所必需的专业知识、工作经验和基本素质，具有良好的职业道德。	20		
2. 是否在履职过程中接受不正当利益，利用董事职位谋私，损害本公司利益。	20		
3. 是否如实告知本公司本职、兼职情况，且所任职务与其在本公司的任职不存在利益冲突。	20		
4. 是否如实向董事会、监事会报告关联关系情况，并按相关要求及时报告上述事项的变动情况。	20		
5. 个人直接或间接与本公司业务有关联关系时，是否及时告知关联关系的性质和程度，并按相关规定履行规避义务。	20		
二、个人履职行为	单项分数	单项得分	整体得分
1. 是否出席 2/3 以上的董事会及董事会专门委员会会议。	30		
2. 是否持续了解和分析本公司的运行情况，定期阅读本公司各项经营报告、财务报告以及风险管理的相关报告。	35		
3. 是否全面把握监管机构、外部审计和社会公众对本公司的评价，对本公司事务做出独立、专业、客观的判断，并通过合法渠道提出自己的意见和建议。	35		
三、重大问题的决策能力	单项分数	单项得分	整体得分
1. 是否按照公司董事、监事评价办法，将应当重点关注的事项应用于重大决策之中。	30		
2. 是否按照公司董事、监事评价办法，将董事会专门委员会、主任委员和委员应尽的事项应用于重大决策之中。	30		
3. 是否按照公司董事、监事评价办法，将执行董事、非执行董事、独立董事的职责事项应用于重大决策之中。	40		
总分			

注：总分＝履职基本要求×30％＋个人履职行为×40％＋重大问题的决策能力×30％

董事签字：　　　　　　　　　　　　　　　　　　　　年　　月　　日

表4-5 某公司董事履职情况互评表

考核年度： 考评日期：

评价内容	满分	董事A	董事B	董事C	董事D	董事E	董事F	董事G
1. 恪守诚信原则，公平对待所有股东，维护本公司整体利益，严格执行本公司回避制度和保密规定，能独立、客观地对审议事项做出判断或决策。	15							
2. 熟悉和掌握有关经济、金融、公司治理等法律法规和经营管理的专业知识，拥有金融、财务、市场、技术等方面的丰富经验，并应用于本公司重大决策之中。	15							
3. 具有较高的道德标准，成熟并有责任感，董事会参与程度高，开会前对所审议事项做了充分准备，会中积极发言，坦诚地发表自己的真实想法。独立董事能够对本公司重大事项（包括提名、任免董事；聘任或解聘高级管理人员；本公司董事、高级管理人员的薪酬；本公司重大关联交易和特别重大关联交易；利润分配方案；独立董事认为可能对本公司造成重大损失的事项或损害存款人及中小股东权益的事项；公司章程或有关法律法规规定的其他事项）向董事会或股东会发表独立意见。	15							
4. 具有团队精神，能够认真阅读本公司经营和财务报告，及时了解本公司经营管理情况，发现并提供有决策参考价值的信息，提供对本公司有价值的工作意见和建议。	15							
5. 参加董事会会议次数。	40							
总分	100							

（三）董事会评价的结果

根据董事会评价结果可以将董事划分为优秀、称职、基本称职和不称职。

（1）被评为优秀、称职的董事，在任期内继续履职。

（2）被评为基本称职的董事，股东应当与其进行面谈，通过培训帮助董事提高履职能力，向其提出限期改进要求，如长期未能有效改进的应当及时予以更换。

（3）被评为不称职的董事，应当及时予以更换。

□ 小　结

董事会是公司治理的核心。对股东而言，董事会是受托者，接受股东的委托实现股东对资产保值增值的要求。对经理层而言，董事会又是委托者，授权经理层开展公司经营活动，并对其实施监督和控制，以实现企业经营目标。大量成功案例证实，一个伟大的公司背后一定有一个伟大的董事会。

□ 关键术语

董事　　独立董事　　董事会　　董事会秘书

董事会专门委员会　　定期会议　　临时会议

□ 选择题

1. （单选题）关于董事的任职资格限制条件，下列说法中错误的是（　　）。

A. 无民事行为能力或者限制民事行为能力的，不得担任公司的董事

B. 因贪污、贿赂、侵占财产、挪用财产或者破坏社会主义市场经济秩序，被判处刑罚，或者因犯罪被剥夺政治权利，执行期满未逾五年，被宣告缓刑的，自缓刑考验期满之日起未逾二年的董事

C. 担任破产清算的公司、企业的董事或者厂长、经理，对该公司、企业的破产负有个人责任的，自该公司、企业破产清算完结之日起未逾一年，不得担任公司的董事

D. 担任因违法被吊销营业执照、责令关闭的公司、企业的法定代表人，并负有个人责任的，自该公司、企业被吊销营业执照之日起未逾三年，不得担任公司的董事

2. （单选题）下列不属于董事权利的是（　　）。

A. 出席董事会会议

B. 签字权

C. 代表公司对监事提起诉讼

D. 审议批准监事会或者监事的报告

3. （单选题）下列关于董事义务的表述错误的是（　　）。

A. 董事负有勤勉义务和忠实义务

B. 董事对自身与公司的交易业务往来要尽职尽责

C. 董事不得泄露公司的秘密

D. 董事不得篡夺公司的机会

4.（多选题）公司在选择董事的过程中，除了要考虑限制条件，还要考察董事个人的胜任能力。董事应具备的特征包括（　　）。

A. 正直和责任心　　B. 见多识广的判断

C. 熟悉财务知识　　D. 资历和历史业绩

5.（单选题）下列选项中属于董事会职能的是（　　）。

A. 修改公司章程

B. 决定公司的经营计划和投资方案

C. 对公司增加或者减少注册资本作出决议

D. 审议批准监事会或者监事的报告

6.（单选题）根据我国《公司法》的规定，有限责任公司董事会成员最低人数为（　　）。

A. 3人　　B. 5人

C. 7人　　D. 9人

7.（多选题）下列关于董事会的说法错误的是（　　）。

A. 由董事会决定聘任或者解聘公司经理及其报酬事项，并根据经理的提名决定聘任或者解聘公司副经理、财务负责人及其报酬事项

B. 董事的人数一般为偶数

C. 董事会决定公司的经营计划和投资方案

D. 董事会有权决定修改公司章程

8.（多选题）公司董事会中包括的董事类型有（　　）。

A. 独立董事　　B. 外部董事

C. 职工董事　　D. 女性董事

9.（单选题）下列关于董事长一职，表述错误的是（　　）。

A. 有限责任公司或规模较小的公司可以不设董事长，只有一名董事；股份有限公司和规模较大的公司应当设董事长

B. 董事长可以是公司的法定代表人，即公司的代表机关

C. 股份有限公司董事长和副董事长由董事会以全体董事的过半数选举产生；有限责任公司董事长、副董事长的选举办法由公司章程规定

D. 董事长拥有指挥命令其他董事的权力

10.（单选题）战略委员会的成员构成以执行董事为主，委员会主任由（　　）

担任。

A. 董事长或总经理　　B. 独立董事

C. 外部董事　　D. 董事会秘书

11.（单选题）董事会一般可以设置几个专门委员会，最常见的有（　　）。

A. 审计委员会　　B. 薪酬委员会

C. 提名委员会　　D. 战略委员会

E. 以上全是

12.（多选题）董事长在各国不同的法律地位决定了各国对其职权的规定有较大差异。在我国，《公司法》规定了董事长的职权范围。其中，股份有限公司董事长的职权范围包括（　　）。

A. 主持股东会和召集、主持董事会会议

B. 检查董事会决议的实施情况

C. 签署公司股票、债券的发行文件

D. 根据董事会授权，在董事会闭会期间，行使董事会部分职权

13.（多选题）关于董事会秘书，下列说法错误的是（　　）。

A. 董事会秘书由董事长提名，经股东会聘任或者解聘

B. 董事会秘书是公司中层管理人员，对董事会负责

C. 公司董事或者其他高级管理人员不可以兼任公司董事会秘书

D. 董事兼任董事会秘书的，如某一行为须由董事、董事会秘书分别做出，则该兼任公司董事及董事会秘书的人不得以双重身份做出

14.（单选题）董事会定期会议是指由法律和公司章程确定的每年度定期召开的董事会会议。至于每年度召开几次，由公司章程在法律确定的限度内自定。我国《公司法》规定，股份有限公司董事会每年度至少召开（　　）次会议。

A. 1　　B. 2　　C. 3　　D. 4

15.（单选题）我国《公司法》规定，（　　）以上的董事提议可以召开董事会临时会议。

A. 1/2　　B. 2/3　　C. 1/4　　D. 1/3

16.（多选题）董事会会议的召集流程包括（　　）。

A. 确定会议召集人　　B. 会前准备

C. 确定董事会会议的法定人数　　D. 制定董事会会议的议事规则

17.（多选题）董事会评价的方式包括（　　）。

A. 公司高级管理者评价　　　　B. 董事会自评

C. 监事会评价　　　　D. 股东会评价

□ 思考题

1. 董事的任职资格条件有哪些？
2. 董事的权利与义务有哪些？
3. 确定董事会的规模应考虑哪些因素？
4. 如何考虑董事会人员的构成？
5. 董事长兼任总经理的利弊有哪些？
6. 董事会专门委员会由哪些委员会构成？
7. 独立董事具有哪些特征？
8. 如何对董事会进行评价？

□ 案例分析

攻占优步董事会：创始人与投资人如何从蜜月到反目交恶

2017年8月10日，卡兰尼克的“乔布斯式回归”梦想遇到了最大的法律障碍，优步（Uber）的投资方基准投资公司（Benchmark）一纸诉状要将他踢出公司董事会，并进一步削弱公司创始团队对公司董事会的控制。

就在不到两个月前，基准投资公司联合其他四家投资方逼宫，要求卡兰尼克交出公司CEO的职位，但卡兰尼克辞任CEO的时候保留了董事职务。

可以说，这桩官司暴露出优步公司投资方与创始人卡兰尼克之间针对CEO接替人选乃至公司控制权的激烈冲突，为我们了解以卡兰尼克为代表的公司创始人团队如何把持公司控制权提供了难得的机会。

优步无懈可击的创始人控制权

优步创始团队沿袭硅谷热门创业公司的惯例，从公司股权（投票权）和董事会两个方面牢牢地控制着公司。（1）股东会层面，公司创始团队手中的B类普通股（“创始人股票”）享有1票对应10票的超级投票权，创始团队因此控制公司约一半以上的投票权；（2）董事会层面，与投资人约法三章，让优步创始团队控制公司董事会一半以上的席位。

2017年8月10日的起诉状披露了优步创始人股东对公司董事会的控制情况，

尤其值得注意的是：公司在不断融资的过程中股权被不断稀释，创始人股东应如何保持对董事会的持续控制呢？

优步创立于2009年，卡兰尼克在次年12月成为优步的CEO和董事。截至2017年8月10日，卡兰尼克持有优步大约10%的股份，占优步投票权约16%，占优步创始人普通股约35%。基准投资公司在2011年2月首次投资优步，当前持有优步股份约13%，占优步投票权约20%，占优先股投票权约36%，占优步创始人普通股约0.5%。

2015年12月3日，卡兰尼克与基准投资公司和其他投资方签署了投票协议，其中第1.1条规定，各方针对投票选举董事做了如下约定：由基准投资公司指派一名董事（最初由比尔·格利（Bill Gurley）或马特·科勒（Matt Cohler）担任）；由美国得克萨斯州太平洋集团（Texas Pacific Group，TPG）指派一名董事（最初由TPG创始人大卫·邦德曼（David Bonderman）担任）；由Expa-1公司指派一名董事（最初由优步联合创始人加勒特·坎普（Garrett Camp）担任）；由优步的CEO兼任一名董事（最初由卡兰尼克担任）；由优步创始人股票持有者多数投票指派四名董事（其中两名最初由里安·格雷夫斯（Ryan Graves，创始团队成员）和大卫·德拉蒙德（David Drummond，谷歌风险投资代表）担任，剩下的两个席位暂时空置，其中一名应为独立董事）。

截至2016年5月，优步的公司章程规定董事会包括8名拥有投票权的董事成员，实际就任有投票权的董事为6名，空缺2个席位。理论上讲，创始团队可提名总计8名拥有投票权的董事成员中的6名。

2016年4月前后，阿利安娜·赫芬顿（Alianna Huffington，赫芬顿邮报创始人，已从邮报离职创业）获得董事任命，填补了两个空缺的董事席位之一，实际就任7名有投票权的董事，第8名空缺。

2016年8月前后，大卫·德拉蒙德辞去董事职务（有报道称因为谷歌无人车项目的竞争关系，他当时已经遭受排挤和隔离）。

2017年6月，优步面临性骚扰和性别歧视等问题的困扰，雀巢的龚万仁接替德拉蒙德的董事席位。

创始团队加强对董事会的控制权

为了加强对公司董事会的控制，2016年5月，优步创始团队采取了进一步措施。起诉状中揭露了事情的来龙去脉。

2016年5月23日前后，一名优步管理人员联络优步董事会成员以及签署2015

年投票协议的投资人，希望修改投票协议、公司章程和其他相关文件，其中包括作为优步董事的基准投资公司的合伙人比尔·格利。讨论的一个重要议题就是将董事会投票表决人数从8位增加到11位（新席位最初空缺），三个新的席位由创始人股票持有者多数投票指派，2015年投票协议则进行修改，要求各签署方投票支持由卡兰尼克指定的个人填补三个新的董事会席位。

2016年6月1日或更早时间，基准投资公司签署了同意修改优步公司章程的股东文件以及修改后的投票协议，而基准投资公司合伙人比尔·格利作为公司的董事也签署了相应的董事文件。至此，创始团队理论上可提名总计11名拥有投票权的董事成员中的9名。

基准投资公司起诉卡兰尼克的核心就是要撤销授权创始人团队（卡兰尼克）增派三名董事的决议和文件。基准投资公司指控，卡兰尼克要求相关各方签署文件增派三名董事会让他个人受益，因为他知道如果他此前的不当行为被投资人发现会被要求辞去CEO职务，而授予他增派三名董事的权力之后就能够快速增加他在董事会的影响力，即使辞去CEO职位，他也能够任命和指使三名新董事。

起诉状中指出：卡兰尼克个人会从公司章程等文件的修改中受益，所以有义务向相关股东披露有关事实。股东同意有效的前提是所有相关的重大信息都提供给了股东，但在2016年5月增派董事的议案提出时，卡兰尼克在与基准投资公司的经常性沟通中，不断强调自己的能力、优步的管理以及优步的成绩，但在议案等文件签署之前却从来没有披露任何让基准投资公司或其代表怀疑增加三名创始团队董事适当性的事实。

因此，基准投资公司及其委派作为优步董事的比尔·格利都认为卡兰尼克在负责任地履行CEO职务，认为增设三名董事（由卡兰尼克指派）是公平的，而且符合公司和股东的最大利益。

不讨论基准投资公司撤销主张的事实和理由是否成立，创始人团队（卡兰尼克）增派三名董事的决议当初如果没有这家投资机构股东的支持，恐怕很难得以通过。正如起诉状中指出，基准投资公司在2016年5月已经控制优步投票权约20%以及优先股投票权约36%，如果没有它的支持，公司创始团队恐怕很难得到修改公司章程的50%股东支持和修改投票权协议的50%优先股股东同意。

投资人“反悔”

2017年，优步的局势急转直下。

在谷歌无人车公司指控优步窃取商业秘密诉讼、性骚扰和性别歧视等系列事件爆发之后，投资人对创始人的不满情绪迸发出来，投资人开始着手掌控优步公司。

2017年6月20日，基准投资公司联合其他四家投资人股东（总计持有公司40%的股东投票权和28%的股东权益）发起了罢黜卡兰尼克CEO职务的行动。当天晚上，卡兰尼克签署了致优步、公司董事会和基准投资公司的一封信，辞去CEO职务，立即生效。信中他同意他作为创始人控制的三个新董事席位中的两个（第三个席位可以推定为卡兰尼克本人）将会分配给独立董事，但是需要经过公司当时全体27位董事（有投票权和无投票权）中26位的批准。他还明确同意股东和董事可以根据这些承诺进行投票，并尽快对投票协议进行修改。

基准投资公司在起诉状中写道：6月22日，辞职信上的墨水还没有干，刚辞去优步为公司CEO预留的董事席位的卡兰尼克就立即将自己任命为他控制的剩余两个新董事席位中的一员；而且他拒绝根据承诺签署进一步修改投票协议，该协议是为了保证剩余两个新董事人选的独立性以及届时所有董事（有一位除外）的同意；基准投资公司在6月27日发给卡兰尼克投票协议修改版本，得到的唯一回复是“还没准备好签署”，没有任何解释。

基准投资公司认为，之所以提出诉讼请求是因为：如果允许卡兰尼克继续占有他通过欺诈方式获取的董事会席位，并任凭他违反6月20日针对剩下的两个席位所做的承诺，那么优步将遭受不可弥补的损失，面临巨大的声誉、监管和其他风险。优步及其董事会处在一个关键时刻，面临选择新CEO并做出其他重大决策的需求。卡兰尼克在董事会中的不当角色威胁着优步在这个关键时期的有序管理。事实上，公开的报道称，卡兰尼克的行为已经干扰了优步的CEO招募工作：因为卡兰尼克继续参与招募CEO并试图重新获得对公司的影响力，很多潜在候选人已经退出并不再考虑这个职位。

然后，基准投资公司提出了一系列诉讼请求，其中前两项是最核心的：(1) 要求法院宣布2016年股东投票增设三名由创始股东控制的董事席位的决议无效，这样三个新董事席位就不存在，卡兰尼克的董事席位也就没有依据，其董事职务应该立即免除。(2) 在诉讼期间保持现状，即卡兰尼克不得试图填补目前空缺的两个有争议的董事会席位，或试图改变董事会目前的规模或组成；如果卡兰尼克辞去董事会职务，他不得试图填补他辞职前占有的有争议的董事会席位；除非在排除卡兰尼克的投票（并且为了避免疑义，排除三名面临争议的新董事会席位的投票）之后，经剩余董事过半数批准通过，优步董事会不得采取任何要求董事会批准的行动；卡兰尼克不得采取任何行动妨碍董事会正常持续地管理优步的经营和事务。

创始人被诉引发投资人之间的战火

就在基准投资公司起诉卡兰尼克的第二天，优步公司另一组投资人“意外”地向这家投资机构扔出一个炸弹。在发给基准投资公司和优步全体股东、董事会的一封信中，三位投资人股东呼吁基准投资公司放弃公司董事席位并转让持有的大部分股份。这三位投资人分别是 Sherpa Capital 的谢尔文·皮谢瓦（Shervin Pishevar）（优步个人投资者、顾问和 2011—2015 年董事观察员）、Yucaipa Cos. 的罗恩·伯克尔（Ron Burkle）和 Maverick 公司的亚当·莱伯（Adam Leber）。

三位投资人在信中说：“我们同意你们对近几个月来公司面临的问题所产生的担忧，但是我们非常担心基准投资公司解决这些问题所采用的策略，你们的方式我们认为在道德上是有问题的，更重要的是，这不是为公司创造价值而是在毁灭公司的价值。”

信中指出：“从股东价值的角度来看，利用公关灾难来威胁公司，要求卡兰尼克在几小时之内辞职并做出其他让步，而且是在他经历丧母的家庭悲剧之后几个星期内做出这样的举动，我们觉得既不谨慎也不必要。更不用说，卡兰尼克已经辞职，你们又提起诉讼将这种自相残杀的行为继续升级，我们担心这不仅不利于公司的声誉，干扰了融资活动，还会妨碍公司招募世界一流的新 CEO。”

几位投资人痛斥基准投资公司以 Waymo 公司等的诉讼指控为事实依据，认为这种做法本身已经越过了（董事高管）信托义务的红线。基准投资公司在优步的 2 700 万美元投资现在已经达到了 84 亿美元，却还要起诉辛苦劳作创造这样空前价值的创始人、公司和员工！

他们呼吁基准投资公司不再干预公司的发展，让相关问题在董事会上而不是法庭上解决，同时要求这家投资公司撤回董事代表并让出足够的股份直至不再具有董事任命权。这几位投资人声称已经有其他投资人愿意接受基准投资公司手中 75%的股份，只要它愿意撤诉并出售这些股份。

他们不仅要求董事会象征性地投票表示对这起诉讼的态度，还请求更多的公司股东签署这封信以示支持他们的建议。具有讽刺意味的是，当初联合股东签名罢免 CEO 的基准投资公司如今变成这种权力游戏的猎物。

资料来源：虎嗅网，2017-08-14.

问题讨论：

1. 基准投资公司对创始人提起诉讼，背后的逻辑和想法是什么？

2. 请结合此案例，分析创始人和投资人对董事会的保卫战和争夺战会对公司的经营和发展造成什么影响。

第5章

监事会监督机制设计

学习目标

1. 了解监事会的内涵、制度发展以及成员结构；
2. 理解各国的监事会模式及监事会的职权；
3. 理解监事会的议事机制与监事会监督的有效性。

素养提升

1. 习近平总书记指出："要着力完善国有企业监管制度，加强党对国有企业的领导，加强对国企领导班子的监督，搞好对国企的巡视，加大审计监督力度。国有资产资源来之不易，是全国人民的共同财富。要完善国有资产资源监管制度，强化对权力集中、资金密集、资源富集的部门和岗位的监管。"①

2. 国有企业监事会制度在党和国家监督体系中扮演重要角色。我国国有企业监事会代表国家行使出资人的监督权力，以出资者所有权为基础对企业财务和经营管理进行全面的监督，在企业内部形成有效制衡的监督机制，防范企业所有权与经营权分离带来内部人控制等风险和问题。

3. 党的二十大报告提出，"健全党统一领导、全面覆盖、权威高效的监督体系，完善权力监督制约机制"②。党的领导是国有企业监督机制建设的"根"和"魂"，是促进国有企业主体责任和监督责任落实、提升监事会权威的重要保障。

---

① 习近平在十八届中央纪委五次全会上发表重要讲话．人民日报，2015－01－14．

② 习近平．高举中国特色社会主义伟大旗帜 为全面建设社会主义现代化国家而团结奋斗——在中国共产党第二十次全国代表大会上的报告．北京：人民出版社，2022：66．

学习导图

监事会是法人治理结构的重要组成部分，体现了公司治理结构下的权力制衡机制，是维护公司健康、稳定发展的制度保障。监事会作为独立于董事会的监督机构，对公司业务和财务状况以及董事会、经理层履职情况进行监督，向股东负责并汇报工作。本章遵循“结构→运行机制→效果”的思路，重点介绍监事会构成特点，同时强调监事会的独立性是其有效性的重要保障。

在学习过程中，应注意监事会权力来源、比较监事会与董事会的权力配置、对比监事会与独立董事的监督有效性。

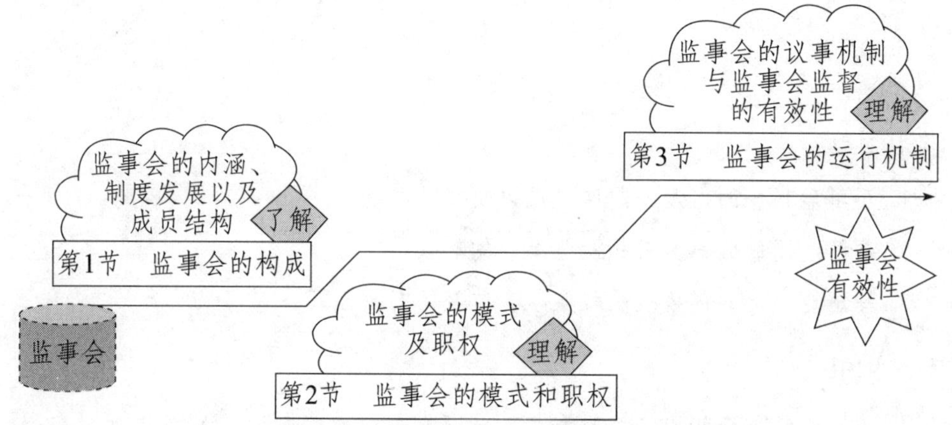

引　例

四川金顶监事会炮轰董事会

四川金顶是一家水泥制造公司，1993年在上海证券交易所上市。财报显示，2001年亏损7 983万元，2002年每股收益只有0.097元，2003年上半年每股收益仅为0.022元。如此业绩使得重组四川金顶迫在眉睫。

2003年6月2日，乐山市国资委向水泥巨头拉法基、海螺水泥、双马水泥、川威集团等广发征询函，进行公开招标重组。最终，名不见经传的浙江华伦集团携华立集团险胜。经过几次股权变动，华伦集团持有四川金顶29.91%的股权，与华伦集团关系密切的华硕投资持有20.99%的股权。其后，华伦集团通过种种手法掏空四川金顶，并涉入一系列的公司债务担保。

2008年年底，四川金顶实际控制方华伦集团深陷债务危机，四川金顶牵连其中。当时四川金顶应诉案件达31件，诉讼金额约6亿元，公司的部分银行账户遭冻结。

截至2009年5月31日，四川金顶披露未经决策程序的对外担保合计1.27亿元。

此时四川金顶堪称内忧外患，面临重重困难。一方面，银行、债权人等给予四川金顶的三个月宽限期即将到期，公司第一大股东华伦集团已于2009年6月初进入破产重整；另一方面，四川金顶面临生产可能停顿和职工不稳定的危急状况。

然而，在如此紧要关头，四川金顶董事会的表现却让监事会不满。自危机爆发以来，公司董事会没有针对公司危机时期如何保障生产经营和职工的稳定召开专题会议，甚至董事会会议都极少在四川金顶召开，长期采用通讯联系的方式。

四川金顶2009年6月21日的一纸公告让人大感意外。该公告称，为了保护上市公司和中小股东的利益，帮助四川金顶渡过危机，四川金顶监事会日前审议通过了《督促公司第五届董事会及公司经营层勤勉尽责并提出工作要求的议案》。根据该议案，监事会在公告中先是历数四川金顶面临的诸多困境，然后明确指出，在应对重大事项危机方面，监事会要求公司第五届董事会、经营层在公告后三个工作日内，在公司办公地以现场方式召开董事会会议，研究公司应对危机的解决方案，包括如何应对诉讼、及时申报债权等。董事会应落实对外担保或有事项彻底自查工作，同时，全体董事、高级管理人员应按照规定履行职责。公司经营管理层应坚守岗位在公司现场办公，重大事项包括资金管理等应由经理层办公会集体讨论并及时书面报告相关各方，确保生产经营持续和职工稳定。

对此，相关人士感慨，在资本市场做了20多年，从未听说过监事会公开批评董事会的事情，四川金顶是“第一个吃螃蟹”的。

资料来源：郭新志，等．全国首例 四川金顶监事会炮轰董事会．每日经济新闻，2009-06-24.

第1节 监事会的构成

一、监事会的内涵

监事会（supervisory board）是公司的常设机构，负责监督公司的日常经营活动以及对董事、经理等人员违反法律、公司章程的行为予以指正。由于公司股东分散，专业知识和能力差别很大，为了防止董事会、经理滥用职权，损害公司和股东利益，需要在股东会上选出监事会这一专门监督机构，代表股东会行使监督职能。

在现代公司制度中，所有权与控制权的事实分离使股东难以直接管理或控制公司，公司交由董事会治理。为了避免代表所有者的董事会因追求自身利益而损害公司、股东、债权人、职工的权益，必须通过一定的制度安排对董事会进行制约和监督。公司法当然可以通过规范性条款、股东会等方式对董事会及董事进行监控，但难以彻底防止董事和董事会滥用权力。为此，多数国家设置监事会作为公司的专门监督机构，形成了股东会、股东、监事会对董事会及董事权力的多层监控机构。

监事会的法律地位表现在以下三个方面：（1）监事会或监事是公司的法定必设机构；（2）监事会向股东会汇报工作，并得到股东会的批准，以体现股东对公司的权力；（3）监事行使监督职权，对公司财务以及董事、经理执行业务进行监督。

二、监事会制度的发展

监事会制度属于内部监督范畴，而内部监督制度最早可以追溯到英国，英国议会于1844年颁布了《公司法》，要求企业设置监事会，专门负责行使企业内部的监督控制职能。随后受到东印度公司的影响，德国和法国等大陆法系国家逐步形成了具有各国特色的监事会制度。1861年德国制定了《德国普通商法典》，该法典第225条规定可以任意设置监事会，监事会作为股份有限公司的机构在法律上被承认。此后，伴随1899年日本《新商法典》（又称《明治商法》）、1966年法国《商事公司法》以及1993年中国《公司法》对监事会制度的导入，监事会制度被越来越多的国家采用。

中国监事会的快速发展起步于20世纪90年代。1992年国家经济体制改革委员会发布了《有限责任公司规范意见》和《股份有限公司规范意见》，首次正式使用监事和监事会的字样，并对其相应权力进行了规定。1993年12月29日，《公司法》的公布正式确立了监事会在公司中的法律地位，形成了董事会、监事会与高级管理人员相互制衡的公司治理结构，进一步明确提出股份有限公司、有限责任公司设监事会，并较为全面地规定了监事会的组成、监事的任职资格、监事会的职权和议事规则以及监事的权利和义务等，监事会制度在我国正式建立起来。

为了强化对国有大型企业的监督，1998年5月7日，国务院印发了向国有重点大型企业派出稽查特派员的方案。鉴于稽查特派员制度所取得的现实效果，1999年9月，中国共产党第十五届中央委员会第四次全体会议通过的《中共中央关于国有企业改革和发展若干重大问题的决定》确定，继续试行稽查特派员制度，同时要积极贯彻十五大精神，健全和规范监事会制度，过渡到从体制上、机制上加强对国有企业的监督，确保国有资产及其权益不受侵犯。基于此，1999 年 12 月 25 日对《公司法》进行修正时，增加了国有独资公司监事会设置的内容。

2000 年 3 月 15 日发布的《国有企业监事会暂行条例》以及 2002 年 1 月 9 日由证监会和国家经贸委联合公布的《上市公司治理准则》进一步扩大了监事会监督的范围，明确了相应的权责。2005 年修订的《公司法》在总结我国监事会制度实施的经验和教训的基础上，进一步强化了监事会在公司治理中的地位、作用、职责、权利和义务，为监事会增设了罢免权、提案权、股东会会议召集权和主持权、诉讼权等诸多实质性监督权利，规范了监事会会议和表决机制，并明确了监事会行使职权的费用保障机制。

现行《公司法》进一步强化了监事会保障股东利益的职能，如监事会在董事会不能履行或者不履行召集股东会会议职责的条件下，被赋予召集、主持股东会会议的权利。又比如对于董事或管理层给公司造成损失且负有责任的，监事会可以应股东请求向人民法院提起诉讼。2022 年，全国人大常委会对《中华人民共和国公司法（修订草案）》进行了审议，修订草案中允许公司选择单层制治理模式，对是否设置监事会作出更为详细的规定，同时明确监事会可以要求董事、高级管理人员提交执行职务的报告。

三、监事会的人数和成员结构

关于监事会的人数，各国公司法对有限责任公司一般无强制限制，多由公司章程予以确定；股份有限公司的监事会成员多规定为三人以上，具体人数一般视公司的股本规模、职工人数而定。我国《公司法》规定，国有独资公司不设监事会或监事。有限责任公司设监事会，其成员为三人以上。规模较小或者股东人数较少的有限责任公司，可以不设监事会，设一名监事。股份有限公司设监事会，其成员为三人以上。规模较小或者股东人数较少的股份有限公司，可以不设监事会，设一名监事。

《公司法》也对监事会的成员构成和选任做了规定：有限责任公司以及股份有限公司监事会应当包括股东代表和适当比例的公司职工代表，其中职工代表的比例不得低于三分之一，具体比例由公司章程规定。党的二十大报告强调，“全心全意依靠工人阶级，健全以职工代表大会为基本形式的企事业单位民主管理制度，维护职工合法权益”①。监事会中的职工代表由公司职工通过职工代表大会、职工

① 习近平．高举中国特色社会主义伟大旗帜 为全面建设社会主义现代化国家而团结奋斗——在中国共产党第二十次全国代表大会上的报告．北京：人民出版社，2022：39.

大会或者其他形式民主选举产生。

对职工监事的比例，《上市公司章程指引》规定，监事会应当包括股东代表和适当比例的公司职工代表，其中职工代表的比例不低于三分之一。此外，监事应具有法律、会计等方面的专业知识或工作经验；监事会的人员和结构应确保监事会能够独立有效地行使对董事、经理和其他高级管理人员及公司财务的监督和检查。

第2节 监事会的模式和职权

一、监事会的模式

监事会是由全体监事组成的、对公司业务活动及会计事务等进行监督的机构。

负责监督和检查公司事务或业务活动的公司常设的组织机构一般可称为监事会。与公司其他机构相比，监事会是不同公司中差别最大、变化也最大的组织机构。不同类型、不同规模的公司，监事会的性质与规模各不相同。在有限责任公司，监事会一般是公司的任意机构，公司可设监事或监察人一人，也可不设。有些国家对资本数额或职工人数较少的小型公司是否设置监事会，原则上不加干预，由公司自己决定；对于资本数额、职工人数达到一定规模的公司，规定必须设置监事会。

对于股份有限公司，各国对是否设置监事会的规定也不尽一致，大致有以下几种模式。

（一）德国监事会模式

监事会作为董事会的领导机构，对公司业务和财务状况以及董事会执行业务进行监督，并行使一定的业务执行决定权，即董事会是执行监事会决议、负责公司日常运营的执行机构。监事会成员由股东代表和工会代表组成，公司规模在2 000人以上的，监事会中工会代表占一半以上（见图5-1）。

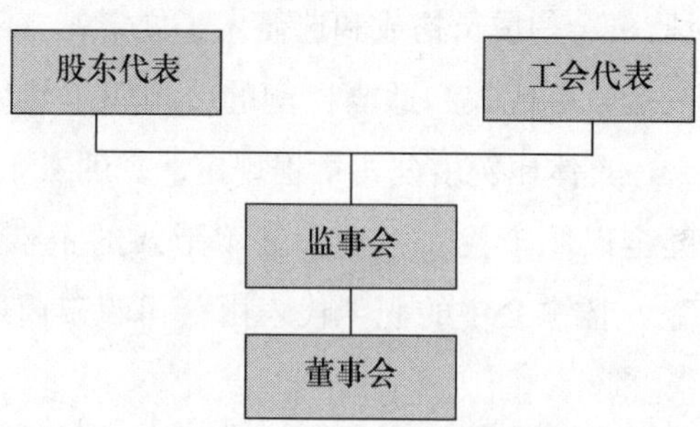

图5-1 德国监事会模式

（二）日本监事会模式

在股东大会下同时设置监事会和董事会，监事会作为与董事会地位平行或独立于董事会的机构，负责对公司事务以及董事会执行业务进行监督，向股东大会负责并汇报工作（见图 5－2）。

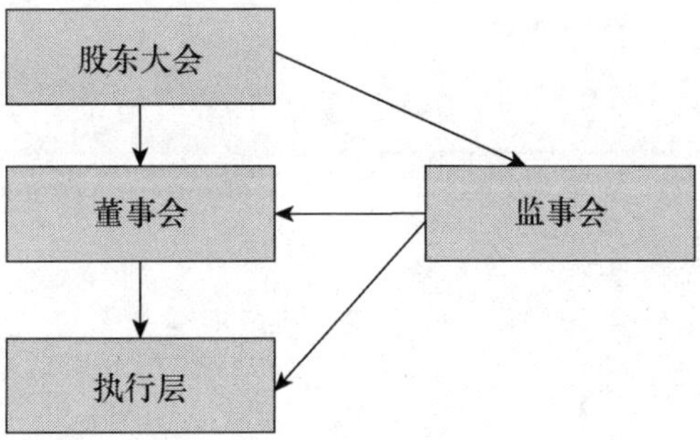

图 5－2　日本监事会模式

（三）中国监事会模式

我国采取监事会与董事会平行的公司治理结构，实际上是德国监事会模式与日本监事会模式的混合产物（见图 5－3）。监事会是公司的监督机构，监事会的法律地位表现在三个方面：（1）监事会（或监事）是公司的法定必设机构；（2）监事会向股东会汇报工作，并得到股东会的批准，以体现股东对公司的权力；（3）监事行使监督职权，对公司财务以及董事、经理执行业务进行监督。

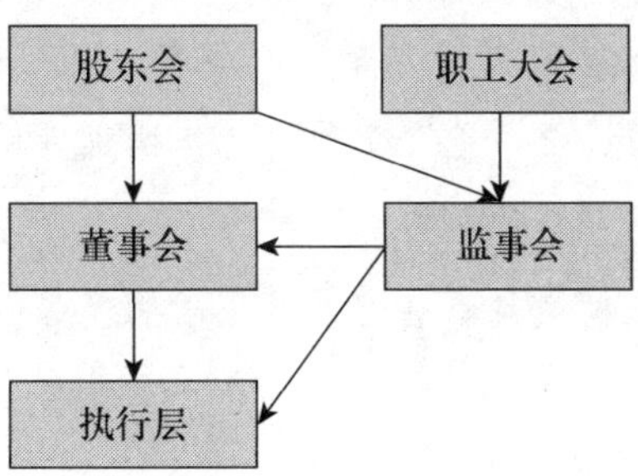

图 5－3　中国监事会模式

延伸阅读 5－1

国有企业的监事会制度是党和国家监督体系建设的一环

国有企业是中国特色社会主义的重要物质基础和政治基础，是新时代推进中国特色社会主义伟大事业和实现中华民族伟大复兴的重要依靠力量。完善国有企业监督机制，不仅是国有企业建立现代公司治理制度的应有之义，更是坚持和完善党和国家监督体系，推进国家治理体系和治理能力现代化的必然要求。

党的十八大以来，我国持续深化国有企业监督机制。2018年，国务院国资委发布《中央企业违规经营投资责任追究实施办法（试行）》，中央企业追责制度实现“从无到有”，组织体系完成“立柱架梁”，工作机制持续“创新完善”，监督追责更加“规范有序”。2019年4月19日发布《国务院关于印发改革国有资本授权经营体制方案的通知》，明确提出要创新监管方式，减少审批事项，强化事中事后监管，充分运用信息化手段，减轻企业工作负担，不断提高监管效能。2019年11月，国务院国资委印发《国务院国资委关于进一步推动构建国资监管大格局有关工作的通知》，加快推动构建国资监管大格局、形成国资监管一盘棋。

国资大监督体系，是指整合国企纪检监察监督、监事会监督、审计监督、法律监督、工会民主监督等监督资源，形成监督合力，通过内部监督与外部监督相结合、专业监督与综合监督相结合、群众监督与组织监督相结合，使监督工作渗透到国资监管的每一个环节，实现监督工作的全方位、全过程和全覆盖。

监事会建设方面，在依法治国和推进治理现代化的今天，无论是从出资人监管角度还是从企业竞争发展角度，监事会工作都必须做实，也应该做实，更可以做实。这是推进监事会建设的意义所在。

国有企业监事会建设的重点包括秉持监事会是公司治理的主要制衡力量理念，确立“专职、外派、全覆盖”工作目标，明确专门机构负责监事会建设和运行，出台监事会建设意见，整合内部监督力量，形成监事会监督成果运用的工作闭环，贯彻专项报告制度是监事会建设的核心制度等。

（四）英美监督模式

在采取英美公司制度的一些国家，公司的股东大会下不设置监事会。如美国公司的监督职能一般由董事会特别是外部董事兼任，公司设立以外部董事组成的审计委员会，负责监督董事会的经营活动。英国股份有限公司的董事会成员可分为一般董事和执行董事，前者参加董事会会议并监督公司财务，后者与公司订立服务合同并且全力管理公司业务。对公司会计事务的审计核查则交由股东大会或董事会聘请的专业人员如会计师进行，证券市场、董事和经理人市场的竞争与选择机制无形中对公司的董事、经理等人员产生监督和压力。由此可见，英美法系国家公司法中尽管未规定设置专门的公司监督机构，但董事会中的外部董事制度或独立董事制度、股东的代表诉讼制度以及公司账目的专门审计制度，在相当程度上弥补了这一缺陷，与大陆法系国家的公司监事会制度殊途同归。

二、监事会的职权

在实行不同公司组织机构和治理方式的国家，监事会的职权范围虽然有很大差异，但一般包括财务监督、业务监督和管理者监督三个方面。

（一）财务监督

监事会有权随时调阅检查公司财务资料，调查公司的业务及财产状况，并将调查结果向股东会汇报。监事会对董事会拟提交股东会的财务报告、营业报告和利润分配方案等财务资料，应进行核查，发现疑问的，可以公司名义委托会计师、审计师等专业人员帮助复审。

具体而言，监事会财务监督职责主要包括监督董事会和高级管理层的重要财务决策和执行情况；审议并对利润分配方案的合规性、合理性发表意见；审议并对定期报告的真实性、准确性和完整性提出书面审核意见；监督聘用、解聘、续聘外部审计机构的合规性及条款和酬金的公允性，外部审计工作的独立性和有效性等。

（二）业务监督

监事会应当监督公司的业务执行情况和财务状况。监事会可以要求董事或经理提交公司的营业报告，以随时了解公司的业务执行情况和财务状况，实施有效的监督。如德国《股份公司法》规定，监事会应监督公司业务的执行。业务监督可分为内部控制监督和风险管理监督。

1. 内部控制监督

监事会内部控制监督职责主要包括监督内部控制治理架构的建立和完善以及相关各方的职责划分及履职情况；监督业务管理制度、操作流程、关键风险环节和相关管理信息系统的内部控制情况；监督内部控制合规工作，并指导有关部门对内部控制的有关岗位和各项业务实施全面的监督和评价；审阅内部控制检查报告和自我评价报告，并跟踪董事会和管理层的整改情况。

2. 风险管理监督

监事会风险管理监督职责主要包括监督全面风险管理治理架构的建立和完善

以及相关各方的职责划分及履职情况；定期与董事会和高级管理层就风险水平、风险管理、风险承受能力评估等情况进行沟通；监督企业风险指标情况，并在指标未达标且董事会和高级管理层未及时采取措施进行修正时，进行风险提示并提出整改要求。

（三）管理者监督

这是监事会的主要职权。监事会的监督权限主要有：一是监督董事会或董事、经理履行职务的情况。监事会成员可以列席董事会会议，听取董事会的报告，对董事、经理违反职责的行为进行监督。二是纠正或停止董事和经理违反法律、公司章程的行为。当监事会发现董事或经理超越权限的行为或其他违反法律、公司章程的行为，对公司可能产生显著损害时，可以要求董事或经理予以纠正，或者请求停止董事、经理的行为。三是代表公司与董事交涉、对董事起诉或者应诉。

此外，有些国家的监事会有一些特定的权力，如特定经营事项的决定权，独立召集或提议召开临时股东会的权力。为了保证董事会的经营权限与监事会的监督职能相互独立，多数国家公司法均规定监事会不参与公司的经营，但德国采取了独特的公司权力分配制度。

我国《公司法》规定了监事会或监事的职权，包括以下几个方面：

（1）检查公司财务；

（2）对董事、高级管理人员执行职务的行为进行监督，对违反法律、行政法规、公司章程或者股东会决议的董事、高级管理人员提出解任的建议；

（3）当董事、高级管理人员的行为损害公司的利益时，要求董事、高级管理人员予以纠正；

（4）提议召开临时股东会会议，在董事会不履行本法规定的召集和主持股东会会议职责时召集和主持股东会会议；

（5）向股东会会议提出提案；

（6）依照本法第一百八十九条的规定，对董事、高级管理人员提起诉讼；

（7）公司章程规定的其他职权。

另外，监事可以列席董事会会议，并对董事会决议事项提出质询或者建议。《上市公司治理准则》第四十七条规定，监事会依法检查公司财务，监督董事、高级管理人员履职的合法合规性，行使公司章程规定的其他职权，维护上市公司及股东的合法权益。

延伸阅读 5-2

八问康美药业

2019 年 8 月 16 日深夜，康美药业发布了关于收到中国证券监督管理委员会《行政处罚及市场禁入事先告知书》（以下简称事先告知书）的公告，投资者和社会公众得以了解被证监会定性为“有预谋有组织长期系统实施财务造假”的端倪。

八问
康美药业

一问：公司治理有多混乱？

自 2001 年 3 月上市以来，康美药业的股东大会、董事会、监事会和管理层到底有没有按照证监会和上海证券交易所的要求建立健全公司治理机制？如果有，为何如此惊天动地的财务造假未见任何一个董事、监事和高管提出异议？他们是不知情还是不吭声？董事会和监事会在监督管理层的过程中，是否切实履行了勤勉尽责的义务？如果没有，他们对得起股东支付的报酬吗？他们还有资格继续在上市公司任职吗？检查制衡机制在康美药业为何全部失效？

特别是 2018 年证监会就启动调查，为何 2019 年 4 月康美药业对以前年度财务报表进行更正时，一再坚称只是会计差错，而不是会计造假？2016 年、2017 年、2018 年营业收入分别虚增 89.99 亿元、100.32 亿元和 16.13 亿元，营业利润分别虚增 6.56 亿元、12.51 亿元和 1.65 亿元，对于虚增金额如此之大、跨越时间如此之长的重大事项，以会计差错还是以财务造假的名义对以前年度的财务报表进行调整，性质有天壤之别。最终以会计差错的名义进行调整，这难道没有经过董事会和审计委员会研究吗？如果有，他们将财务造假说成是会计差错，是无知还是无耻？在投资者、新闻媒体、社会公众和上海证券交易所对会计差错的说法表示强烈质疑的时候，为何没有一个董事、监事和高管挺身而出讲真话？他们的诚信道德何在？

…………

资料来源：黄世忠．八问康美药业．微信公众号：云顶财说，2019-08-17.

第 3 节　监事会的运行机制

一、监事会的议事规则

从公司立法来看，有的国家规定监事会的召集与议事规则由公司章程规定，有的国家则采用董事会的有关规定。德国基于监事会的特殊地位，在《股份公司法》中对监事会的召集、议事及表决均做了较为详尽的规定。

在我国，对于有限责任公司，监事会主席召集和主持监事会会议；监事会主席不能履行职务或者不履行职务的，由过半数的监事共同推举一名监事召集和主持监事会会议。监事会每年度至少召开一次会议，监事可以提议召开临时监事会会议。监事会的议事方式和表决程序，除《公司法》有规定的外，由公司章程规定。监事会决议应当经全体监事的过半数通过。

对于股份有限公司，监事会设主席一人，可以设副主席。监事会主席和副主席由全体监事过半数选举产生。监事会主席召集和主持监事会会议；监事会主席不能履行职务或者不履行职务的，由监事会副主席召集和主持监事会会议；监事会副主席不能履行职务或者不履行职务的，由过半数的监事共同推举一名监事召集和主持监事会会议。监事会每六个月至少召开一次会议。监事可以提议召开临时监事会会议。监事会的议事方式和表决程序，除《公司法》有规定的外，由公司章程规定。监事会决议应当经全体监事的过半数通过。

此外，根据《上市公司治理准则》，监事会作为公司内部机构应当独立运作。监事会的人员和结构应当确保监事会能够独立有效地履行职责。监事会可以要求董事、高级管理人员、内部及外部审计人员等列席监事会会议，回答所关注的问题。监事会发现董事、高级管理人员违反法律法规或者公司章程的，应当履行监督职责，并向董事会通报或者向股东会报告，也可以直接向中国证监会及其派出机构、证券交易所或者其他部门报告。

（一）监事会会议的召开

监事会每年度至少召开一次会议，监事可以提议召开临时监事会会议。

监事会会议有两种：一是定期会议；二是临时会议。监事会的定期会议是指依照法律规定，每年度至少召开一次的会议。监事会的定期会议应当由公司章程做出规定，按时召开。这就要求公司章程对定期会议的召开做出具体的规定，如明确规定一年召开一次会议或者召开两次会议等，并明确每次会议的召开时间，如每年年中或者年底等。监事会的临时会议是指公司章程中没有明确规定什么时间召开的一种不定期的会议。相对于定期会议，临时会议是在正常召开的定期会议之外的会议，如监事可以提议召开临时监事会会议。监事提议召开临时监事会会议的，监事会主席应当及时召集和主持监事会会议；监事会主席不能履行职务或者不履行职务的，由半数以上监事共同推举一名监事召集和主持监事会会议。

(二) 监事会的议事方式和表决程序

监事会的议事方式和表决程序，除法律有规定的外，由公司章程规定。监事会不实行主席负责制，而是实行民主决策。监事会作为公司内部的监督机关，在实施监督工作的过程中，需要依照职权做出决议。监事会决议的表决应遵循两个原则：一是一人一票原则，即每个监事享有一票表决权；二是多数通过原则，即监事会决议需经半数以上监事表决通过。监事作为由股东和职工选举产生、参加监事会决议的成员，对于维护公司和股东利益、保障职工合法权益负有重要责任，并对选举他的股东会、职代会等负责。监事应当认真履行职责，出席监事会会议，对监督事项发表意见。

(三) 监事会的会议记录

为了备案查询，明确监事责任，出席会议的监事应当在会议记录上签名。在会议记录上签名是监事的一项法定义务，监事必须履行。同时，作为监事会的组成人员，出席监事会会议并在会议记录上签名也是监事的一项权利，任何人不得剥夺其签名的权利，监事会会议的召集人、主持人应当保证监事的签名权。会议记录应当包括监事会会议所议事项及讨论后得出的结论，具体包括会议召开的时间、地点、出席人员、议题、监事讨论意见、决议通过情况等。

二、监事会监督的有效性

监事会工作的关键是监督的有效性，衡量监事会工作是否有效的标准在于监事会的监督工作是否有利于企业的长远发展，是否有利于出资人的利益。

(1) 监督工作的有效性要看监督方式的运用是否合理。监督方式是多样的，对于不同的企业，监事会应根据实际情况采取不同的方式，在企业运作的关键环节予以突破，从而使监督工作积极有效。

(2) 可以采取日常运行监督与重大事项监督相结合的监督方式。日常运行监督是指监事会通过列席董事会、查阅董事会报送的有关材料等，对公司的日常运作行为进行监督。通常而言，监事会在日常运行监督工作中重点对董事会的决策程序、公司预算决算的制定和实施、公司重大经营活动的组织和实施、公司财务会计活动情况等进行监督。重大事项监督一般是指对一些异常情况的监督，如各类造成资产损失的行为及公司高级管理人员违法、违规和严重违纪行为等。监事会在发现企业存在异常情况时，应及时召开监事会会议，必要时应提议召开临时股东会。

（3）为了实现监事会工作的有效性，应该从事后监督转向当期监督（类似于救火员转变为防火员），这对于监督事项的事先设计极为重要。建立事先的评价机制也是提升监事会工作有效性的重要内容，可以建立企业负责人评价体系、董事会及董事评价体系、经理人胜任能力评价指标等。

要实现监事会监督的有效性，需要保障监事会监督的独立性和过程性。

（一）监事会监督的独立性

独立性是监督有效性的前提。监事会工作的特殊性要求监事会在工作中必须保持独立性，即必须明确监事会和董事会的工作界限，确立监督和管理的分界线，监事会在工作中不能受董事会的影响和控制，从而作出客观、公正的评价。具体而言，应该从三个方面考虑：

一是监事会相对于董事会、经理层的独立性；

二是监事会主席的独立性；

三是监事身份独立、行为独立，可以设置外部监事。

延伸阅读5-3

独立董事制度与监事会制度的比较

首先，从成员的来源及其专业背景来看，独立董事作为独立的外部人，来源于外聘的专家，具有一定的专业知识背景，不但能够为公司决策提供智力支持，而且能够挑战公司内部的惯性思维。监事一般是公司股东和职工代表，二者可以实现专业知识上的互补。

其次，从监督的过程来看，独立董事由于能够参与董事会，具有董事所具有的表决权，因此能够在决策前进行有效监督，一般发挥着事前、事中的监督作用；监事会由于只具有列席董事会的资格，大多数情况下，只能对所做出决策的执行进行监督，因此更侧重于事后监督。

最后，独立董事一般是兼职，其监督时间不可能得到充分保障。监事会作为公司的常设机构，进行的是经常性监督，是对独立董事制度的事前监督、外部监督及决策过程监控的延续。

（二）监事会监督的过程性

过程性是指监事会的监督贯穿企业运作的全过程，是对企业运作全过程持续的监督，而不仅仅是看财务报表、查账目的事后监督。过程性监督既有生产经营活动的内容，又有资本运作的内容；既对资产运作进行监督，又对负责资产运作的人进行监督。如果监事会不涉入企业运作的全过程，就很难主动、及时地发现企业运作中存在的问题和风险，维护出资人的利益也就无从谈起。监事会的设计应充分考虑这一特点。

此外，监事会工作机构要涉入企业运作的全过程，掌握全面的运作信息，从动态的信息中把握企业运作的实际情况和发展趋势。在强调监事会监督的过程性的同时，切忌干预企业的日常生产经营活动。

□ 小　结

监事会是公司的常设机构，负责监督公司的日常经营活动以及对董事、经理等人员违反法律、章程的行为予以指正。由于公司股东分散，专业知识和能力差别很大，为了防止董事会、经理滥用职权，损害公司和股东利益，需要在股东会上选出监事会这种专门监督机构，代表股东会行使监督职能。因此，监事会的独立性是其有效性的重要保障。

□ 关键术语

监事　　监事会　　监事会模式

□ 选择题

1. (单选题) 监事会是公司的常设机构，负责监督公司的日常经营活动以及对董事、经理等人员违反法律、公司章程的行为予以指正，由（　　）选出，行使监督职能。

A. 董事会　　B. 股东会

C. 经理层　　D. 董事长

2. (单选题) 为了避免代表所有者的董事会因追求自身利益而损害公司、股东、债权人、职工的权益，必须通过一定的制度安排进行制约和监督，因此有必要设立（　　）维护公司利益。

A. 董事会　　B. 股东会

C. 监事会　　D. 工会

3. (单选题) 下列关于有限责任公司组织结构和基本制度的描述，错误的是（　　）。

A. 可以不召开股东会

B. 董事会人数一般为2～14人

C. 监事会成员不得少于3人

D. 可以不设立监事会

4.（单选题）监事会或不设监事会公司的监事行使的职权不包括（　　）。

A. 检查公司财务

B. 对董事、高级管理人员执行公司职务的行为进行监督，对违反法律、行政法规、公司章程或者股东会决议的董事、高级管理人员提出罢免的建议

C. 当董事、高级管理人员的行为损害公司的利益时，要求董事、高级管理人员予以纠正

D. 对公司增加或者减少注册资本作出决议

5.（单选题）我国《公司法》规定监事会成员最少为（　　）。

A. 1人　　B. 2人　　C. 3人　　D. 4人

6.（单选题）监事会应当包括股东代表和适当比例的公司职工代表，其中职工代表的比例为（　　）。

A. 二分之一　　B. 不得低于二分之一

C. 三分之一　　D. 不得低于三分之一

7.（多选题）下列关于监事会的说法正确的是（　　）。

A. 中国监事会的快速发展起步于20世纪90年代

B. 监事会制度属于内部监督范畴

C. 有限责任公司的监事会成员多规定为3人以上，具体人数一般视公司的股本规模、职工人数而定

D. 我国《公司法》规定公司可不设监事会或监事

8.（单选题）下列关于监事会模式的说法错误的是（　　）。

A. 在不同类型、不同规模的公司中，监事会的性质与规模各不相同

B. 在有限责任公司，监事会一般是公司的任意机构，公司可设监事或监察人一人，也可不设

C. 德国监事会模式中，监事会由股东代表和工会代表组成，公司规模在2 000人以上的，监事会中工会代表占一半以上

D. 日本监事会模式中，监事会是董事会的领导机构

9.（单选题）将监事会列于董事会领导机构地位的是（　　）。

A. 德国监事会模式　　B. 日本监事会模式
C. 中国监事会模式　　D. 英美监督模式

10.（单选题）在采取（　　）的一些国家，公司的股东大会下不设置监事会。

A. 德国监事会模式　　B. 日本监事会模式
C. 中国监事会模式　　D. 英美监督模式

11.（单选题）监事会可以要求董事或经理提交公司的营业报告，以随时了解公司的业务执行情况和财务状况，这属于监事会的（　　）权。

A. 董事会监督　　B. 财务监督
C. 业务监督　　D. 管理者监督

12.（单选题）监事会有权随时调阅检查公司财务资料，调查公司的业务及财产状况，并将调查结果向股东会汇报，这属于监事会的（　　）权。

A. 董事会监督　　B. 财务监督
C. 业务监督　　D. 管理者监督

13.（单选题）监事会的主要职权是（　　）。

A. 董事会监督　　B. 财务监督
C. 业务监督　　D. 管理者监督

14.（多选题）我国采取监事会与董事会平行的公司治理结构，实际上是（　　）与（　　）的混合产物。

A. 德国监事会模式　　B. 日本监事会模式
C. 中国监事会模式　　D. 英美监督模式

15.（多选题）在实行不同公司组织机构和治理方式的国家，监事会的职权范围虽然有很大差异，但一般包括（　　）。

A. 董事会监督　　B. 财务监督
C. 业务监督　　D. 管理者监督

16.（多选题）管理者监督是监事会的主要职权。监事会的监督权限主要是（　　）。

A. 监督董事会或董事、经理履行职务的情况
B. 纠正或停止董事和经理违反法律、公司章程的行为
C. 向股东会负责
D. 代表公司与董事交涉、对董事起诉或者应诉

17.（单选题）监事会每年度至少召开（　　）次会议，监事可以提议召开临时监事会会议。

A. 1　　B. 2　　C. 3　　D. 4

18.（单选题）监事会的定期会议，应当由（　　）做出规定，按时召开。

A. 股东会　　B. 董事会

C. 公司章程　　D. 公司年报

19.（单选题）下列选项中关于监事会和监事的说法，错误的是（　　）。

A. 监事会设主席一人，由全体监事过半数选举产生

B. 监事会主席召集和主持监事会会议

C. 董事可以兼任监事，但高级管理人员不得兼任监事

D. 监事会主席不能履行职务或者不履行职务的，由半数以上监事共同推举一名监事召集和主持监事会会议

20.（单选题）下列各项不属于监事会监督范围的是（　　）。

A. 董事会　　B. 总经理

C. 董事长　　D. 职工

21.（单选题）（　　）与公司其他机构相比，是不同公司中差别最大、变化也最大的组织机构。

A. 董事会　　B. 监事会

C. 股东会　　D. 内审机构

22.（多选题）监事会监督的独立性应该从（　　）等方面考虑。

A. 设置外部监事的独立性

B. 监事会主席的独立性

C. 监事会相对于董事会、经理层的独立性

D. 监事身份独立、行为独立

23.（多选题）监事会工作的关键是监督的有效性，衡量监事会工作是否有效的标准在于监事会的监督工作是否有利于企业的长远发展，是否有利于出资人的利益，主要体现在（　　）。

A. 监督工作的有效性要看监督方式的运用是否合理

B. 可以采取日常运行监督与重大事项监督相结合的监督方式

C. 从事后监督转向当期监督

D. 监事会机构具有独立性

□ 思考题

1. 国际上有哪些监事会模式?
2. 监事会的职权有哪些?
3. 监事会的议事规则是什么?
4. 如何提高监事会的有效性?

□ 案例分析

三九集团的监事会为何失效?——赵某先获刑留下的问号

三九集团原董事长赵某先2007年6月27日因“国有公司人员滥用职权罪”被一审判处有期徒刑一年零九个月。其获刑理由是:在2000年决策收购香港昌腾公司股权进而控股位于深圳龙岗区的梅沙海景高尔夫项目(即三九大龙健康城项目)时,“在未做评估、未经集团党委讨论、未报上级审批、未进行可行性论证的情况下,超越职权决定或积极推动涉案股权收购协议的签订、履行,致使三九集团遭受重大损失,造成恶劣影响”。有罪当罚,无可非议。问题在于赵某先为什么会落到这一步?其深层次的原因是什么?这需要我们深刻反思。

第一,要反思国企高管的任命制度。国企总经理,甚至副总经理、总工程师、总会计师、总经济师,绝大部分由国资委任命,有的由党的组织部门任命。在中央企业中,由国资委或组织部门任命的几乎达100%。在公司制企业尤其是股份制企业中,如此任命企业高管不仅不符合《公司法》,这些高管是否具有企业家才能也很值得怀疑。尽管一些企业高管是国资委以所谓“全球招聘”形式聘用的,但国资委终究不是在市场上打拼的经营者,对经营者能力的认知不一定符合市场的需要,或者说,国资委很难对优秀经营者“独具慧眼”,这恐怕是国企高管屡屡出事、国企经营效率不高(一些表面上高效率的企业实际上是受益于垄断)的一个重要原因。

第二,要反思国企董事会制度是否真正到位。在董事会无法左右高管任免的情况下,试图让董事会履行其职责是很难的。这是因为董事会无须也没有动力来监督企业高管的行为。由于董事会不作为,国资委又远离决策现场,企业高管独断专行甚至越权也就在所难免了。更进一步,国资委对高管的任命为董事会推脱责任提供了借口,企业高管不是董事会任命的,董事会当然可以无视高管的失职行为。

第三，要反思独立董事和监事会制度是否有效。国企独立董事基本上都是由大股东国资委委派的，他们无疑代表国资委的意志。既然由独立董事来监督企业高管，为什么企业高管还会有失职或越权行为呢？这意味着国有企业的独立董事制度的失效，独立董事并没有尽到对高管的监督职责。其实，独立董事应该代表中小股东而非大股东意志，在独立董事代表国资委意志，同时国资委又派出监事（也代表国资委）的情况下，独立董事和监事的职责难免会发生矛盾甚至冲突，或者一方搭另一方的便车，结果是谁也不想监督，最终造成监督缺失，独立董事和监事皆成为摆设。

第四，要反思中小投资者权益的保护机制是否建立和运行。包括中央企业在内的很多国有企业已经上市，国资委只是大股东。在这种情况下，需要有一些保护中小股东的有效机制，如累计投票、类别股东投票、表决权排除、股东民事赔偿、中小股东维权组织等，这些机制的建立和运行会形成与大股东相抗衡的力量，从而形成有效的相互制衡机制。在这些机制缺失的情况下，大股东及其委派的高管、董事和监事很容易失去约束，可以为所欲为。

第五，要反思国企高管的任期制度是否合理。目前国有企业高管的任期沿袭公务员任期，即60岁退休制度。企业高管不同于公务员，尽管一般来说年龄偏大的高管对市场的反应能力有所降低，但同时也意味着其历经千锤百炼，经验更加丰富。只要身体健康、精力旺盛、能力很强、众望所归、股东和董事会同意，就可以继续在企业任职。在60岁“一刀切”的退休制度下，国企高管迫切希望改制，以图通过股权变更来改变国有独资或一股独大的现状，从而谋求继续留任，这就是所谓的“新59岁现象”。赵某先案显然具有这一色彩。

第六，要反思“一把手”制度是否可行。我们总是强调“一把手”制度，灌输董事长大于总经理的意识，但在企业中这是有违公司治理基本原则的。在规范的公司治理中，股东（大）会、董事会、监事会和经理层是相互制衡的制度安排，没有谁大谁小的问题。其实，董事会作为一种会议制度，董事长不过是董事会的一员，他除了负责召集董事会外，没有特别的权力，甚至独立董事都可以担任董事长。总经理则按照事先确立的合同受聘于董事会，董事会通过监督和激励来保证总经理尽职尽责。如果董事会违约，总经理也可以辞职或提起诉讼。在这里，董事长和总经理在法律上是平等的关系，他们通过合同实现相互制衡。当然，在执行层（需要特别强调，这里不是治理层），即在总经理与副总经理、部门经理和职工之间，还是有职权大小之分的。治理层过于强调“一把手”，是造成“一把手”专权的重要原因。

资料来源：高明华．董事会监事会何以都失效了？．上海证券报，2007－07－18．

问题讨论：

1．监事会监督陷入困境的原因是什么？

2．如何才能发挥监事会监督的有效性？

第6章

高级管理者激励机制设计

学习目标

1. 了解高级管理者的界定、特征与选任；

2. 掌握公司高级管理者的激励与约束机制的形式和特点。

素养提升

1. 职业经理人制度是具有中国特色的人力资源管理制度，是树立国有企业市场主体地位、完善公司法人治理结构、创新企业管理制度和机制、提高企业市场竞争力、更好地发挥企业家作用的重要途径。

2.《中共中央关于全面深化改革若干重大问题的决定》指出，要推动国有企业完善现代企业制度。健全协调运转、有效制衡的公司法人治理结构。建立职业经理人制度，更好发挥企业家作用。

3. 习近平总书记在庆祝中国共产党成立95周年大会上指出，“全党要坚定道路自信、理论自信、制度自信、文化自信”，“中国共产党人和中国人民完全有信心为人类对更好社会制度的探索提供中国方案”。①

4. 对中国企业来说，在探索建立现代企业制度的过程中，既要借鉴国际上成熟先进的现代企业制度的一般准则和规范，又要根据自身经济、文化等特点，把现代企业制度的一般原理与企业具体实际相结合，探索具有自身特色的现代企业制度。

① 习近平．在庆祝中国共产党成立95周年大会上的讲话．人民日报，2016-07-02.

学习导图

高级管理者在公司的经营发展中起到了举足轻重的作用，鉴于委托-代理理论下，高级管理者与股东利益不一致，设计高级管理者的激励机制和约束机制就变得十分必要。为此，本章以高级管理者为主线，循序渐进地介绍高级管理者的界定与特征、高级管理者的选任以及激励与约束机制。

在学习过程中，应重点掌握高级管理者激励与约束机制的设计。

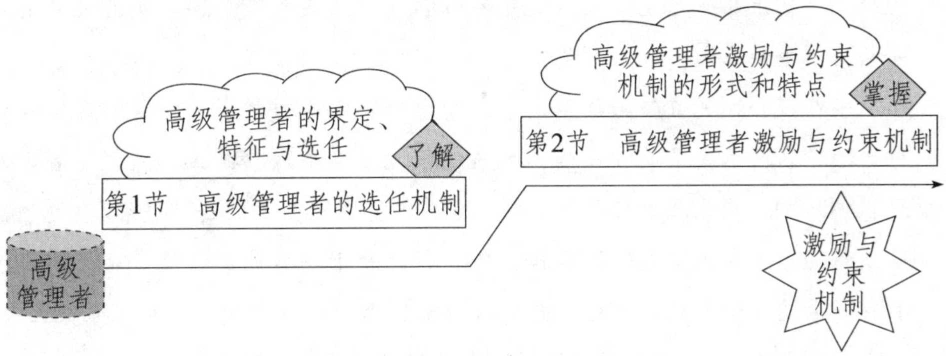

引 例

美的集团职业经理人——方洪波

何享健与方洪波的交接，是国内家族企业将管理权“让渡”给职业经理人的典型案例之一。

回看2012年，对于刚经历了上一财年利润增速不及预期的美的来说，指挥棒由何享健转至方洪波可谓一着险棋。

2012年以前，家电市场迅速增长，美的也随之一路狂奔。“上规模”战略让美的拥有超过两万个产品型号。与之对应的是，美的的组织结构、人员规模显得臃肿，仅美的日用家电事业部就在国内开设了超过60家销售公司。与庞大规模相悖的是，无论是空调、冰洗还是日用家电，美的利润率较海尔、格力等厂商均没有明显优势，甚至处于较低水平。美的利润增速远低于营收增速。规模化战略正侵蚀美的的盈利。对于新任主帅来说，缩减营销规模、砍去不必要的产品线是当务之急，但这势必带来阵痛。

另一个不确定性则来自新帅本人。方洪波并非管理学出身，亦非公司创业元老。接班何享健之前，这位历史专业出身的经理人曾在美的内部刊物《美的报》、美的空调事业部国内营销公司等部门任职。尽管攻读了 MBA、管理过空调事业部，但对于接手一个家族企业的方洪波来说，如何平衡董事会与大股东的关系，能否把握公司战略方向，都是难题。

方洪波接手后，美的关闭了超过 10 个工业园区和制造基地，砍掉 7 000 个产品型号，将营销体系扁平化，裁减销售人员乃至管理层。与此同时，方洪波所推进的战略包括全球化、智能制造等。具体到业务上，更早地发力线上渠道，除了空调以外的产品多元化，成为这些年包括新冠肺炎疫情期间，美的逐步胜过老对手格力的重要原因。

业绩以外，更重要的是，以方洪波为代表的美的董事会和以何氏家族为代表的大股东之间达成了某种平衡：大股东较大限度地放权给经理人，后者则对外表现低调，并未强化个人在品牌中的形象，仅称自己为美的的“过客”。这一点与另一头部经理人——快人快语的格力电器董事长董明珠截然相反。这可能是经理人截然不同的个性所致，也可能是美的的家族企业特质所致。“毕竟不是血缘关系，而是雇佣关系”，方洪波曾这样描述自己和何享健之间的关系。

如何把握信任的度，是创始人和职业经理人共同的必修课。据报道，在方洪波上任初期，面对外界压力时，何享健曾向方洪波表示，“做你想做的”。方洪波任期内，美的管理层曾出现变动，而这被部分解读为何享健愿意让方洪波获得更集中的管理权。

近年来，何享健鲜少在美的公开活动上露面，也几乎不对方洪波治下的美的予以置评。外界很难得知何享健在美的战略转型上起了多大的作用。这正是创始人决定任用职业经理人之后的智慧。

资料来源：AI 财经社，2020 - 09 - 08.

第 1 节　高级管理者的选任机制

一、高级管理者的界定与特征

（一）高级管理者的界定

高级管理者（senior executives，简称高管层）是指在现代企业中，对法人的财产拥有经营管理权，承担法人财产保值增值责任的企业高级经营管理者。这类管理者由企业聘任，以自身的人力资本出资，以经营管理企业为职业，并以此获得报酬和剩余索取权。根据我国《公司法》第二百六十五条，高级管理人员，是指公司的经理、副经理、财务负责人，上市公司董事会秘书和公司章程规定的其他人员。

（二）高级管理者的特征

1. 市场化

高管层市场化是指打破企业经营者的行业分割和部门所有，企业经营者主要依靠市场机制来配置，在市场竞争中实现优胜劣汰。从事企业经营的人员具有市场竞争意识，把市场选择作为从事本职业的前提条件。

2. 职业化

职业化就是以企业经营和管理为职业。这种职业特点使得职业经理本能地追求企业盈利。首先，高管层要遵守职业道德，即遵守那些公认的职业规范与要求，能够自觉地以此为指导原则。其次，高管层要遵从规律，即相信在企业的发展和运行中存在着不以人的意志为转移的规律，经营企业的力量并不来自个人的魅力而是来自对规律的把握，由此获得人格的独立，个人不会违背商业原则或过度依赖超经济力量获取成功。

3. 高度专业化

专业化意味着对所做工作具备较高水平的知识和技能。高管层的专业化体现为四点：第一是界限感，即他们非常清楚自己是做什么的，对工作及其范围有着十分清楚的界定；第二是专业感，即在自己的责任范围内有更多的知识和技能，比一般人更懂得如何解决出现的问题；第三是非常清楚自己的局限性，既然了解自己在专业范围内的所长，当然也就知道自己在其他方面的局限；第四是流程化，相信纠正错误最好的办法就是通过流程将行为程序化，抑制越轨行为。

4. 职业合约化

高管层之所以能够管理他人，调动资源，将单个人的力量凝聚为更大的合力，前提在于合约。高管层的权力行使范围是有限的，权力的来源也是有前提的，只有在有约在先的情况下才有权力，只有在合约规定的范围和程度内权力才有效。职业经理非常懂得运用合约来管理，这是职业化的重要标志。

5. 具有明显的品牌效应

高管层以经营和管理为职业，获得多少薪酬完全取决于其经营管理水平。在聘用之前，品牌效应是判断高管层的一个重要标志。如果一家企业经营得不好，高管层的职业生涯可能就终结了。如果高管层服务的企业是一些不入流的企业，则很难得到高评价或高报酬。高管层非常重视自己的品牌声誉，有时之所以不干偷税漏税之类的坏事，并不完全是因为道德高尚或者惧怕法律的惩罚，而是受到声誉的制约。

二、高级管理者制度

高级管理者制度与现代企业制度是相适应的。在现代市场经济体制下，董事会把企业的经营管理决策权交给最有能力管理公司的人。高级管理者是企业的一种稀缺资源。通过建立相应的制度来调节、配置，从而使资源流向最优行业和企业，使得高级管理者价值最大化，让所有者以最低的代理成本找到最合适的高级管理人才，是提升企业组织活力和经营效率的关键所在。

高级管理者制度是把一种社会职业与一种社会职位相联系的制度，是企业高级管理者通过职业化、市场化、专业化和国际化的进程来建设的制度，包括以下几项具体制度。

（一）市场配置制度

高级管理者的竞争、选拔与聘用是该制度的精髓所在。高级管理者在市场上的价格是选聘制度的关键。竞争选聘就是挑选一个既有高超管理才能又有积极工作态度的高级管理者来做公司的经理。然而，经理人的能力和努力程度并不是一蹴而就的，需要一个厚积薄发的过程，通常是通过经理人在公司长期的工作绩效，进而在经理人市场中建立的职业声誉和良好口碑来体现的。高级管理者的人力资本价值是通过经理人市场来表现的。如果一个经理能够为企业带来良好的经济效益，那么他的人力资本价值就高；如果一个经理不但不能为企业盈利，反而将企业搞得一塌糊涂，甚至债务累累，他就很可能被辞退。因此，从长远来看，高级管理者就算为了自身利益也会努力工作，因为只有这样才能保持其人力资本在市场上的价值，突出自己的优势，给市场留下好印象，让更多的企业来选择自己。

（二）业绩评价制度

高级管理者业绩评价是指选用特定的指标体系，采用相应的评价方法，运用相应的评价标准，对高级管理者在任期内的经营业绩进行科学、客观和公正的综合性评价。高级管理者的业绩评价制度是一切激励与约束的基础。一般企业的所有者即股东是高级管理者经营业绩的主要评价者。董事会的薪酬委员会是高级管理者经营业绩评价的主要审核机构。

（三）监督约束制度

要做到监督约束，首先要完善监督制度，加大监督力度，切实做到外部约束和内部约束有机结合。外部约束包括国家法律法规、社会伦理道德和高级管理者市场制度。国家法律法规关于高级管理者职责权利、限制滥用权力、不得侵害所有人财产、违法究责等的规定，形成对其具有强制力的外部约束。社会伦理道德的外部约束是指一个国家或者社会主流的价值准则、伦理、观念等对高级管理者态度、行为等的影响及约束，它不是通过相关的法律制度，而是通过根植于一个社会文化之中的、具有广泛社会认同和潜在约束力的道德准则体现出来。高级管理者市场的资源配置、评价选择、合理使用、激励和约束等方面的因素构成了高级管理者市场制度。内部约束则是指出资人与高级管理者之间通过合同契约等方式形成的一种权责利相互约束的制度。

三、高级管理者的选任

高级管理者选任机制主要解决的是如何挑选出有能力的高级管理者的问题，它是激励与约束机制有效发挥作用的前提条件。高级管理者选任制度的核心是由谁以何种方式选择高级管理者。

（一）高级管理者选任的分类

根据选任主体、选择方式和来源的不同，高级管理者选任可以分为以下几类。

1. 竞争选任和指派选任

竞争选任是通过竞争机制在公司内外经理人市场进行选拔，择优聘用。其好处是能够通过相对公开、透明的形式，选择真正有能力的人出任高级管理者。

指派选任是上级主管部门作为出资人选择和委任经理人员。其弊端是把经营者准官员化，经营者成为从属于行政官员的群体，不能形成正常的经营者更换机制，优胜劣汰规律得不到体现。

2. 内部提拔和外部聘任

内部提拔的高级管理者熟悉公司和工作，他们多年的工作经验有助于保证公司运作的连续性。因此，如果公司发展得比较成功，内部提拔高管能够确保公司业务平稳。

外部聘任则常常发生在董事会对经营绩效不满，或公司发生战略变革时。外部聘任的管理者往往不拘泥于公司已经形成的业务模式与管理团队，更注重通过改变为公司带来业绩提升。虽然外聘的高级管理者经验丰富，但如果他们无法很好地适应组织，企业的经营业绩可能无法得以改善。

（二）高级管理者选任的影响因素

高级管理者选任方式受到许多因素的影响，如高级管理者市场、企业规模以及其他因素。

1. 高级管理者市场

从技术方面来看，如果把选择的维度确定为选择的范围、成本和企业专用性，那么高级管理者市场选择机制的特点是选择范围大、选择成本高。首先，由于市场选择的范围大，得到有较强能力的高级管理者的可能性就大。其次，相对于企业内部选择，市场选择方式下涉及被选择者能力的信息不对称程度高，较高的信息搜寻和甄别费用导致市场选择成本较高。最后，市场选择可能难以考虑到被选择者的企业专用性。对企业来说，许多信息或知识是高度专用的，因此，市场选择会带来较大的不确定性。内部选择则具有与市场选择相反的特点，即选择范围小、选择成本低、企业专用性高。由于市场选择与内部选择存在互补性，在确定高级管理者的选择方式时需要综合权衡。

2. 企业规模

对于规模较大的企业来说，起主导作用的是关于被选择者能力的信息不对称程度，大企业对高级管理者知识和才能的专用性要求较高，一般有自己的企业文化和经营理念，因此，高级管理者应以内部选择为主。对中小企业而言，起主导作用的是高级管理者的才能。在同样的信息不对称程度下，不同的选择方式在选择范围上相差较大，况且中小企业对高级管理者知识和才能的专用性要求并不是很高，因此高级管理者应当以市场选择为主。

3. 其他因素

其他一些因素也可能会影响高级管理者的选择。例如，当企业需要进行战略调整、战略转移或企业的经营遇到困难时，高级管理者很可能以市场选择为主，因为这时企业需要的是创新发展思路，调整经营方向，而市场选择的高级管理者较少受到原有思路的约束，便于企业创新。当企业处于正常的新旧交替时，为了保证企业经营思想和策略的连续性，高级管理者一般应以内部选择为主。

事例6-1

央企改革再提速：总经理由任命制改为提名制

2018年1月22日，国资委官方网站发布一则题为“11家央企80位领导人员职务变动”的信息，引人关注的是央企总经理由任命改为提名。由此透露出一个重大变化：改制后的央企，公司董事长作为公司出资人代表，由履行出资人职责的国资委直接任命；对于公司总经理，国资委只是提名人选，授权公司董事会任命。

比如，国资任字〔2017〕120号文件显示，“经研究，任命孟凤朝为中国铁道建筑有限公司董事长；庄尚标为中国铁道建筑有限公司董事，提名为中国铁道建筑有限公司总经理人选。原中国铁道建筑总公司董事会和领导职务自然免除”。国资任字〔2017〕118号文件显示，“经研究，任命刘化龙为中国中车集团有限公司董事长；孙永才为中国中车集团有限公司董事，提名为中国中车集团有限公司总经理人选；提名贾世瑞、魏岩为中国中车集团有限公司副总经理人选。原中国中车集团公司董事会和领导职务自然免除”。

“总经理由国资委任命改为提名人选，其任命权交给董事会，是改革授权经营体制迈出的重要一步。”中国人民大学国企改革与发展研究中心研究员李锦撰文称。他认为，“以管资本为主”正成为国资改革的突破口，国资委通过授予经营权，让企业更好地进行公司治理与市场化经营，有助于促使国企真正成为依法自主经营、自负盈亏、自担风险、自我约束、自我发展的独立市场主体。

资料来源：央企改革再提速：总经理由任命制改为提名制．华夏时报，2018-01-25.

延伸阅读6-1

国有企业推行职业经理人制度

2015年在《中共中央、国务院关于深化国有企业改革的指导意见》（中发〔2015〕22号）中明确提到，“推行职业经理人制度，实行内部培养和外部引进相结合，畅通现有经营管理者与职业经理人身份转换通道，董事会按市场化方式选聘和管理职业经理人，合理增加市场化选聘比例，加快建立退出机制”；2016年国企改革“十项试点”任务中提出推行职业经理人制度试点；2018年国务院国企改革领导小组办公室启动国企改革“双百行动”，要求健全市场化经营机制，并再次明确探索职业经理人制度。

经理层成员任期制和契约化管理是基于中国特色现代企业制度的新型经营责任制，是激发企业内生活力动力的关键举措，是实现国有企业高质量发展的必然要求。经理层成员任期制和契约化管理改革，是国企改革三年行动的“标志性改革动作”，是国有企业三项制度改革的“牛鼻子”。《国企改革三年行动方案（2020—2022年）》要求到2022年，国有企业子公司全面推行经理层成员任期制和契约化管理，2021年内要完成70%。

第2节 高级管理者激励与约束机制

一、高级管理者激励机制

高级管理者激励就是通过设计适当的奖酬形式和工作环境，以一定的行为规范和惩罚性措施，借助信息沟通来激发、引导、保持和归化公司高级管理者的行为，以有效实现公司及个人目标的系统活动。按照激励的形式和内容，可分为物质激励机制和非物质激励机制。

（一）物质激励机制

物质激励指运用物质的手段使受激励者得到物质上的满足，从而进一步调动其积极性、主动性和创造性。管理者的物质激励一般由工资、奖金、利润分成、股票、股票期权、年金等构成。每一种形式的激励各有优缺点：年薪制可以提供可靠的收入，起到保险作用，但没有足够的激励性；奖金、利润分成、股票等一般与当年的经营业绩等相联系，具有一定的刺激作用，但容易驱使管理者采取短期行为；年金、管理者持股、管理者股票期权等有利于公司的长期业绩，最具激励性，但时间太长，风险太大。

高管层的薪酬结构有比较明显的变化趋势：固定薪酬的比例呈递减趋势，而激励性薪酬的比例呈增长趋势。公司应当根据技术、规模、市场、发展目标以及管理者的情况，设计出不同形式的报酬组合，既保证管理者因提供经营管理服务而获得基本的收入，又将管理者的风险性收入与公司的长期整体发展水平相联系。

事例6-2

酒鬼酒高管薪酬过千万元超贵州茅台

据《证券日报》记者统计，截至2018年4月18日，沪深两市共有7家白酒企业发布了2017年年报，其中高管年度薪酬总额数据显示，7家公司中仅有酒鬼酒高管年度薪酬总额超过千万元，其他公司均为百万级薪酬。

从7家酒企近3年公布的高管薪酬总额变化来看，酒鬼酒高管薪酬从2015年的1 492.24万元，降至2017年的1 009.9万元。而泸州老窖、今世缘、贵州茅台、金种子酒、伊力特、顺鑫农业6家公司2017年高管年度薪酬总额分别为979.96万元、970.76万元、721.02万元、269.82万元、263.1万元、227.4万元。通过上述数据可以看出，酒鬼酒高管薪酬总额超过贵州茅台高管年度薪酬，成为7家酒企中高管薪酬总额最高的酒企。

值得一提的是，酒鬼酒高管薪酬总额虽然超过贵州茅台，两家公司的净利润都实现六成以上的增长，但从营收规模来看，两家却无法相提并论。

年报数据显示，2017年，酒鬼酒实现营业收入8.78亿元，同比增长34.12%；实现净利润1.76亿元，同比增长62.17%。而贵州茅台2017年营业收入为610.62亿元，同比增长52.06%；实现净利润270.07亿元，同比增长61.97%。

资料来源：夏芳．7家酒企年报出炉 酒鬼酒高管薪酬过千万元超贵州茅台．证券日报，2018-04-19.

1. 年薪制

年薪制（annual salary system）是最基本的管理者激励机制，是指企业以年度为单位，根据经营者的生产经营成果和所承担的责任、风险，确定其工资收入的工资分配制度。

年薪制是世界各国普遍采用的一种经理报酬制度。英美模式的经理报酬制度主要由基本年薪、年度奖金、长期激励、养老金计划和津贴组成，其中长期激励项目（股票、股权等收入）在经理人员总薪酬中所占比重较大，经理报酬与普通员工收入差距很大。德日模式的经理报酬制度中长期激励项目比重很小。德国企业经理报酬结构中几乎不设长期激励项目。日本企业经理虽然持有本企业一定股票，但其股票收入和损失都非常小。而且，德日公司经理的报酬与普通员工收入差距相对较小。

事例6-3

上市公司高管年薪最高相差448倍

2015年，方大特钢董事长钟崇武以2 019.34万元的年薪在上市公司高管年薪排行榜中夺冠，这也是他连续四年入围上市公司高管年薪排行榜前三（2012年位居第三）。同时，钟崇武的年薪是排名第四的万科A总裁郁亮（998.9万元）的两倍，是排名第16的格力电器董事长董明珠（697.7万元）的三倍，为最末位ST宏盛董事马婷婷的448倍。

资料来源：岳琦．上市公司高管年薪最高相差448倍 方大特钢董事长钟崇武2019万登顶．每日经济新闻，2016-06-02.

年薪制是我国目前主要的高管层报酬制度，由基本收入和风险收入构成。基本收入体现了高级管理者的人力资本的价格，一般以公司职工平均工资为基数，结合公司规模及其他因素来确定。风险收入是对高管层超额贡献的奖励，从机会成本的角度来讲，是高级管理者决策失误时分担经营风险的形式。有时为了防止高级管理者的短期行为和规避未来的风险，可以采取年薪制不同程度延付的形式。

（1）年薪制的优点。

1）年薪制可以充分体现经营者的劳动特点。企业可以根据经营者一个年度以及任期内的经营管理业绩，确定与其贡献相称的年度和长期报酬水平以及获得报酬的方式。

2）年薪结构中含有较大的风险收入，有利于在责任、风险和收入对等的基础上加大激励力度，使经营者凭多种要素广泛深入地参与企业剩余收益分配，使经营者的实际贡献直接反映在当期各类年薪收入的浮动之中，并进一步影响其应得的长期收入。

3）年薪制可以为广泛实施股权激励创造基础条件。企业既可以方便地把年薪收入的一部分直接转化为股权激励形式，又可以组合多种股权激励形式，把经营者报酬与资产所有者利益和企业发展前景紧密结合起来。

4）高薪养廉。高薪不仅能对高管层产生激励，而且能对抑制“管理腐败”行为起到积极作用。高薪本身构成了“管理腐败”的机会成本。实行高管层年薪制可以使高管层取得较满意的收入，在一定程度上减少“管理腐败”。

(2) 年薪制的缺点。

1) 年薪制无法调动经营者的长期行为。公司高管层时常需要独立地就公司的经营管理以及未来发展战略等问题进行决策，诸如公司并购、公司重组及重大长期投资等，这些重大决定给公司带来的影响是长期的。在执行计划的当年，公司财务记录大多是执行计划的费用，计划带来的收益可能很少或者为零。出于对个人利益的考虑，高级管理者可能倾向于放弃那些有利于公司长期发展的计划。

2) 年薪制只考虑了企业的年度收益，在信息不对称的情况下，会导致高级管理者行为短视化；在缺乏激励的情况下，高级管理者可能通过其他渠道获取收入，通过各种途径寻租。

(3) 年薪制的实施条件。作为一种企业薪酬制度，高管层年薪制的实施需要良好的环境。

1) 以现代企业制度为基本的运行条件。主要包括：企业所有权与经营权分离，以保证高级管理者有独立的决策经营权；实行公开招聘、优胜劣汰制度，保证高级管理者的高素质；以契约形式确立高级管理者的责权利，通过一套科学、严密、完善的监督体系和内部管理机制制衡和规范经营者行为。

2) 有科学的外在评估机制。只有对企业资产和经营状况进行准确的评估，才能确定高级管理者的基本薪酬和风险收入。这取决于两个条件：一是全面反映企业经营状况的指标体系；二是社会评估机构的介入。

对企业经营状况的考核必须全面，包括企业资产的保值增值情况、企业盈利、偿还债务和企业成长的能力以及技术改造的投入、新产品研发投入和人力资源状况。社会评估机构必须有强大的评估力量，能够公正、客观地评价企业经营状况和高级管理者的工作绩效。

3) 理顺高级管理者与出资者的关系，使企业业绩能够与高级管理者的劳动付出和经营水平紧密联系在一起。

2. 高管层持股

高管层持股是指公司高管层和核心技术人员通过适当的制度安排和机制设计，持有一定比例的股权，参与企业部分剩余分享，以改善其收入结构，激励其采取有利于公司长期经营业绩的行为。主要形式包括：

(1) 股票期权 (stock option)。即在既定的公司治理结构框架下，公司最高权力机构向高级管理者或特殊员工授予股权，以期获得长期激励效应的一揽子激励制度安排。其中，股权安排形式主要包括限定性股权赠予、绩效股赠送、优惠售股、虚拟股票等；期权安排形式主要是指公司给予员工在未来时期内以预先约定的价格购买一定数量本公司普通股票的权利，通常针对公司高级管理者，近年有从经理层向关键雇员扩散的趋势。

事例6-4

股票期权制度在美国普及

1952年，美国辉瑞制药公司为了避免公司主管的现金薪酬被征收高额所得税，在员工中推出了全球第一个股票期权计划。随后，股票期权在美国得到突飞猛进的发展。据统计，截至2012年，在《财富》1 000强美国公司中，90%以上的公司推行了股票期权。

2019年美国行政薪酬数据公司Equilar调查了200家大型上市公司CEO的薪酬。研究发现，马斯克是2018年薪酬最高的CEO，年薪接近23亿美元，超过了排在他后面的65位CEO的薪酬总和。他的工资只有5.5万美元，薪酬主要来自股票期权。特斯拉员工的平均工资为5.6万美元。

资料来源：马斯克成2018年薪酬最高CEO 年薪接近23亿美元．东方财富网，2019-05-28.

事例6-5

首获股权奖励，库克年薪接近1亿美元

2022年1月7日，苹果公司向美国证券交易委员会提交的股东委托书显示，上年苹果公司CEO蒂姆·库克总薪酬为9 873万美元（约合6.3亿元）。这是库克自2011年8月晋升为CEO以来首次获得股权奖励。

库克2021年基本工资为300万美元，8 235万美元股票属于限制性股票，会逐步兑现，包括4 485万美元的绩效股票奖励和3 750万美元的任期股票奖励。

另外，库克在2021年拥有超过500万股股票，总计净赚7.54亿美元。这500万股股票是早些年授予的，因此7.54亿美元不计入2021年薪酬。同时，库克还获得了1 200万美元的非股权激励计划薪酬和139万美元的其他薪酬。其他薪酬包括401(k)计划的1.7万美元、3 000美元定期人寿保险费、2.3万美元假期支出、63万美元安全费用和71万美元个人航空旅行。出于安全原因，苹果自2017年起要求库克在所有商务活动及个人旅行中乘坐私人飞机出行。

库克的薪资一直不低。2020年库克薪资总计1 477万美元，2019年总计1 156万美元，2018年总计1 570万美元。自2020年以来，库克的净资产已超过10亿美元。他接手苹果时，苹果市值只有3 490亿美元，但前不久苹果的市值一度达到3万亿美元，十年多时间增加了2万多亿美元。

资料来源：AI财经社，2022-01-07.

1）股票期权的理论依据。股票期权能对公司高管层发挥激励作用，所依据的逻辑是：高管层努力工作，切实影响公司产出增加；公司产出增加，又切实影响公司股价上涨；公司股价上涨，使得高管层所持有的股票期权价值提高，高管层的努力得到补偿，由此形成良性循环。

延伸阅读6-2

期股和股票期权的区别

期股是高级管理者在一定期限内，有条件地以约定价格取得适当比例的企业股份的一种激励方式。在独资企业中，期股是对高级管理者获得年薪以外的特别奖励实行延期兑现的激励方式。

股票期权是指根据特定的契约条件，赋予公司高级管理者在一定时间内按照某个约定价格购买一定数量公司股票的权利。这种激励制度兼有报酬激励（高级管理者通过取得该股权的代价与资本市场上该股权的价格之差获取报酬）和所有权激励（作为公司股东，享有获得公司分红的权利和相应的股东影响力）。该项制度是公司高级管理者薪酬构成中的重要组成部分。一般而言，实施该项激励制度的企业大多是上市公司。

2）股票期权实施条件。一是只有在与业绩挂钩的变动薪酬占高级管理者总薪酬的相当比例时才可能达到激励效果；二是企业价值的增加主要来源于高级管理者的努力，企业绩效、企业价值的增加、高级管理者的努力都可以通过证券市场进行观察，并以股价的高低作为评价标准；三是高级管理者薪酬机制建立在一整套关键业绩指标考核基础之上，而且薪酬机制要与公司整体的战略目标一致，以保证薪酬激励效果最大化。

3）股票期权实施中的关键内容。高管层股票期权制度首先是对公司权利与利益格局的重要调整，是公司的财产所有权安排，在更深层的意义上，它是一种新型的公司治理制度设计。在具体实施时应考虑以下内容：

①确定受益对象。应突出“激励性”而非“福利性”，重点面向小范围的公司高级管理者、技术骨干以及业务骨干。

②确定授予期权数量。根据公司的规模、资本结构以及所处的行业等来确定适当的期权数量和比例。

③确定行权价格。行权价格与市场价格之间的差价是股票期权计划的激励来源。应设置一套评价指标体系，包括净资产收益率、收入增长率、利润增长率等，综合评价后确定行权价格。

④确定行权期限。可以选择受聘、升职、年度评定等时机授予期权，实施期限以3～5年比较合适。

4）股票期权的优点。

①能够在较大程度上规避传统薪酬分配形式的不足。传统薪酬分配形式在一定程度上能够起到调动经营管理者积极性的作用，弊端是经营行为的短期化。股票期权能够在一定程度上消除上述弊端，因为购买股票期权就是购买企业的未来，企业在较长时期内业绩的好坏直接影响到高级管理者的收入，促使高级管理者更关心企业的长期发展。

②将高级管理者的利益与投资者的利益捆绑在一起。投资者注重的是企业的长期利益，高级管理者受雇于所有者或投资者，更关心在职期间的短期经营业绩。因此，如何将两者的利益挂钩，使高级管理者关注创造企业长期价值，是企业制度创新中非常重要的问题。实施股票期权，将高级管理者相当多的薪酬以期权的形式体现，能促使其注重创造企业长期价值。

③对公司业绩有巨大的推动作用。对美国38个大型公司实行期权情况的分析表明，所有公司的业绩都能大幅提高，资本回报3年平均增长率由2%上升到6%，每股收益3年平均增长率由9%上升到14%，人均创造利润3年平均增长率由6%上升到10%。

④有利于更好地吸引核心员工并发挥其创造力。核心员工对公司未来的发展至关重要。一般来讲，股票期权计划仅限于那些对公司未来成功具有非常重要作用的成员。授予核心员工股票期权，能够提供较好的内部竞争氛围，激励员工努力工作。同时，由于股票期权强调未来，能够留住绩效高、能力强的核心员工，因此股票期权是争夺和留住优秀人才并预防竞争对手挖走核心员工的有效手段。

⑤起到约束机制的作用。将公司高级管理者与公司的利益捆绑在一起，也是

一种约束机制。

5）股票期权的不足之处。一方面，只有当股票价格上升时股票期权才有价值，股东赚钱时，股票期权持有人才能赚钱；另一方面，股票期权持有人在股票价格上升时受益，在股票价格下跌时不会有实际损失。这可能激励高管层采取更野心勃勃的行动，如提高公司资产负债比例，涉足风险很大的活动如并购，由此采取更为冒险的会计行为。这些行动的短期回报非常吸引人，但长期来看可能会损害股东利益。

（2）限制性股票（restricted shares）。限制性股票和股票期权作为两种针对员工的长期激励工具，涉及激励对象的心理和行为。不论是股票期权还是限制性股票，都属于期权类激励。

限制性股票是专门为了某一特定计划而设计的激励机制。限制性股票是指公司高级管理者出售这种股票的权利受到限制，亦即高级管理者对股票的拥有权受到一定的限制。限制性股票是只要满足限制条件就无偿给予的股票，限制条件可分为两种，即服务年限或者事先设定的业绩目标。

事例6-6

伊利股份实施限制性股票激励计划

2019年8月，伊利股份（600887）公布了《2019年限制性股票激励计划》，根据该计划，公司拟向激励对象授予182 920 025股限制性股票，股票种类为人民币A股普通股，占本激励计划草案公告时公司总股本6 097 125 108股的3.00%。这也是伊利股份第四次实施股权激励计划。根据伊利股份公布的方案，此次激励对象包括公司在职董事、高管、核心技术（业务）骨干等共计474人，是伊利股份历次股权激励中人数最多的一次。

早在2014年，伊利股份就提出了在2020年实现“五强千亿”的目标：实现全球乳业五强和营业收入突破千亿元。彼时，伊利股份的收入只有477.79亿元，利润为32.01亿元，利润率只有6.7%，行业正处于转型期，市场同质化严重，饱和度高，市场的不确定性以及高不可攀的目标让团队士气和信心严重不足，内外部阻力巨大，目标实现进展缓慢。

2016年，伊利股份推出限制性股票激励计划，激励对象是270余名核心业务和技术人员。正是这一关键时期的关键举措，把个人利益与企业发展目标牢牢捆在一起，在接下来的三年里伊利股份实现了高速稳健增长，陆续推出安慕希、畅轻、金领冠睿护等战略性产品，高端产品金典品牌突破销售百亿元大关，造就了2018年798亿元收入、60亿元利润的行业奇迹，与蒙牛拉开100亿元收入的差距，利润更是蒙牛的近两倍。“这个业绩的实现离不开稳定和战斗力超强的团队。”伊利集团董事长兼总裁潘刚在投资者见面会上动情地说。

2018年伊利股份再次提出2030年成为全球乳业第一、全球健康食品前五的宏远目标。在这个发展的重要关口，伊利股份再一次推出股票激励计划，让企业与核心团队的目标高度一致，显然将为伊利股份未来的发展提供新动力。本次限制性股票激励计划所营造的“共赢”之局，也将成为中国企业撬动世界乳业格局的重要支点。

资料来源：伊利实施限制性股票激励计划 激活核心人才团队积极性．中国新闻网，2019-08-07.

（3）管理层收购（management buy-out，MBO）。即公司高管层借助金融杠杆购买本公司股份，实现资产重组，改变公司所有权结构，达到持股控制企业所有权的目的。从理论上讲，作为专用性人力资本投入者的高级管理者通过MBO又具有了出资者（非人力资本所有者）的身份。通过MBO获得的私有产权能激励管理者更有效地利用资源，MBO将人及附加在人身上的管理要素、技术要素与企业分配的问题制度化。管理者的职能化是现代公司发展的大趋势，MBO本身并不代表一种高效率的产权结构，很大程度上是一种实现产权结构高效率的手段。为了提高产权效率，通过MBO获得所有者地位的管理者在双重身份中会逐渐选择一种主要身份，例如自己作为所有者而另外聘用专职管理者，从而真正完成从管理者到所有者的身份转换。

事例6-7

K公司的“一二三渐进式”股权激励

K公司是一家网络科技公司，主要开发手机应用软件。公司创始人周董（董事长）持有公司100%的股份。为了推动公司快速发展，吸引更多优秀人才加盟，也为了提升员工的工作积极性，留住更多优秀人才，周董在年初决定对公司的核心高管推行“一二三渐进式”股权激励方案。总体方案如下（省略了更多细节部分）：

（1）此次股权激励对象包括公司总经理、副总经理、技术总监、市场总监和销售总监 5 位高管。

(2) 高管完成个人的绩效指标，公司分别授予总经理 8%、副总经理 4%、市场总监 2%、销售总监 2%、技术总监 2%的虚拟股份，年底可以参与分红。

(3) 两年之后，虚拟股份激励对象完成个人的绩效指标，可以将虚拟股份中的一半股份转化为实股，剩余部分仍然享有身股分红。购股资金从当年红利中扣除，多退少补，不足部分可以延迟两年补齐。购买价格以当期股份评估价格的五折为标准。

(3) 获得公司实股后，激励对象的股份进入 3 年锁定期。这 3 年内会逐渐释放解锁。第 1 年解锁 34%，第 2 年解锁 33%，第 3 年解锁 33%。

(4) 激励对象离开公司，解锁的股份需要先售卖给公司，售卖价格以当期价格为准。未能解锁的部分以及剩余的虚拟股份视为自动放弃，但是购股资金会原额返还。

资料来源：臧其超．股权战略：构建共赢体系，引爆财富效应．北京：中国经济出版社，2021：41.

事例 6-8

美的集团与格力电器高管激励分析

一、管理层报酬与持股情况统计

根据美的集团股份有限公司 2021 年年度报告和珠海格力电器股份有限公司 2021 年年度报告，两家公司高管人员的薪酬和持股情况分别如表 6-1、表 6-2 所示。

表 6-1　美的集团管理层报酬与持股情况

姓名	职务	年龄	从公司获得的税前报酬总额（万元）	期末持股数（股）
方洪波	董事长、总裁	54	1 160	116 990 492
殷必彤	董事、副总裁	53	728	2 109 655
顾炎民	董事、副总裁	58	564	0
王建国	董事、副总裁	45	464	0
张小懿	副总裁	48	581	516 575
胡自强	副总裁	64	371	400 000
王金亮	副总裁	54	381	340 000

续表

姓名	职务	年龄	从公司获得的税前报酬总额（万元）	期末持股数（股）
李国林	副总裁	45	394	400 700
伏拥军	副总裁	53	678	200 000
管金伟	副总裁	42	626	535 000
钟铮	首席财务官/财务总监	40	361	276 152

表6-2 格力电器管理层报酬与持股情况

姓名	职务	年龄	从公司获得的税前报酬总额（万元）	期末持股数（股）
董明珠	董事长、总裁	67	1 098	44 488 492
邓晓博	董事、副总裁、董事会秘书	46	46.67	
庄培	副总裁	57	260	5 955 202
谭建明	副总裁、总工程师	57	400	1 297 300
舒立志	副总裁	52	150	
廖建雄	财务负责人、总裁助理	48	122.89	
方祥建	副总裁	44	280	167 400

二、美的集团与格力电器的股权激励方案

（一）美的集团

美的集团的股权激励计划包括股票期权激励计划、限制性股票计划以及合伙人持股计划等。

1. 股票期权激励计划

2014—2021年，美的集团共实施了八期股票期权激励计划（见表6-3）。八期股票期权计划均为向授予对象定向增发，授予对象主要为中基层管理人员和研发、制造、品质及其他业务技术骨干人员。前两期股票期权激励计划行权条件要求企业扣非净利润较行权期的上一年增长15%以上，净资产收益率不低于20%。第三期至第六期股票期权激励计划的行权条件是企业的年度扣非净利润不低于前三年的平均值，经营单位考评达标且个人考核B级以上，不出现一票否决事项。第七期股票期权激励计划的行权条件是企业的年度扣非净利润不低于前两年的平均值，经营单位考评达标且个人考核B级以上，不出现一票否决事项。第八期股票期权激励计划的行权条件是企业的年度扣非净利润不低于前两个会计年度平均值的

110%，经营单位考评达标且个人考核B级以上，不出现一票否决事项。

表6-3 美的集团股票期权激励计划

开始实施年度	期数	激励对象数量（人）	授予份数（万份）	占当时总股本比例（%）	行权价格（元）
2014	1	691	4 051.2	2.4	48.79
2015	2	738	8 430	2	31.54
2016	3	931	12 753	1.98	21.35
2017	4	1 476	9 898.2	1.53	33.72
2018	5	1 341	6 208	0.94	57.54
2019	6	1 150	4 724	0.72	54.17
2020	7	1 425	6 526	0.93	52.02
2021	8	1 901	8 248	1.2	82.98

2. 限制性股票计划

从2017年开始到目前，美的集团的限制性股票计划共实施了五期，具体情况如表6-4所示。限制性股票计划的授予对象主要为中基层核心人员，也包括个别高管人员。限制性股票计划前三期的行权条件为：年度利润不低于前三年平均利润，单位及个人考核合格，不出现否定事项。后两期的行权条件为：年度利润不低于前两年平均利润，单位及个人考核合格，不出现否定事项。

表6-4 美的集团限制性股票计划

开始实施年度	拟授予股票数量（万股）	拟授予激励对象数量（人）	占总股本比例（%）	首次授予价格（元）
2017	2 979	*	0.46	16.86
2018	2 501	344	0.38	28.77
2019	3 035	451	0.46	27.09
2020	3 418	520	0.49	26.01
2021	1 057	147	0.15	41.49

* 此处疑有误，原文如此。

3. 合伙人持股计划

从2015年开始，美的集团开始实施合伙人持股计划，最终目的是将企业的职业经理人变成企业的合伙人，实现利益共享、风险共担的机制，具体实施情况如表6-5所示。美的集团的合伙人持股计划主要是针对核心管理层，股票是通过二级市场回购取得的，回购资金来源于公司计提的专项基金及高管的部分奖励基金。考核期都是随后三年，三年的归属比例为4∶3∶3，只要公司实现了考核业绩指标，就可以将回购的股票归到激励对象的个人名下。考核目标主要是财务指标，2019年之前的主要考核指标是加权平均净资产收益率不低于20%；最近两年的方案当中，考核指标为考核期内归属于母公司净利润不低于前两个会计年度平均水平的110%。截至2021年，美的集团共实施了七期全球合伙人持股计划及四期事业合伙人持股计划。

表6-5 美的集团全球合伙人持股计划及事业合伙人持股计划

开始实施年度	项目	股数（股）	回购资金（万元）
2015	第一期全球合伙人持股计划	2 943 000	11 500
2016	第二期全球合伙人持股计划	3 874 590	8 050
2017	第三期全球合伙人持股计划	2 846 445	9 900
2018	第四期全球合伙人持股计划	3 318 540	18 250
	第一期事业合伙人持股计划	1 779 300	9 785
2019	第五期全球合伙人持股计划	2 988 966	18 582
	第二期事业合伙人持股计划	1 377 859	9 300
2020	第六期全球合伙人持股计划		18 410
	第三期事业合伙人持股计划		9 750
2021	第七期全球合伙人持股计划		20 150
	第四期事业合伙人持股计划		16 421

（二）格力电器

2019年4月9日，格力电器发布提示性公告，称格力集团拟转让其持有的格力电器总股本15%的股票，共计902 359 632股，受让方拟采用公开征集方式，由此正式宣布混改。之后不久，格力电器召开混改沟通会，厚朴基金、高瓴资本等多家公司到场。8月12日，格力电器发布公告正式公开征集受让方，这表明珠海市国资委已经同意格力电器国有股权转让方案。

2019年9月26日，以董明珠为代表的格力电器管理层出资注册成立公司，名为珠海格臻投资管理合伙企业，其中董明珠本人持股95.2%，剩余股份均由格力电器管理层成员持有。

珠海格臻作为以董明珠为代表的管理层实体，通过一系列协议在珠海明骏的实控方珠海毓秀拥有强大的话语权，占股41%，且拥有1/3的董事会席位，除了需全部董事一致同意方可通过的个别决议外，其余决议需要至少 2/3 董事会成员投赞成票才可审议通过。

通过混改设计，格力电器管理层最终成为珠海明骏的股东之一。在本次珠海明骏投资收购格力集团所持有的 15%股权的资金中，珠海格臻认缴了 13.94 亿元，占全部出资的 6.38%。除此之外，珠海博韬将其认缴的约占全额 4.72%的出资额转让给珠海格臻。经此设计，珠海格臻共认缴了本次混改中珠海明骏投资总额的 11%，这意味着珠海明骏是格力电器的第一大股东，格力电器管理层居珠海明骏的股东席位。

彻底完成股权交割后，在控制权层面，董明珠一人持股 0.739 5%，再加上其余管理层持有部分散股，合计约占 0.998%。除此之外，针对为企业做出突出贡献的核心高管及员工，为了在制度设计上更加科学，另外设计了 4%的股权激励。

资料来源：李心福．美的集团股权激励分析．中国管理会计，2021（3）．

（二）非物质激励机制

非物质激励是指采取货币以外的方式对高级管理者进行激励的一种制度设计，例如经营控制权激励、声誉激励等。

1. 经营控制权激励

经营控制权是指能在事前通过契约加以确定的控制权，即在契约中明确规定契约方在什么情况下如何使用权力。在创业企业中，特定控制权通过契约授予创业企业家，这种特定控制权就是高级管理者的经营控制权，包括日常生产、销售、雇用等权力。经营控制权对高级管理者通常会产生激励作用，使其拥有职位特权、享受职位消费，给高级管理者带来正规报酬以外的利益。

延伸阅读 6－3

职位特权

职位特权（job privileges），或称额外津贴，是由于高级管理者在企业中扮演挂名首脑、领导者、企业家、资源分配者等角色，企业为其提供的特殊待遇。一种类型的特权具有内在性，高级管理者在企业内部可以享受一些额外的优待，如豪华办公室、高档配车、专有停车位等。另一种类型的特权主要用于企业外在的商务活动，如企业支付的俱乐部会员费、住宿费、旅游费、机票费等。职位特权是高级管理者薪酬的组成部分。

2. 声誉激励

声誉是一种终极的、最高层次的激励手段，主要是指精神激励或职业声誉。声誉可以作为激励高级管理者努力工作的重要因素：一是让高级管理者获得社会赞誉、地位，以及成就感；二是带来货币收入，是一种价值较高的无形资产。

声誉等隐性激励机制是20世纪80年代经济学将动态博弈理论引入委托-代理关系研究之后企业激励理论的新发展，对企业经营者，尤其是对处于长期委托-代理关系中的经营者的激励体系设计具有积极的指导意义。声誉激励属于精神激励的范畴，其发挥作用的基础是完备的经理人市场。在市场竞争中，经理人通过长期重复博弈建立起个人声誉，包括能力、经验、忠诚度等一系列信息，从而降低交易成本、减少逆向选择的信息不对称。经理人为了维护其职业声誉，会努力工作，减少机会主义行为，这样声誉就起到了激励作用。

声誉激励机制发挥作用是一个长期的过程，只有当高级管理者预期自己将长期从事企业经营管理，并且目前的业绩、声誉的好坏会对未来的职业生涯产生决定性的影响，他才会珍视个人声誉。

事例6-9

巴菲特提醒高管：声誉就是一切

2014年，一则关于戴姆勒-奔驰弃用比亚迪电池的传言，导致比亚迪公司A股跌停，H股遭恐慌性抛售，最大跌幅近47%。最让投资者关心的是股神巴菲特是否减持比亚迪股份。

早年，巴菲特之所以投资比亚迪，主要是看重王传福的领导团队和中国新能源产业，以及电动车在全球汽车市场上迅猛发展的趋势。在2013年伯克希尔-哈撒韦的股东大会上，巴菲特表示，“我不会卖出比亚迪股份”，原因是他相信比亚迪的CEO王传福并看好比亚迪正在经营的产业。

就在比亚迪忙着就市场上的传言进行辟谣时，巴菲特恰逢其时地发出了每两年写给旗下80家公司高管的备忘录，在信中他再次强调：声誉就是一切！这似乎是向伯克希尔-哈撒韦的全球投资人和股东声明，巴菲特旗下不会有高管丑闻发生。当然，他也给高管敲响了警钟——绝不会接受这种事情的发生。

“正如我在这些备忘录里说了超过25年，”巴菲特写道，“我们可以赔钱，甚至赔很多钱，但是我们不能接受输掉声誉——哪怕是一丝一毫。”

伯克希尔-哈撒韦公司一向以信誉至上。2011年3月巴菲特头号继承人大卫·

索科尔因内幕交易路博润股票事件让巴菲特痛下“狠手”、立斩爱将，那时候巴菲特就表示，“值得我托付大笔钱的那个人，必须像箭一样笔直”。在 2022 年股东大会上，伯克希尔的股东以近 9∶1 的比例投票决定继续让已经 92 岁高龄的巴菲特担任董事长和 CEO。自 1965 年起，巴菲特就开始担任伯克希尔-哈撒韦公司 CEO，1970 年成为公司董事长，一直兼任至今。

巴菲特之所以广受股东的爱戴，可能是因为他一生都铭记父亲的教诲：品格与声誉比金钱重要得多。

资料来源：段皎宇．比亚迪乌龙之后：巴菲特提醒高管注重声誉．新浪财经，2014-12-22；澎拜新闻，2022-05-05.

3. 其他激励

基于企业发展战略和人的需求特征，公司还可以采取对高级管理者具有激励作用的培训、带薪休假、精神奖励、轮岗管理等非货币激励方式。

二、高级管理者约束机制

约束机制是指公司对高级管理者的决策、行为或经营成果所进行的一系列客观及时的检查、评价、监察、控制、督导和惩罚，包括公司内部约束机制和公司外部约束机制。从广义上说，高级管理者的选择和激励机制也是一种约束机制。

(一) 内部约束机制

内部约束机制是指公司股东会、董事会、监事会等组织机构对高级管理者的表现是否称职、业绩是否良好所进行的监督控制，包括以下具体内容。

1. 组织制度约束

规范的公司治理结构中的股东会、董事会和监事会制度本身就是一种约束机制。股东会对高级管理者的约束是通过对董事会的委托间接进行的。董事会通过对公司重大决策权的控制和对经理人员的任免、奖惩进行直接约束。监事会对董事、经理执行公司职务时违反法律法规或者公司章程以及损害公司利益的行为进行监督。组织制度约束是公司内部约束机制的核心。

组织制度约束有效的关键是：董事会真正代表股东的利益，并且保持与高级管理者的独立性；监事会具有检查公司财务的权力和能力。为此，要加强组织机构建设，在合乎规范的公司体制下，由公司股东会、董事会、监事会与高级管理者组成一套分工明确、权责分明、协调配合、互相制衡的公司领导机构，从而起到组织制度约束的作用。当然，组织制度约束的前提是所有权与经营权的分离，否则就会出现“形似神不至”的治理结构。

延伸阅读6-4

国有企业推行经理层成员任期制和契约化管理

任期制和契约化管理主要针对很多国有企业对经理层成员无任期、无契约、有契约但不具体、契约执行不严格等一系列突出问题，提出了更加符合市场化改革方向的规范性要求。通过明确任职期限、到期重聘、签订并严格履行聘任协议和业绩合同等契约、刚性考核和兑现等措施，强化经理层成员的责任、权利和义务对等。特别是强调考核结果不仅使收入“能增能减”，还让职务（岗位）“能上能下”，确保发挥契约化管理的重要作用。

2. 内部审计约束

内部审计是指企业内部建立的独立的审计部门，基于内部管理的需要，以公司内部控制为对象，以日常业务流程为内容，按照董事会的要求，坚持独立、客观、公正的原则，对企业内部管理和其他相关方面做出评价和判断，从而有效地降低内部经营风险，保证企业良性运转，并促进企业管理高效与透明的一种评价活动。内部审计对企业管理起着制约、防护、鉴证、促进、建设性和参谋作用。

监督职能是内部审计最基本的职能。监督是指以财经法规和制度规定为评价依据，对审计对象的财务收支及经济活动进行检查和评价，以便衡量和确定其会计资料与其他资料是否正确、真实，其反映的财务收支及经济活动是否合法、合规、合理、有效，检查审计对象是否履行经济责任，有无违法违纪、损失浪费等行为，追究或解除其经济责任，从而督促审计对象纠错防弊，遵守财经纪律，改进经营管理，提高经济效益。通过对公司全方位、全过程系统的监督形成约束机制，促进公司的董事会、经理层及其领导的各个部门依法经营，弥补监事会监督的不足。

（二）外部约束机制

外部约束机制是指法律和政府部门等对高级管理者实施的监督。

1. 市场约束

高级管理者的行为要受到经理人市场、产品市场、资本市场三个方面的约束。经理人市场的竞争对管理者施加压力，只有业绩良好的管理者才能在市场上显示其能力和报酬。产品市场如果是竞争性的，或者说公司处于完全竞争的市场，那么管理者只能通过降低成本、提高效率、增强公司竞争力的方式在产品市场上获胜，并显示其经营业绩。资本市场的作用至少表现在两个方面：一是股票价格的高低是判断公司经营状况的指标；二是如果公司股票价格下跌，就会发生股东用脚投票和收购接管行为，一旦收购成功，就会赶走在任的管理者。

2. 债权人约束

债权人通过对公司偿还能力的监督，保证其按期还本付息，实现对公司的约束。公司在很大程度上依赖银行，银行可以监控公司的运行。

3. 法律法规约束

市场经济是法制经济，完备的法律体系是市场经济正常运行的保证。应依法规定高级管理者的职责权力，限制高级管理者滥用权力侵害公司的利益，违法者应依法追究其责任。从强度上说，法律法规约束是最有力的约束，也是其他约束机制生效的最终保证。

只有公司内部约束机制和外部约束机制对高级管理者形成直接和间接的合力约束，才能达到有效约束高级管理者行为的目的。

□ 小　结

公司的发展离不开董事会的科学决策，更离不开高级管理者的决策执行力。由于所有者与经营者之间存在委托-代理关系，对公司高级管理者进行激励是非常重要的治理机制。高管层的激励机制包括物质激励机制、非物质激励机制，尤其是高管层的股票期权等长期激励机制的设计，可以有效降低委托-代理成本。同时，也需要建立相应的约束机制，以监督高管层损害公司利益的行为。

□ 关键术语

高级管理者	激励机制	约束机制	股票期权
管理层收购	经营控制权激励	声誉激励	

□ 选择题

1. （单选题）高管层（　　）是指打破企业经营者的行业分割和部门所有，企业经营者主要依靠市场机制来配置，在市场竞争中实现优胜劣汰。

A. 市场化　　　　B. 职业合约化

C. 职业化　　　　D. 高度专业化

2.（单选题）高级管理者的（　　）制度是一切激励与约束的基础。

A. 市场配置　B. 业绩评价　C. 权力制衡　D. 监督约束

3.（单选题）有助于保证公司整体运作的连续性，避免公司更改人员配置和公司运作，确保公司业务平稳的选任方式是（　　）。

A. 竞争选任　B. 指派选任　C. 内部提拔　D. 外部聘任

4.（单选题）当企业需要进行战略调整、战略转移或企业的经营遇到困难时，高级管理者的选择方式很可能以（　　）为主。

A. 内部选择　B. 外部选择　C. 市场选择　D. 组织选择

5.（多选题）下列属于高级管理者的特征的是（　　）。

A. 市场化　B. 职业合约化　C. 职业化　D. 高度专业化

6.（多选题）高级管理者制度包括（　　）。

A. 市场配置制度　B. 业绩评价制度

C. 权力制衡制度　D. 监督约束制度

7.（单选题）（　　）的特点在于可以提供可靠的收入，起到保险作用，但没有足够的激励性。

A. 股票　B. 股票期权　C. 年薪制　D. 退休金计划

8.（单选题）股票期权通常是针对公司（　　）而言的，但近年来有从经理层向关键雇员扩散的趋势。

A. 低层管理者　B. 中层管理者　C. 高层管理者　D. 普通员工

9.（多选题）高管层持股的主要形式包括（　　）。

A. 年金　B. 股票期权　C. 限制性股票　D. 管理层收购

10.（多选题）高级管理者约束机制中，内部约束包括（　　）。

A. 组织制度约束　B. 激励约束

C. 债权人约束　D. 内部审计约束

11.（多选题）下列高级管理者约束机制中，属于外部约束的是（　　）。

A. 组织制度约束　B. 债权人约束

C. 市场约束　D. 法律法规约束

□ 思考题

1. 高级管理者有哪些特征？

2. 高级管理者制度有哪些内容？

3. 为什么要激励高级管理者?

4. 高级管理者激励机制有哪些?

5. 高级管理者约束机制有哪些?

□ 案例分析

汾酒股份中长期激励机制探索与实践

作为国企改革"双百企业"、山西省混合所有制改革试点单位，汾酒集团以党的十九大精神和习近平新时代中国特色社会主义思想为指引，按照山西省委省政府、省国资委对于国企改革的部署要求，主动作为、敢闯敢试，立足汾酒实际，从体制改革和机制创新两大方面进行了一系列大刀阔斧的改革实践，打出了一套极具汾酒特色的"组合拳"。

2019 年，汾酒集团在上市公司层面即山西杏花村汾酒厂股份有限公司（简称汾酒股份）实施了股权激励计划，取得了丰富的试点经验和明显的改革成效，成为全省首家实施股权激励的国有企业，为其他省属企业推行中长期激励改革树立了典范。

一、实施背景

（一）中长期激励机制是国有企业改革的重要组成部分

2015 年 9 月，党中央、国务院颁布了《关于深化国有企业改革的指导意见》，随后陆续出台了 22 个配套文件，形成"1＋N"政策体系，建立国企改革顶层设计的大框架。其中，分类、分层推进国有企业混合所有制改革成为重中之重。

2018 年 3 月，国务院推动实施国企改革"双百行动"，地方国企混改进入扩围提速的新阶段。

在此背景下，山西省委、省政府把深化国资国企改革摆在全局工作的突出位置来抓，将"1＋N"政策体系的"设计图"落实成为 8 方面 38 项重点工作，即"838"改革"施工图"，山西国资国企改革正式进入全面施工阶段。重点改革任务中明确提出，"对市场化选聘的职业经理人，实行市场化薪酬分配办法，积极探索股权、期权等多种方式中长期激励机制"。

2018 年 5 月，山西省属国有企业深化改革转型发展推进会指出，国有企业应当强化政策研究运用，进一步增加制度和政策供给，加快解决实践中产生的突出问题。要创新体制机制，增强发展活力，着力招才引智，激活人才效应。创优人才机制，创优人才环境，创优人才管理，建立完善技术入股、股权期权激励、科技人员持股等激励机制。

股权激励机制作为国有企业改革的重要组成部分，有利于破除束缚企业发展的机制障碍、改善企业治理结构、提升企业发展内生动力，可以有效完善以价值为导向的分配政策，促进企业形成即期与长期相结合、激励与约束相匹配、适应战略规划发展要求的激励考核机制，保障公司战略发展目标的顺利实现。

（二）开展中长期激励是行业新形势下的内在要求

自2017年年初，众多名酒企业开始产品结构升级，加大营销推广，在市场营销和资本市场上均表现优异，白酒行业开启了新一轮的结构化景气周期，且新景气周期具有较强的持续性。高端和次高端白酒走出区隔，其挤压式、扩容式增长驱动本轮白酒行业业绩持续走高。目前行业主要企业收入增速再次回到上一轮周期高点水平。

在行业竞争愈发激烈的背景下，各大酒企改革力度持续增强，在激励机制方面进行了一系列积极的探索。洋河从2002年开始体制机制改革之路，于2003年完成内部员工和经销商持股，经过改革实现了50余倍的收入增长，洋河集团所持洋河股份市值增长数百倍，充分实现了国有资本保值增值；2010年1月，证监会批准了泸州老窖的股权激励计划方案，泸州老窖成为第一家实施股权激励的白酒企业；2016年，五粮液混改落地，与经销商组成了利益共同体……其他知名白酒企业也在机制改革的道路上摸索、尝试。

股权激励的目的是打造利益、事业、命运共同体，也是企业走向细分行业龙头地位的战略选择，这完全符合当下酒企分化的特征。实践证明，股权激励等中长期激励机制的改革创新为不少酒企参与酒业下半场竞争按下了加速键。

（三）开展股权激励的政策条件比较成熟

一方面，股权激励相关政策已较为完善。2006年9月，国务院国资委、财政部印发《国有控股上市公司（境内）实施股权激励试行办法》（简称《试行办法》）；2008年10月，二部委又印发了《关于规范国有控股上市公司实施股权激励制度有关问题的通知》（简称《通知》），进一步规范了国有上市公司股权激励实施过程中的关键问题；2016年，证监会审议通过了《上市公司股权激励管理办法》。以上政策制度办法的出台，为推动国有上市公司实施股权激励奠定了良好的政策基础，使国有上市公司实施股权激励具备可行性。

另一方面，股权激励已有较为丰富的市场实践案例。自2006年中捷资源投资股份有限公司作为第一家A股上市公司开展股权激励计划以来，股权激励在国内已有超过12年的实践。截至2018年9月，国内共有1 300余家上市公司（含160余家国有上市公司）实施了股权激励计划，占上市公司总量近35%，部分上市公司已经实施二期甚至七期激励计划，股权激励在A股市场呈现常态化的趋势，民营和国有上市公司激励计划公告数量逐年上升，2017年相关公告多达405家次，较2016年增长了61%。

（四）汾酒集团迎来国企改革窗口期

由于特定的经营环境及独特的发展历史，汾酒集团存在诸多具有鲜明特色的问题和顽疾。虽然近年来汾酒集团经营稳健、发展态势良好，但其发展的速度和质量与省委省政府的期望相比、与行业先进企业相比、与自身的品牌地位相比还有明显差距。

2017年2月，汾酒集团与山西省国资委签订了经营业绩目标考核责任书。按照山西国资国企改革“根上改、制上破、治上立”的要求，汾酒集团酝酿出台了《汾酒集团体制机制改革整体推进方案》及其子方案，形成了“1+35”文件体系，完成了汾酒改革的顶层设计和施工图。本轮改革，汾酒集团将以体制改革和机制创新为两条主线，在坚持目标导向和问题导向的前提下，力图全面解决汾酒集团一股独大、机制不活、人才结构不优、市场拓展力不足等问题。

无论是从政策环境还是从行业趋势来看，都蕴藏着重大且不容错失的发展机遇，汾酒集团要做的就是把握大势，顺势而为，抓住改革良机，以改革促发展，让老牌企业焕发新生机。针对机制不活、尚未建立与市场相匹配的激励约束机制的现状，以及薪酬激励与市场不匹配，不利于引进人才、留住人才等一系列问题，探索完善中长期激励机制成为汾酒集团改革的课题之一。

二、实施办法

（一）激励工具的选择

限制性股票逐渐被广泛使用，一方面，行业变化越来越快，市场竞争加剧，各家上市公司需要一种激励性与约束性较强的工具来提振士气、开拓市场、提升业绩。另一方面，我国证券市场正处于不断发展和完善的过程中，二级市场股价波动缺乏一定的理性。因期权以市价授予，激励对象可承受的股价波动区间有限。在公司业绩考核达标，但二级市场价格低于期权的行权价的情况下，激励对象不会行权，这将对激励对象形成“负激励”，违背上市公司实施股权激励计划的初衷。而限制性股票在授予价格上的优势可以在一定程度上避免“负激励”的发生。

综上所述，结合公司实际，汾酒股份决定采用限制性股票作为激励计划的激励工具。

（二）激励对象范围

在兼顾政策要求和自身实际的基础上，经多次考量，反复斟酌，最终确定本次激励计划授予的激励对象包括公司的高级管理人员、中层管理人员、核心技术（业务）人员，共计 395 人，约占当时公司员工总数 7 000 余人的 5.6%。

激励计划涉及的所有激励对象必须与公司或其子公司具有雇佣关系，或者在公司或其子公司担任职务，且不包括监事、独立董事和外部董事。本次激励对象具体分类及对应人数如表 6-6 所示。

表 6-6　激励计划

人员类别	人数
高级管理人员	8
中层正职	40
中层副职	115
核心基层管理人员	120
核心管理技术业务人员	112
合计	395

（三）激励总量的确定

根据相关政策要求，公司激励计划向激励对象授予的限制性股票不得超过公司股本总额 86 584.83 万股的 1%即 865 万股。经反复研究，确定此次股权激励份额不超过 650 万股限制性股票，约占公司股本总额的 0.75%。其中，首次持股授予 590 万股，占授予总量的 90.77%；预留 60 万股，占授予总量的 9.23%。2019 年 3 月，公司发布公告，对激励计划相关事项进行了调整，最终将首次授予的限制性股票数量由 590 万股调整为 568 万股。

（四）解除限售时间考核条件

根据相关政策要求，公司限制性股票解除限售安排如表 6-7 所示。

表 6-7　公司限制性股票解除限售安排

解除限售安排	解除限售时间	解除限售比例
第一个解除限售期	自授予完成登记之日起 24 个月后的首个交易日起至授予完成登记之日起 36 个月内的最后一个交易日当日止	40%

续表

解除限售安排	解除限售时间	解除限售比例
第二个解除限售期	自授予完成登记之日起 36 个月后的首个交易日起至授予完成登记之日起 48 个月内的最后一个交易日当日止	30%
第三个解除限售期	自授予完成登记之日起 48 个月后的首个交易日起至授予完成登记之日起 60 个月内的最后一个交易日当日止	30%

（五）限制性股票解除限售业绩考核条件

结合相关政策要求以及公司的战略规划、经营管理实际情况，同时考虑到白酒行业的经营特点，最终选取了净资产收益率、营业收入增长率、主营业务收入占营业收入的比例作为激励计划的业绩考核指标。公司将授予业绩考核目标及解除限售业绩考核目标设定如下：授予限制性股票的业绩条件为：2017 年净资产收益率不低于 18%，且不低于同行业对标企业 50 分位值水平；2017 年营业收入较 2016 年增长率不低于 30%，且不低于同行业对标企业 50 分位值水平；2017 年主营业收入占营业收入的比例不低于 90%。限制性股票解除限售业绩考核目标如表 6-8 所示。

表 6-8　限制性股票解除限售业绩考核目标

解除限售期	业绩考核目标
第一个解除限售期	2019 年净资产收益率不低于 22%，且不低于同行业对标企业 75 分位值水平；以 2017 年业绩为基数，2019 年营业收入增长率不低于 90%，且不低于同行业对标企业 75 分位值水平；2019 年主营业务收入占营业收入的比例不低于 90%
第二个解除限售期	2020 年净资产收益率不低于 22%，且不低于同行业对标企业 75 分位值水平；以 2017 年业绩为基数，2020 年营业收入增长率不低于 120%，且不低于同行业对标企业 75 分位值水平；2020 年主营业务收入占营业收入的比例不低于 90%
第三个解除限售期	2021 年净资产收益率不低于 22%，且不低于同行业对标企业 75 分位值水平；以 2017 年业绩为基数，2021 年营业收入增长率不低于 150%，且不低于同行业对标企业 75 分位值水平；2021 年主营业务收入占营业收入的比例不低于 90%

回看汾酒股份的业绩情况，便可知当年汾酒股份在设置解除限售业绩考核目标时的刀刃向内和自我革命。2017 年，汾酒股份营收 60.37 亿元，分析上述业绩考核目标可知，汾酒股份 2019—2021 年营业收入须分别达到 114.7 亿元、132.81 亿元、150.93 亿元。这些只是业绩考核的下限要求，除此之外，公司的业绩增长

水平还要与同行业对标企业75分位值水平对比，具有极大的挑战性。

根据申万宏源行业分类标准，汾酒股份在同类型的A股上市公司中选取了20家主营业务类型相近的A股上市公司作为对标样本，并对对标企业作出若出现重大变动则剔除并更换样本、进行财务数据调整的约定，保证对标结果具有参考性。

考虑到白酒行业日趋激烈的竞争态势及公司未来的战略定位，汾酒股份最终选择设置较高的考核条件，以"跳起来摘桃子"的方式激发公司管理层及骨干员工团结一致，共同干事创业。

（六）激励对象考核办法

按照提升公司核心竞争力和公平公正考核评价股权激励对象的总体要求，汾酒股份制定了《股权激励对象考核工作方案》及《限制性股票激励计划考核管理办法》，成立了股权激励对象考核领导小组，并下设中高层领导考核组与中层副职及以下人员考核组两个考核组。

激励对象的考核内容包括考核指标及指标权重，以签订股权激励对象绩效目标协议书的形式确定。股权激励对象的考核指标及指标权重根据股权激励对象岗位层级、工作性质及所在部门性质确定，包括工作业绩、能力、态度和文化认同四类指标。

激励对象的考核方式根据岗位层级及考核内容的性质确定。工作业绩指标的考核实行个人自评加上级考评相结合的方式，采取二次考评加审核确认的方式进行；能力、态度、文化认同三类指标的考核采取个人述职加多主体考评和确认的方式进行。

激励对象考核结果划分为A、B、C、D四个等级。根据个人的考核结果确定当年度的解除限售比例，个人当年实际解除限售额度＝解除限售系数×个人当年计划解除限售额度，绩效评价中的特殊情况由董事会裁定。具体如表6-9所示。

表6-9 个人考核结果决定当年度的解除限售比例

考评结果	A优秀	B较优秀	C称职	D待改进
解除限售系数	1		0.8	0

从2020年5月开始，经过近3个月的时间，汾酒股份完成了对395名股权激励对象工作业绩、能力、态度、文化认同四类指标的考核，最终393名股权激励对象考核结果为A级，达到第一个解除限售期解除限售条件，2名股权激励对象考核结果为D级，不具备解除限售条件。

三、实践效果及创新点

(一)“组合拳”搭建汾酒集团改革矩阵

汾酒不只局限于在上市公司开展股权激励，改革也不是某一方面的单打独斗。整个改革过程注重系统性、整体性、协同性。在全面贯彻中央及山西省国企改革精神、落实“双百行动”“五突破一增强”等上级改革要求的前提下，汾酒集团基于自身实际，从目标导向和问题导向出发，打出一套极具汾酒特点的“组合拳”，搭建了富有汾酒特色的改革矩阵。

按照在大局下谋划、在大势中推进、在大事上作为的思路，汾酒集团进行了全面系统的顶层设计，制定了以《汾酒集团体制机制改革整体推进方案》为统领的“1+35”改革配套文件体系，确立了具有汾酒特色的改革路径。

体制改革层面，通过整体上市实现汾酒集团混合所有制改革，同时引进华润创业作为战略投资者，进一步优化上市公司股权结构。机制改革层面，从增量改革入手，通过深入推进契约化管理、推动营销系统改革、实施股权激励等举措，不断完善激励约束机制，激发改革动力活力，为体制改革奠定物质基础。

汾酒集团将协同贯穿改革全过程，既抓改革方案协同，也抓改革落实协同，更抓改革效果协同，促进各项改革举措在政策取向上相互配合、在实施过程中相互促进、在改革成效上相得益彰。改革举措系统集成，衔接配套，有效提高了改革的整体效益。2020 年，汾酒股份各项业务延续了稳中有进、稳中向好的发展态势，实现营业收入 139.90 亿元，较 2017 年增长 131.74%；实现利润总额 42.37 亿元，较 2017 年增长 206.36%，实现归属于上市公司股东的净利润 30.79 亿元，较 2017 年增长 226.17%，成为百亿级酒业上市公司中净利润增速最快的公司，成功进入白酒板块股价前三名，是 A 股山西板块市值最大的公司。2021 年上半年，汾酒股份经营业绩再创新高，实现营业收入 121.19 亿元，同比增长 75.51%；实现归属于上市公司股东的净利润 35.44 亿元，同比增长 117.54%。

(二)“催化剂”激发微观主体活力

改革的成败关键在于是否有效激发了微观主体活力，能否发挥员工首创精神。汾酒集团将激发微观主体活力作为改革的重要努力方向，重点激发核心经营主体活力，同时注重调动核心岗位积极性，由点至面的一系列改革举措为全面激发微观主体活力注入了“催化剂”，有力加速了改革进程。

一方面，激发核心经营主体活力。汾酒集团将与上级签订目标责任书的压力及时向下传导，第一时间组织各营销单位签订经营目标责任书。面对改革压力，汾酒销售公司探索实行了组阁制的干部聘用新模式，销售公司经理层、部门负责人一夜之间统统解聘，改为“组阁聘任”，并实行模拟职业经理人制度，根据业绩表现对内部人员进行动态调整。这些“汾酒式”创新极大地激发了营销队伍的拼劲和活力，使营销系统的动力和创造力空前提升。

另一方面，同步调动关键岗位积极性。在股权激励对象的选择上，涵盖公司高级管理人员、中层管理人员、核心基层管理人员及核心管理技术业务人员，约占当时公司员工总数的5.6%，人员覆盖范围较广；在股权激励对象的考核方面，汾酒股份制定了具有汾酒特色的考核办法，确定了四大类切合汾酒实际的考核指标，有利于激发股权激励对象的活力、竞争力。

自2021年5月10日起，汾酒股份2018年限制性股票激励计划进入第一个解除限售期。解禁当天，山西汾酒最高股价突破400元/股，较当初激励计划的授予价格19.28元/股涨幅已超20倍。按400元/股计，持股人员一手（100股）浮盈高达3.8万元，高收益率进一步放大了本次激励计划的激励性。

股权激励的顺利实施使汾酒股份在资本市场的热度与价值再创新高，激励所带来的“超大红包”有效调动了核心员工的积极性，有助于吸引、保留和激励优秀管理者、核心技术（业务）人员。此举进一步完善了公司治理结构，建立健全了持续、稳定的激励约束机制，构建了股东、公司与员工之间的利益共同体。

（三）“先行者”实现全省示范引领

在没有较多行业案例和经验的前提下，汾酒人大胆试、勇敢闯，成为山西省首家实施股权激励的国有企业，并用亮眼的成绩实现了自身效益的全面提升，引来资本市场的高度关注。山西省国资运营公司对汾酒股权激励的实践予以高度肯定，在总结汾酒经验的基础上起草了相关制度，鼓励其他省属企业参照探索推进中长期激励。汾酒作为老牌国有企业，敢为先行者，勇做排头兵，敢于斗争亦敢于胜利，用实际行动为其他省属企业开展中长期激励蹚出了一条新路。

资料来源：刘卫华，等．汾酒中长期激励机制探索与实践，国企管理，2022（7）．

问题讨论：

1. 汾酒股份的股权激励改革是否适用于其他国有企业？

2. 国有企业与非国有企业的股权激励方案的制定和实施有什么不同之处？

第7章

公司治理模式选择

学习目标

1. 了解英美公司治理模式、德日公司治理模式、家族公司治理模式、党组织嵌入的中国公司治理模式的产生背景和基本特点；

2. 比较四种治理模式的优缺点以及未来发展趋势。

素养提升

1. 公司治理模式植根于国家的政治环境、经济制度、文化传统、法律环境等土壤，各个国家的背景不同，公司治理模式也不相同。

2. 习近平总书记2016年10月在全国国有企业党的建设工作会议上强调，“坚持党对国有企业的领导是重大政治原则，必须一以贯之；建立现代企业制度是国有企业改革的方向，也必须一以贯之。中国特色现代国有企业制度，‘特’就特在把党的领导融入公司治理各环节，把企业党组织内嵌到公司治理结构之中，明确和落实党组织在公司法人治理结构中的法定地位”①。

3. 党的十八大以来，以习近平同志为核心的党中央坚持把马克思主义基本原理同中国具体实际相结合、同中华优秀传统文化相结合，从理论和实践结合上系统回答了新时代坚持和发展什么样的中国特色社会主义、怎样坚持和发展中国特色社会主义的时代课题，创立了习近平新时代中国特色社会主义思想。

4. 党的二十大报告强调，“坚定不移全面从严治党，深入推进新时代党的建设新的伟大工程”，“推进国有企业、金融企业在完善公司治理中加强党的领导，加强混合所

① 习近平．习近平谈治国理政：第2卷．北京：外文出版社，2017：176.

有制企业、非公有制企业党建工作，理顺行业协会、学会、商会党建工作管理体制”①。

学习导图

公司治理模式的选择要充分考虑国家情境的特殊性，植根于不同的制度土壤，形成的公司治理模式各不相同。为此，本章介绍不同土壤中培育的四种公司治理模式：股东至上的英美公司治理模式、利益相关者至上的德日公司治理模式、血缘关系至上的家族公司治理模式以及党组织嵌入的中国公司治理模式。

本章内容围绕四种具有代表性的公司治理模式展开，从产生背景、特征、优缺点评价以及未来发展趋势四个方面对各治理模式进行介绍。公司治理模式植根于不同的制度土壤，因此没有放之四海而皆准的治理模式。在学习过程中，应特别注意各治理模式产生的背景和特征。

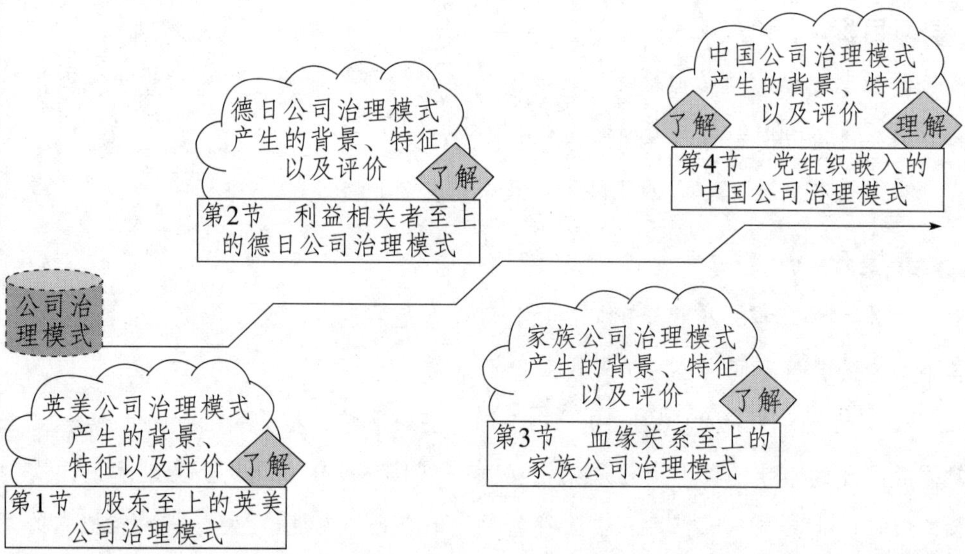

引例

治理模式创新：高科技公司融资之路

2019年11月26日，阿里巴巴集团重新在港交所挂牌上市，成为首个同时在美股和港股两地上市的中国互联网公司。开盘当日，市值即超过腾讯控股，成为港股第一大市值公司。

① 习近平．高举中国特色社会主义伟大旗帜 为全面建设社会主义现代化国家而团结奋斗——在中国共产党第二十次全国代表大会上的报告．北京：人民出版社，2022：63，68.

阿里巴巴旗下 B2B 公司最早于 2007 年登陆港交所，这也是阿里创业时最早的业务。然而，一方面，国际金融危机多多少少打击了全球贸易环境；另一方面，以 C2C 业务淘宝网为代表的电商形态迅速崛起，很快超过了 B2B 业务的体量，并衍生出支付宝、菜鸟网络、阿里云等遍布阿里巴巴生态的子业务。多重因素影响下，阿里巴巴 B2B 公司在 2012 年选择私有化，退出港交所。

2013 年，阿里巴巴集团（包含淘宝网等在内的所有集团内业务）寻求以同股不同权的合伙人制度在香港上市。但当时的港交所尚没有此项规则，也无法在短期内迅速改革。阿里巴巴集团时任 CEO 陆兆禧也表示，香港市场对新兴企业的治理结构创新还需要时间研究和消化。

最终，阿里巴巴放弃在港上市，并在 2014 年远赴纽交所上市，共筹集了 250 亿美元资金，成为全球规模最大的 IPO（首次公开募股）。近年来，阿里巴巴的市值几度突破 5 000 亿美元，与港交所的腾讯控股交相辉映，成为中国最大的两家互联网公司。

港交所上市公司承袭英国公司治理模式，强调对股东权利的保护。而 2013 年完成内部治理机制整合与创新的阿里巴巴，构建了同股不同权的合伙人制度，以实现公司内部更为专业的管理团队对经营方向的掌控，最大限度激发内部团队的创造力，这得到了大股东软银集团的默许。然而，这种同股不同权的机制突破了传统港交所公司治理体系下股东权利基于资本投入衡量的制度安排，冲击了既有的公司治理规范。

阿里巴巴的同股不同权机制，在上市公司制度安排中属于个例。但是这种制度的创新为其他具有相似特征的上市公司提供了参考。同时，治理结构的创新也为政策制定者提供了启示：上市公司的治理模式应当趋同化还是差异化？如何在保障相关主体各自利益的前提下，激发公司的活力和创新力？

资料来源：张信宇．阿里巴巴在港二次上市，终于要跟腾讯同台竞技了．新浪财经，2019-06-18.

第 1 节 股东至上的英美公司治理模式

一、英美公司治理模式产生的背景

英美公司治理模式是以英美法系为基础，英美两国上市公司普遍采用的公司治理模式，也称市场主导型公司治理模式。英美两国企业在所有权和经营权分离的基础上，依托法律法规和第三方机构监管，形成一整套包括独立董事监督制度、高管激励制度、股东大会累计投票制度、董事会群体决策制度等成熟规范的监督和约束机制。

英美等国在社会发展、法律制度、文化习俗等方面有相似的历史基础，其公司治理结构尽管存在一定的差异，但仍然具有相似的基本特征。其产生背景如下：

一是公司历史悠久，股份有限公司得到普遍发展，公司股份分散，相当一部分股东只拥有少量股份，股东实施治理的成本高昂，股东大会只得将其决策权委托给大股东或董事会。

二是限制商业银行直接投资产业，也限制商业银行发放中长期贷款。这样，公司对长期资本的需求主要依赖于证券市场的直接融资。

三是英美法律具有反对垄断、公平竞争的传统。如美国法律将商业银行限制在州内经营，要求商业银行和投资银行分立，限制持股份额。1992年和1996年虽然放松了对商业银行的监管，但仍然限制其直接持有工商企业的股票，这使得美国企业直接融资的证券市场相对发达。虽然英国对金融机构持股不像美国那样限制，但制定了许多谨慎性规则。

四是英美国家的市场经济比较发达，经理人、证券等市场发展较早也较成熟，实行公司制度后，逐渐形成了一支专业化、高质量的经营管理人员队伍，而且管理人员的教育培训体系比较发达。这些因素都为公司的董事会中心主义、内部治理和外部治理相结合提供了条件，职业化的管理者成为公司治理的中坚力量。

此外，2008年金融危机后，美国政府加强了对证券市场的监管，要求投资银行和商业银行划清界限，要求上市公司公布财务状况并给外部人员更大的审计监督权，投资者可以在证券市场上用脚投票，或者通过对公司进行并购和接管等方式实现对管理者的监督。

二、英美公司治理模式的特征

公司通过基本章程来限定公司不同机构的权力并规范它们之间的关系。英美公司治理模式基本遵循决策、执行、监督三权分立的框架。其具体特点如下。

（一）股权结构较为分散

美国是具有反垄断传统的国家，美国公众向来对因财富集中和垄断而抑制公平竞争的现象很反感，因此政府顺应民意制定了许多限制持股人持股比例的法案。与此同时，为使这些法案不至于对公司融资产生不利影响，美国政府较早就建立了证券市场，为公司筹集股权资本和公民购买股票创造了便利条件，这使得美国公司股权结构呈现高度分散化的特征。另外，为了增加对管理层的监督，美国发展了各类机构投资者，它们成为“用手投票”的重要力量。

英美公司这种分散的股权结构，使得其不可能将股东大会作为公司的常设机构，或经常就公司发展的重大事项召开股东大会做出有关决策。因此，股东将公司日常决策权委托给了董事会，董事会则向股东承诺使公司健康经营并获得满意的利润。

（二）单层治理结构

单层治理结构是指股东大会下只设立董事会，不设监事会（见图 7－1）。根据各州公司法的规定，美国公司设立股东大会，由公司全体股东组成，是公司的最高权力机构，行使州法授予的权利。公司股东大会之下设立董事会，作为公司经常性的经营决策机构。董事会下面设立各种专门委员会，作为董事会经常性的具体决策机构。公司的具体经营业务由董事会授权公司 CEO 执行，CEO 由董事会聘任，董事会对 CEO 进行监督。

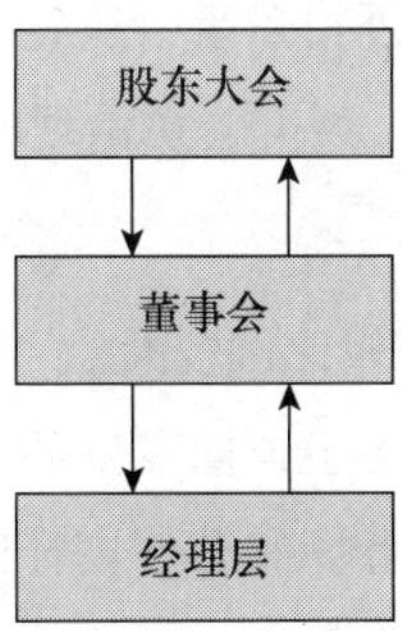

图 7－1　英美公司治理结构

（三）独立董事占多数

董事会是股东大会的常设机构，董事会的职权是由股东大会授予的。美国大中型公司的董事会为了有效实施决策和监督职权，建立了独立董事制度。独立董事在公司董事会中占多数，独立董事的合法地位通过法律来维护。美国《财富》1 000 强公司中的独立董事比例高达 80%以上。由于独立董事可以独立地对公司经营做出客观判断和科学决策，并且占绝大多数，经营者所受到的压力较大，这有利于增加管理的科学性和有效性，最大限度地维护各利益相关者的利益。

（四）设置专门委员会

为了协助董事会更好地进行决策，在董事会内部设立不同的专门委员会，如战略委员会、提名委员会、薪酬委员会、审计委员会等。专门委员会的设置从两方面加强了董事会职能：首先，专门委员会成员少、形式灵活，便于就问题进行反复沟通，降低信息不对称程度。其次，专门委员会由专业人士构成，在针对相关问题进行处理时能够提供更加有效的意见。可以说，董事会依靠公司平台聚集了高水平、有影响的精英人才，而专门委员会的设置增强了董事会内部的分工与合作，使得决策程序结构化、标准化。

（五）建立首席执行官制度

从理论上讲，董事会有权将部分经营管理权转交给代理人，这个代理人就是公司政策执行机构的最高负责人，即首席执行官（CEO）。在多数情况下，首席执行官是由董事会主席兼任的。即使不是由董事会主席兼任，担任此职务的人也几乎是公司的执行董事并且是公司董事长的继承人。由于公司的经营管理日益复杂，经理职能也日益专业化，大多数公司在首席执行官之下设一助手，负责公司的日常业务，这就是公司总裁（president）。总裁是仅次于首席执行官的公司第二号行政负责人。由于首席执行官是公司董事会的代理人，授予他何种权力、多大的权力以及在何种情况下授予，由公司董事会决定。首席执行官制度的设立体现了公司经营权的进一步集中。因此，英美公司治理的问题就是如何处理好股东与CEO之间的利益冲突。

（六）高管层报酬中股票期权比例较大

在美国高管层的报酬中，用于长期激励的股票期权比例较高，高管层的股票期权收益主要取决于股票二级市场的升值，升值的大小与高管层长期的经营业绩直接相关，这为管理者努力提供了更大动力。相对于美国来说，英国公司高管层的报酬较少，股票期权的比例也较小。

（七）公司控制权市场治理程度高

在英美国家，公司控制权的竞争是股票市场上的普遍现象。英美两国资本市场发达，股票流动性强，并购活动比较活跃，高管层不努力创造业绩使公司股价上升，可能导致公司被并购，自身也可能被解聘甚至找不到工作。因此，并购带来的控制权转移迫使高管层不得不重视股东的利益最大化，努力工作，提高公司业绩。

三、英美公司治理模式的评价

（一）英美公司治理模式的优点

第一，股东通过市场机制来监督公司的经营和实现利益最大化，资本流动性比较大，可以实现资本的优化配置，保障中小股东的利益。

第二，独立董事制度可以使董事会更加独立于管理层，发挥独立监督的作用。

第三，专门委员会的设置可以提高董事会的决策效率。

第四，职业经理人市场成熟，为上市公司提供持续发展的人才。同时，经理人更加富有个性，具有冒险精神，敢于创新，上市公司敢于不拘一格任用人才。

（二）英美公司治理模式的缺点

第一，由于公司股份分散在众多股东手中，在影响和控制经营者方面，股东力量过于分散，股东大会“空壳化”比较严重，公司的经营者经常在管理过程中浪费资源并让公司服务于他们自身的利益，有时还会损害股东的利益。

第二，股权过于分散，搭便车现象比较严重。股东需要付出一定的治理成本，如果股东认为通过对经营者加强监督得到的利润低于治理成本，他们就会放弃对企业的监督，而是寄希望于其他股东的监督。最终，大多数股东放弃监督经营者而追求股票的短期收益。

第三，上市公司经营的好坏评价往往集中于CEO。尽管激励方式包括现金、股票、期权等多种形式，但是对CEO及高管团队的激励大大超过普通员工，在当前美国制造业空心化的时代背景下，加剧了公司内部矛盾。

（三）英美公司治理模式的发展趋势

近年来，英美治理模式开始借鉴德日治理模式的优点，重视治理结构中“用手投票”的监控作用。主要表现为：

第一，放松对银行持有公司股票的限制。通过立法，解除了商业银行涉足证券投资等非传统银行业务的限制，为银行有效地监管企业提供了条件。

第二，机构法人股东持股比例不断上升，持股稳定性提高。机构持股者持有的股份一般都比较多，想要在短期内抛出比较困难，而且抛出大量股份会使股价下跌，导致机构投资者遭受损失。这就迫使机构投资者重视投资的公司的长期发展，有更大的动力去监督公司的经营，促使经营者从长远角度进行决策和管理，谋求长期利润最大化。

第三，强化非执行董事的监控权。英美公司开始借鉴德国公司的模式，把非执行董事引进董事会，希望他们能代替股东履行监督经理的职责。

第四，尝试新的股权设置。特别是允许科技类公司同股不同权，保护企业创始人的创新积极性，不断在治理实践中探索新的路径。

事例 7-1

公司治理专家谈波音：董事会出了问题

波音公司正在采取各种措施，帮助困境中的737 MAX系列飞机重新起飞。在2018年10月狮航610航班和2019年3月埃航302航班坠毁共造成346人丧生之后，相关调查和诉讼仍在增加。危机过后，气恼的利益相关者和公司治理专家开始质疑波音董事会的组成和反应方式，将一群过去总躲在密室里的人拉出来严厉拷问并施加压力。

为公司治理质量排名的绩效分析研究公司摩根士丹利资本国际（MSCI）的数据显示，如果按1～10分打分，波音公司只能得5.4分。根据该评估结果，波音董事会在标准普尔500强公司中排名倒数第三位。然而，波音董事会成员的报酬丰厚。Equilar调查《财富》美国100强公司发现，波音董事会成员薪酬中位数为34.6万美元，排第23位。MSCI的数据显示，波音董事会目前有13人，在标准普尔500强公司里属于人数较多的。标准普尔500强公司的董事人数平均为10.75人，其中约80家公司的董事成员达到13人或更多。董事会规模越大，程序越复杂，决策越困难。目前，在波音董事会的13位成员中，有4位担任过政府官员，与华盛顿保持较为紧密的联系。聘请董事会成员往往要求对经营决策具有丰富的经验，而聘请政界名人的行为则受到质疑。

资料来源：Ellen Florian. 公司治理专家谈波音：董事会出了问题. 财富中文网，2019-05-30.

第2节 利益相关者至上的德日公司治理模式

一、德日公司治理模式产生的背景

德日公司治理模式是以大陆法系为基础，德国和日本等国家的公司普遍采用的一类公司治理模式。德日公司治理模式的形成与这些国家的具体国情有关。

一是法律和行政上对金融机构实行比较宽松的政策，商业银行可以比较自由地持有工商企业的股权。

二是公司之间普遍相互持股，通过交叉持股形成了一些有稳定利益关系的公司集团，银行在公司集团的形成中起到关键作用。

三是对证券市场实行比较严格的管制，证券市场发达程度相对不如英美国家，经理人市场不够独立健全。

四是没有形成规范全面的公司信息披露制度。

五是这些国家往往长期实行政治、经济、文化上的集中管理体制，形成了独特的文化价值，如强调共同主义，具有强烈的群体意识，德国因此被称为“合作的经理资本主义”，日本的国家主义和集体主义更为突出。

二、德日公司治理模式的特征

（一）股权结构较为集中，商业银行是公司的主要股东

德日两国的银行处于公司治理的核心地位。在经济发展过程中，银行深深涉足其关联公司的经营事务，形成了颇具特色的主银行体系。某企业接受贷款中居第一位的银行称为该企业的主银行，由主银行提供的贷款叫作系列贷款，包括长期贷款和短期贷款。

日本的主银行制是一个多面体，主要包括三个层面：一是银企关系层面，即企业与主银行之间在融资、持股、信息交流和管理等方面结成的关系；二是银银关系层面，即银行之间基于企业的联系而形成的关系；三是政银关系层面，即政府管制当局与银行业之间的关系。这三层关系相互交错、相互制约，共同构成一个有机的整体，或称为以银行为中心、通过企业的相互持股而结成的网络。在德国，政府很早就认识到可以通过银行来促进经济的增长。最初银行仅仅是公司的债权人，只向企业提供贷款，但当贷款的公司拖欠银行贷款时，银行就变成该公司的大股东。银行可以持有一家公司多少股份，在德国没有法律限制，但金额不得超过银行资本的15%。一般情况下，德国银行持有的股份占一家公司股份总额的10%以下。

另外，德国银行还间接持股，即作为个人股东所持股票的保管人。德国大部分个人股东平时都把股票交给自己所信任的银行保管，股东可以把他们的投票权转让给银行来行使，只需在存储协议书上签字授权就可以了，股东和银行的利益分配一般被事先固定下来，这样银行得到了大量的委托投票权，能够代表储户行使投票权。

商业银行虽然是德日公司的最大股东，公司呈现股权结构相对集中的特征，但是二者仍然存在一些区别。在日本的企业集团中，银行作为企业集团的核心，通常拥有企业较大的股份，并且控制了这些企业外部融资的主要渠道。德国公司则受

到大股东的直接控制，由于股权十分集中，大股东有足够的动力去监控经理层。另外，由于德国公司更多依赖内部资金融通，德国银行不像日本银行那样能够通过控制外部资金来源对企业施加影响。

（二）双层治理结构

以德国、日本为代表的大陆法系国家，仿照政治上立法、行政和司法三权分立的做法，将公司的决策、执行、监督三种权力和职能分开，设置股东大会、董事会、监事会，分别作为公司的意思决定机构、业务执行机构和监督机构，公司治理结构模式体现了制衡分权的管理原则，这种模式又称为大陆模式。由于这种模式在公司股东大会之下设置董事会和监事会，分别行使业务执行和监督的功能，因而称为公司组织体系的双层制。德日公司治理结构中监事会的地位有所不同（见图7－2、图7－3）。

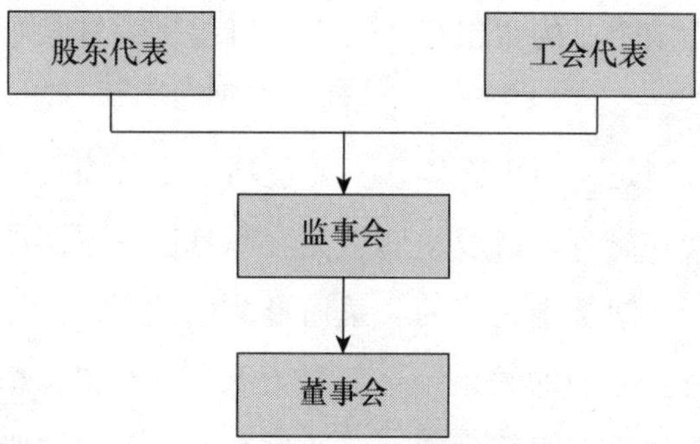

图7－2　德国公司治理结构

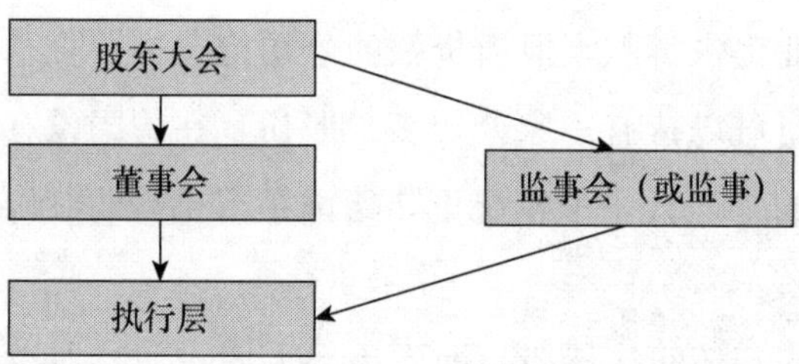

图7－3　日本公司治理结构

德国公司治理结构的一大特色是对公司董事会与监事会关系的规定。监事会是在董事会之上的一个机构，其权限非常广泛，对公司的业务和财务状况以及董事会的业务执行实行全面监督检查。监事会成员一般由股东监事和职工监事组成，其中股东监事由股东大会选举，职工监事由职工选举或工会推荐。董事会成员的选任和罢免权由监事会行使，董事的收入也由监事会确定。德国《股份公司法》甚至要求公司的某种业务经监事会同意才能进行，这就意味着监事会不仅有权全面监督公司的业务执行情况，而且可以依法介入公司的经营。由此可见，德国股份公司的组织制度，一方面维护董事会在公司经营上的中心主义以及相对的独立性；另一方面使股东通过监事会这一机构对公司经营实行有效的监控。

日本的公司监督体系主要由两部分组成：一是董事会对董事职务执行情况的监督；二是监事对董事职务执行情况的监督以及会计监督。监事的职权包括：监察董事的职务执行情况；监事可随时要求董事及经理等提供营业报告，或调查公司的业务及财产状况；董事发现对公司有显著损害的事实时，须立即向监事报告；母公司的监事依法可对子公司行使职权；监事可以对董事向股东大会提交的议案和文件进行调查，如果发现其中有违反法令、章程或显著不当的事项，可以向股东大会报告其意见；监事有权制止董事超越公司目的范围、违反法令或章程、对公司产生显著损害的行为；在公司对董事或董事对公司提起诉讼时，监事代表公司应诉。

（三）利益相关者参与共同治理

与英美公司治理模式以股东价值最大化为目标不同，德日公司治理模式更重视利益相关者的利益最大化。具体表现在以下两个方面。

1. 法人持股或法人相互持股

法人持股，特别是法人相互持股，是德日公司股权结构的基本特征，这一特征在日本公司中更为突出。第二次世界大战后，股权主体多元化和股东数量迅速增长是日本企业股权结构的重要表现。在多元化的股权结构中，股权并没有向个人集中而是向法人集中，由此形成了日本企业股权法人化现象，构成了法人持股的一大特征。有人甚至将日本的这种特征称为“法人资本主义”。

由于德日在法律上对法人相互持股没有限制，德日公司法人相互持股非常普遍。法人相互持股有两种形态：一种是垂直持股，如丰田、住友公司，它们通过建立母子公司的关系，达到在生产、技术、流通和服务等方面相互协作的目的；另一种是环状持股，如三菱公司、第一劝银财团等，其目的是相互之间建立起稳定的资产和经营关系。

总之，公司相互持股加强了关联企业之间的联系，使企业相互依存、相互渗透、相互制约，在一定程度上结成了命运共同体。

2. 德国的职工参与决定制度

德国有别于其他国家的重要特征是职工参与决定制度。由于德国在历史上曾是空想社会主义和工人运动极为活跃的国家，早在 200 年前早期社会主义者就提出职工民主管理的有关理论。1848 年，在法兰克福国民议事会讨论《营业法》时就提议在企业中建立工人委员会作为参与决定的机构。1891 年重新修订的《营业法》首次在法律上承认工人委员会。德国魏玛共和国时期制定的著名的《魏玛宪法》也有关于工人和职员要平等地与企业家共同决定工资和劳动条件，工人和职员在企业应拥有法定代表并通过他们来保护自身的社会经济利益等规定。

尤其在第二次世界大战以后，随着资本所有权和经营权的分离，德国职工参与企业决定的意识进一步增强，德国发布了一系列关于职工参与决定的法规。德国的职工参与可以分为三种情况：一是拥有 2 000 名以上职工的股份有限公司、合资合作公司、有限责任公司，参与方式依据 1976 年通过的《参与决定法》，涉及的主要是监事会的人选。监事会的人数视企业规模而定，在有 2 000 名以上职工的企业中监事会成员为 20 名。进入监事会的职工代表中，工人和高级职员是按比例选举的，每一群体至少有一名代表。二是拥有 1 000～2 000 名职工的股份有限公司、有限责任公司等，参与决定涉及董事会和监事会。董事会中要求有一名劳工经理，监事会的人数定为 11 人。席位分配的过程是，劳资双方分别提出 4 名代表和 1 名其他成员，再加 1 名双方都能接受的中立的第三方，其中的“其他成员”不允许与劳资双方有任何依赖关系，也不能来自那些与本企业有利害关系的企业。三是拥有 500～1 000 名雇员的股份有限公司、合资合作公司等，雇员代表在监事会中占 1/3，在监事会席位多于一个时，至少要有一名职工代表，职工代表由工人委员会提出候选人名单，再由职工直接选举。

职工通过选派职工代表进入监事会参与公司重大经营决策，即“监事会参与决定”，使得企业决策比较公开，这有利于对公司经营的监督，同时有利于公司的稳定和持续发展。由于职工在监事会中占有一定的席位，一定程度上减少了公司被兼并和接管的可能性，这也是德国公司很少受到外国投资者接管威胁的主要原因之一，保护了经理人员做出长期努力的积极性。

事例 7-2

德国的参与制

早在 19 世纪，德国就出现了职工经济民主的思想。1951 年的《关于职工在矿山和钢铁制造企业监事会和董事会中的共同决策法》要求在采矿和钢铁企业的董事会、监事会中设有劳方代表。1976 年的《参与决定法》将劳方代表在监事会中的比例由原来的 1/3 扩大至 1/2，雇员少于 2 000 人的公司，劳方代表在监事会中的比例为 1/3。雇员超过 2 000 人的公司以及采矿、钢铁行业的公司，必须设有 1

名劳方董事。监事会和董事会中的劳方代表与资方代表享有同等权利。德国法律的这些规定是职工通过多年的斗争和谈判取得的成果，它保证了公司职工在一定程度上参与公司的经营管理，职工可以通过参与公司决策维护自身利益。

事例7-3

吉利入股戴姆勒：政府、工会、管理层态度不一

2018年2月，吉利成为戴姆勒最大股东一事正式对外披露，引发了一连串的关注。德国舆论关注的重点是是否合法合规，以及戴姆勒能给吉利敞开多大的门。德国政府未对此次交易提出任何反对意见，德国政府新闻发言人乌尔丽克·德默尔表示这次收购属于企业决策，并且低于《外国投资管理细则》中规定的25%股权的门槛。

戴姆勒内部管理层的态度则更为保守。根据德国法律，理论上在持有接近10%的戴姆勒股份后，吉利方面可以在2018年4月4日的戴姆勒年度会议召开之前寻求一个监事会席位。就在吉利入股戴姆勒消息发布后，被吉利控股集团收购了8.2%股权的沃尔沃集团发布了声明，宣布沃尔沃汽车CEO汉肯·塞缪尔森将从沃尔沃集团董事会退出，理由就是吉利成为戴姆勒的最大股东，而戴姆勒是沃尔沃集团的主要竞争对手，所以塞缪尔森不会再次竞选进入董事会。

戴姆勒工会对于吉利的入股表现出的态度更为乐观积极，戴姆勒工会主席迈克尔·布莱希特在几个月前传出吉利有意入股的消息后，就开始做功课，好好研究了这家中国企业。迈克尔·布莱希特表示，戴姆勒工会与沃尔沃汽车的员工进行了"密切接触"，得到了关于他们和吉利合作的积极反馈。在与瑞典工会的交流中他感受到，沃尔沃汽车的员工对李书福和吉利汽车的评价不错，吉利很尊重他们的权益，这让迈克尔·布莱希特感到放心。而在德国，能够得到工会支持是非常重要的，许多大公司监事会的一半席位都由员工代表占据。迈克尔·布莱希特对与新投资人的合作持开放态度，这对于吉利来说是个好消息。

资料来源：砂糖兔．吉利入股戴姆勒引各方博弈 政府、工会、管理层态度不一．新浪网，2018-03-01.

3. 日本的银行相机治理

日本银行的双重身份决定了其必然在行使监控权中发挥领导作用。日本银行及其法人股东通过积极获取经营信息对公司主管实行严格的监督。一方面，银行作为公司的主要股东，在盈利良好的条件下，只是作为“平静的商业伙伴”而存在；另一方面，如果公司盈利开始下降，主银行由于处于特殊地位，能够很早就通过往来账户、短期信贷、与公司最高管理层个人交往等途径获取信息，及时发现问题，如果情况继续恶化，主银行可以通过召开股东大会或董事会来更换公司的最高领导层。日本的董事会基本上实行业务执行机构与决策机构合二为一，董事会的股东代表特别少，从总体上看具有股东身份的仅占9.4%，在上市公司特别是大公司中，具有股东身份的仅占3.9%，其余大部分都是公司中高层管理人员。从董事会成员构成可以看出，董事会不是股东真正行使监控权的机构。从表面上看，日本公司董事会没有银行的代表，实际上并非如此，在日本公司董事会中，有一名以上的董事常常是公司主银行的前任主管，这是日本商业银行的通行做法。这位前任主管实际上就是为主银行收集信息，并对公司主管实行严格监控，当对公司主管经理的经营业绩不满意时，就可以利用股东大会罢免这些经理人员。日本公司还通过定期举行的“经理俱乐部”会议对公司主管施加影响。尽管“经理俱乐部”会议不属于正式的公司治理结构，但它是银行和其他主要法人股东真正行使权力的场所。在“经理俱乐部”会议上，包括银行和法人股东在内的负责人与公司经理一道讨论公司的投资项目、经理的人选以及重大的公司政策等。

4. 日本企业的交叉持股

日本资本市场的参与者包括个人、银行、信托、证券公司、企业法人和外国投资者等。日本的交叉持股主要是指银行、券商等金融机构和企业法人之间的相互持股。在日本一般将金融机构和上市公司称为稳定股东。

交叉持股是一把双刃剑，由于并购行为不易施行，该类股票的持有相对稳定。该类股票在20世纪80年代末占据了市场总市值的66%的市值比重。只要不出现重大经营问题，该类股票价格往往保持稳定。20世纪日本经济泡沫破灭以前，银行持股在日本出现多次浪潮，这其中的推动因素包括个人投资者地位下降和信托机构的崛起、针对外国企业恶意并购的预防性措施以及经济泡沫下的过度投资等。经济泡沫破灭后，交叉持股扩大了资产泡沫的崩溃效应，企业的减持股票行为进一步推动股价下跌。1995年，日本政府吸取教训，开始着手解决交叉持股的问题，按照国际会计准则，银行、券商等机构的交叉持股都将通过二级市场进行抛售，日本企业开始进入漫长的去交叉持股的过程。日本证券市场在1989年见顶回落之后，日经指数经历了10多年的下跌。经济泡沫的破灭固然是主因，但其间解决交叉持股问题和市场自身的结构性问题起到了推波助澜的作用。商业银行和企业为补充现金流在该阶段不停地通过市场减持交叉股。

2000 年之后，新兴国家逐渐崛起，来自这些国家的资本开始与日本的制造业公司结合，推动日本公司的创新。缓慢恢复元气的日本金融机构开始新一轮注资进程，为日本公司的海外扩张提供助力。

事例 7-4

东芝逆境脱困：银行业相助，中国公司注入新活力

2017 年 2 月中旬，处于经营重组期的东芝公司召集有交易关系的银团在东京总部开会，介绍了因美国核电业务计入逾 7 000 亿日元损失的经过，以及半导体业务出售等改善财务状况的努力，并且要求继续到 2017 年 3 月底截止的联合贷款。对此，日本三井住友银行、瑞穗银行、三井住友信托银行这三家主力银行再次提供支援。这已经不是东芝这家曾经辉煌的科技巨头第一次陷入困境。这一次，日本的银行业再次发挥了中流砥柱的作用，调整后的东芝公司由三井住友银行的前副总裁车谷畅昭担任 CEO 兼董事长。

时间回溯至 2016 年 3 月，美的集团发布公告称，经交易双方协商一致，美的拟以自有资金约 537 亿日元收购东芝白色家电业务 80.1%的股权。也正是因为如此，东芝家电随后开启了美的时代。而美的收购东芝家电之后，不仅专注开发符合市场需求的产品，而且有计划地利用美的的销售网，进一步扩大海外销售额。相关数据显示，2017 财年东芝白色家电销售额达到 2 500 亿日元，比 2015 财年的销售额增加五成。事实上，在业绩呈现复苏态势的同时，东芝白色家电正在加速扩张海外市场，除了在中国和泰国的自主工厂制造家电外，东芝还进驻了柬埔寨和缅甸等，几乎覆盖了整个东南亚。

资料来源：姜莹．难翻身！东芝开大会自曝巨亏始末 求银团维持贷款．中国新闻网，2017-02-15.

三、德日公司治理模式的评价

（一）德日公司治理模式的优点

一是股东持股比例高，有动力和能力直接介入公司的日常管理决策，防止经营者利用“内部人控制”做出损害股东利益的行为。持股稳定性较高，使股东的利益与公司的利益有着紧密的联系，促使股东关注公司的长远发展。

二是德日公司治理模式是一种主动或积极的模式，即公司股东主要通过一个可信赖的中介组织或由股东中行使股东权力的人或组织（通常是一家银行）来控制与监督公司经理的行为，从而达到参与公司控制与监督的目的。股东如果对公司经理不满意，不会像英美公司那样只是“用脚投票”，而是直接“用手投票”。

三是德日公司由于员工参与治理，既提高了内部监督能力，又维护了员工的切身利益，因此企业员工的凝聚力强，比较敬业，表现在德日企业员工极少跳槽，以企业为家。

（二）德日公司治理模式的缺点

一是股权的高度集中和高度稳定影响了股票的流动性。在这种情况下，当大股东做出损害小股东利益的决策时，小股东没有能力进行反抗，也无法通过发达的股票市场来维护自己的利益，小股东的利益缺乏保障。

二是股票流动性差使股票市场无法通过市场的力量进行资源配置，不能通过接管市场来彻底清除业绩差的公司内部管理、监督机制上的积疾。以银行为控股股东的公司还会造成过高的负债率，容易形成经济泡沫，对国家经济发展不利。

（三）德日公司治理模式的发展趋势

与英美公司治理模式一样，德日公司治理模式开始重视治理结构中“用脚投票”的监控作用。具体表现为：

一是强调个人股东的利益，加速证券市场的发展。1996年日本制定了以证券市场监管体制改革为核心的金融体系改革计划，放宽了对证券市场的限制，如废除养老基金、保险公司及投资信托业务等资产运用的限制，拓宽股票市场的资本供给渠道，允许公司董事和职工以预先确定的价格购买本公司股票。这些措施对活跃证券市场，特别是股票市场有着重要的作用。

二是降低公司负债率，弱化银行对公司的控制。20世纪80年代初，日本主要大公司的平均债务与股本比例为2.75∶1，如今，这个比例下降到1∶1，银行对企业的控制逐渐减弱。

三是引入外国投资者，协助本国公司开辟海外市场。近年来，随着新兴国家产业升级换代，不少来自新兴国家的资本进入欧洲或日本等老牌制造业强国进行并购或参股。这一方面扩大了德日等国公司的海外市场，另一方面给新兴国家带来新的技术。同时，由于担心技术转移造成本国竞争力下降和失业，德日等国公司对于新兴国家资本往往保持谨慎的态度，这加大了新兴国家资本参与公司治理的难度。从趋势上看，新兴国家资本通过让渡部分表决权，换取政府、公司管理层和工会的信任。

第 3 节 血缘关系至上的家族公司治理模式

一、家族公司治理模式产生的背景

家族公司治理模式是指企业所有权与经营权没有实现分离，所有权与经营权均集中于一个人或一个家族，企业控制权在家族成员中配置的一种治理模式。在中国的台湾、香港、澳门以及东亚、东南亚、西亚等地，许多大型公司由家族成员控制，表现为家族占有公司相当大比例的股份并控制董事会，家族成为公司治理结构中的主要影响力量。形成这种治理模式有以下几方面的因素：

一是市场体制不发达，资本市场、经理人市场等都不是很发达。在这种环境中，家族便成为监控公司的有效选择，公司股权由家族控制。

二是文化思想、社会经济传统的影响，家族经济、家长作风、家庭信用、儒家思想等对公司治理结构都有一定作用。基于血缘关系的家族权力传承，是家族企业成长的目标之一。

三是政府经济政策对家族企业的鼓励和支持，家族企业与政府之间存在的千丝万缕的关系，为家族企业实现跨越式发展创造了条件。

随着市场逐步完善，家族企业创始人在继承人选择问题上往往受到家族利益与企业发展之间矛盾的影响，部分家族企业在交给二代继承人后，由于产业周期进入下滑区间、二代继承人经营能力有限等因素，出现经营不善的问题。为此，家族企业治理中的关键问题始终围绕继承人的选择而展开，引入外部经理人与培养二代继承人成为家族企业延续的主要手段。

二、家族公司治理模式的特征

（一）企业所有权或股权主要由家族成员控制

公司股权与控制权没有真正实现分离，公司与家族合一，公司的主要控制权掌握在家族成员（包括以血缘、亲缘、姻缘为纽带组成的家族体系）手中。家族成员控制企业的所有权或股权表现为五种情况：

（1）企业的初始所有权由单一创业者拥有，创业者退休后，企业的所有权传递给子女，由子女共同拥有。

（2）企业的初始所有权由参与创业的兄弟姐妹或堂兄弟姐妹共同拥有，待企业由创业者的第二代经营时，企业的所有权由创业者的兄弟姐妹的子女或堂兄弟姐妹的子女共同拥有。

（3）企业的所有权由合资创业的具有血缘、亲缘和姻缘关系的家族成员共同控制，然后顺延传递给创业者第二代或第三代的家族成员，并由他们共同控制。

（4）家族创业者或家族企业与家族外其他创业者或企业共同创办企业，由家族创业者或家族企业控股，待企业股权传递给家族第二代或第三代，形成由家族成员共同控股的局面。

（5）一些原来处于封闭状态的家族企业，迫于企业公开化或社会化的压力，把企业的部分股权转让给家族外的其他人或企业，或对企业进行改造公开上市，形成家族企业股权多元化的格局，但这些股权多元化的家族企业仍然由家族成员控制。

（二）企业决策家长化

受儒家伦理道德的影响，在家族企业中，企业的决策被纳入家族内部序列，企业的重大决策如创办新企业、开拓新业务、人事任免、决定企业的接班人等都由家族中的家长（同时是企业创办人）一人做出，家族中其他成员做出的决策也须得到家长的首肯，即使家长已经退出企业经营的一线，由家族第二代成员做出的重大决策也必须征询家长的意见或征得家长的同意。当家族企业的领导权传递给第二代或第三代后，前一代家长的决策权也同时赋予第二代或第三代接班人，由他们做出的决策，前一代的其他家族成员必须服从。与前一代的家族家长相比，第二代或第三代家族家长的决策权有所下降，这也是家族企业在第二代或第三代出现矛盾或冲突的根源所在。

（三）经营者激励约束双重化

在家族企业中，经营者受到来自家族利益和亲情的双重激励和约束。对于家族第一代创业者而言，他们经营往往是为了光宗耀祖或使自己的家庭成员更好地生活，以及给自己的子孙后代留下一份产业。发扬光大父辈留下的事业、让作为企业股东的家族成员的资产保值增值、维持家族成员的亲情，是对家族企业第二代经营者进行激励和约束的主要因素。因此，与非家族企业经营者相比，家族企业的经营者的道德风险、利己的个人主义倾向发生的可能性较低，用规范的制度对经营者进行监督和约束并无必要。这种建立在家族利益和亲情基础上的激励约束机制，使家族企业经营者所承受的压力更大，并给家族企业的解体留下了隐患。

三、家族公司治理模式的评价

（一）家族公司治理模式的优点

（1）所有权与经营权合一，可以减少委托-代理成本。所有者是委托人，经营者是代理人，委托-代理问题产生的根源在于委托人与代理人双方的利益不一致与信息不对称。家族公司治理模式下由家族或创业者持有企业全部或绝大部分股权，所有权整体上是清晰的，不存在所有者缺位问题，所有权与经营权合一，委托人与代理人身份合一，因此能降低委托-代理成本。同时，家族成员既是所有者又是经营者，这使家族成员天然地受到极大的激励。

（2）利用家族人际关系，可以降低企业获取资源的成本。家族企业利用血缘和亲缘关系获得创办企业所需的物质资本和人力资本，可以降低企业创立成本。家族企业的初始创业资本一般来源于家庭积累或亲友资助，当企业发展需要再投入资本时，一般依靠内源性融资，即除了企业自身积累外，由家族成员再投入。对中小企业而言，这样的融资方式要比银行贷款或社会融资容易，成本也较低。在创业初期，用人制度上偏重于血缘、亲缘关系等也可以降低企业成本。

（3）利用家族人际关系，可以降低企业内部整合成本。把持企业各重要岗位的家族成员，作为企业的经营者受到家族利益与亲情的双重激励与约束。家族成员的利益共享、风险共担机制使家族企业的生存发展与家族成员的利益紧密相连，家族成员自然会减少机会主义行为，对企业有一种强烈的认同感和忠诚度。家族成员在企业家长的领导下具有极强的向心力，这有助于增强企业凝聚力。血缘、亲缘关系产生的信任要优于体制信任，家族成员间更容易相互配合，这有利于企业的内部沟通与协调，降低内部交易成本与监控成本，从而降低企业内部整合成本。

（4）决策与执行效率高。家族公司治理模式中的决策机制一般为高度集权的家长制，企业家长往往集所有权与经营权于一身，且具有高度权威，能凭借经验和才智迅速做出决策，并使各项决策顺利、迅速地贯彻实施，从而把握商机。

（二）家族公司治理模式的缺点

（1）决策机制独断，易造成经营风险。由于所有权与经营权合一，作为企业领袖的家长权力集中，往往实行家长式独裁管理。决策由家长说了算，缺乏科学、民主的决策机制，也缺乏足够的监督机制。这种机制固然决策效率高，但由于缺乏必要的制衡，易造成经营风险。家长个人的决策不可能永远正确，当出现重大决策失误时，会对企业的经营甚至生存造成严重影响。

（2）产权结构表现为大股东控制，会产生侵占小股东利益的行为。家族企业存在严重的“一股独大”问题，控股家族拥有企业绝大部分股权，既是所有者又是经营者。企业被大股东操纵，股东之间不能得到公平对待，会损害小股东利益。家族公司治理模式对外表现出相对封闭性，透明度低，信息披露不充分，小股东往往难以获取企业真实可靠的信息，容易被大股东欺骗，导致利益被侵占。家族公司治理模式导致正式治理结构虚化，股东会、董事会、监事会等公司治理机构被大股东控制，小股东发言权受到极大限制。

（3）产权封闭，不利于企业扩大规模。家族公司治理模式具有封闭性的特点，企业社会化与公开化程度低，难以得到外部投资者的充分信任。企业融资渠道狭窄，企业发展所需资金主要靠自身积累与原股东增资两种方式，属于内源性融资，融资规模有限，势必影响企业的发展。许多家族企业出于保护自身需要，不愿让外界了解企业实际经营与股东状况，甚至连银行融资也予以拒绝。

（4）任人唯亲，重人治，轻法治，不利于提升管理水平。血缘、亲缘、姻缘关系是家族企业的纽带，其作用往往超过正式组织制度。由血缘、亲缘关系产生的信任要大于体制信任，因此，家族企业普遍存在任人唯亲问题，企业的重要岗位基本上由家族成员担任，外部人员很难进入管理层核心。创业初期，家族企业在用人上偏重于有血缘、亲缘关系的人员，可以降低成本，有利于家族企业的发展，但是随着企业规模扩大，任人唯亲的用人方式受限于人才数量与专业能力，将会阻碍企业发展。家族关系会成为企业内强势关系，压迫与屏蔽基于正式制度的关系，产生重人治、轻法治的问题。这些都会影响家族企业管理水平的提升。

（5）缺乏对家族外人力资本的激励机制，易导致人才危机。家族公司治理模式的对外封闭性，家族对外人的防范心态，加之信用缺失的环境，导致家族与外部职业经理人之间缺乏足够信任，职业经理人难以参与企业核心管理，缺乏归属感，容易导致人才危机。

（6）接班人倾向于内部传承，处理不当会造成企业衰退。在接班人问题上，家族企业倾向于内部传承，以保障企业的所有权不会落入外人手中。接班人的选择是家族公司治理模式的薄弱环节，经常因为处理不当导致家族企业衰退甚至分裂。内部传承的方式不能保证所选择的继承人有足够的能力与威望承担起企业领袖的职责，而且容易引发家族内财产争端，造成企业震荡。

事例7-5

家族企业如何培养继承人

香港李锦记集团是华人社会中少见的长寿家族企业，从李锦裳先生1888年创办至今已有100多年历史，现已成为一家产品行销全球的百年老店式家族企业。家族的接力棒已顺利地交到第四代掌门人李惠雄手中，他是李锦记第三代掌门人李文达的次子。

然而，李锦记的家族企业传承之路曾两度面临断层。李锦记经历了三个世纪四代人，曾经在第二代、第三代出现了堂兄弟和兄弟的股权之争，最终结果是公司资产为负。到了第四代，为防止出现类似的情况，2003年成立了李锦记家族委员会。

家族委员会是关注家族事务的家族核心成员的沟通平台，同时也是家族最高决策机构。在华人家族企业中，建立正式家族治理机构和“家族宪法”的企业少之又少，李锦记的“家族宪法”尝试从战略上和制度上保障企业的延续。家族委员会包括全部家族的26名成员，其中核心成员为李文达夫妇及其5个子女，委员会主席由委员会成员轮流担当，任何个体都没有决定权。委员会下设五个机构：家族业务、家族投资、家族慈善基金、家族学习与发展中心、家族办公室。家族委员会的中心工作不是如何改善李锦记的企业经营状况，而是如何从战略上规划家族建设，包括“家族宪法”、家族价值观，以及第三代、第四代和第五代的培训内容等。家族委员会每三个月召开一次会议，持续四天，由委员会成员轮流主持。

家族委员会制定了“家族宪法”来约束所有家族成员，涉及多项关键内容：股权的继承和转让，家族成员的雇用，董事会，以及家族委员会、董事会与管理层的角色分工等，为未来家族传承和成员涉入企业等重大问题做了较多准备。除此之外，还对李氏子女的个人生活做出约束。李锦记历经百年不衰，与对家族成员的约束以及接班人的培训和选拔密不可分，为家族企业的治理提供了研究的典范。

资料来源：谈乐炎．家族企业破解富二代难题．小康，2010 (9).

(三) 家族公司治理模式的发展趋势

家族公司治理模式仍然会长期、大量存在。从整个社会看，中小企业永远是所有企业中数量最大的群体，中小企业的特征决定了大量中小民营企业必然会选择家族公司治理模式。

（1）构筑规范的现代公司治理模式是必然趋势。家族公司治理模式的相对封闭性以及不完善的决策制度，会对家族企业做大做强造成阻碍。随着家族企业经营规模的扩大，家族治理模式必然会向规范的现代公司治理模式过渡。制度创新是民营企业成功跨越转型期的关键因素，建立现代企业制度则是民营企业制度变迁的根本方向。

（2）真正发挥公司治理结构的作用，完善决策机制。家族公司治理模式应将虚化的公司治理结构实化，以形成规范、高效的现代公司治理结构，通过对企业股东会、董事会、监事会、经营管理班子责权的科学划分建立起完善的决策、监督、执行体系，构筑起企业内部相互制衡机制与科学决策机制，并使之有效运作，从而降低企业重大决策失误的可能性。

（3）产权结构逐步社会化和公开化。随着市场环境逐步完善以及民营企业不断扩张，家族公司治理模式要突破自身界限，产权结构逐步实现多元化，以提高社会化和公开化程度，增加透明度与社会信任度，实现与社会资本的融合，构筑相互监督又相互支持的风险共担的多元投资主体，这既是家族企业获得所需资金与资源的重要方式，又是家族企业能够持续稳定发展的保证。同时，产权结构的多元化又会进一步促进所有权与经营权分离。

（4）强化企业制度建设，形成科学管理机制。企业竞争力很大程度上取决于资源有效利用水平，资源有效利用水平又是管理水平的体现，管理的关键在于科学与有效。家族企业要持续发展，必须突破管理水平的瓶颈，因此必须重视制度的力量，强化企业制度建设，实现从人治到法治的转变，淡化任人唯亲的负面影响，利用组织机制的力量克服管理中的不足，实现企业规范化管理。

（5）强化对家族外人力资本的激励机制。家族企业要打破家族观念，树立企业社会化理念，应以人为本、不避亲疏、任人唯贤，强化对家族外部人力资本的激励机制，从更大范围按照企业发展要求选择最合适的人选担任企业重要管理职位，营造尊重、和谐、愉快、进取的企业氛围，增强员工归属感，激发员工的工作热情和创造力。对有重要贡献的经营管理人员、技术骨干等人力资本的代表，企业甚至可以对其实行股权激励，以股份的形式使关键员工与企业成为真正的命运共同体。

第 4 节　党组织嵌入的中国公司治理模式

一、中国公司治理模式产生的背景

中国于 20 世纪 90 年代从计划经济向市场经济转型，并陆续通过立法、制定准则等措施迈出公司治理国际趋同的步伐，开始了公司治理改革。在这一过程中，转轨国家的经济体制、市场发展、政策法规、法律制度等极其复杂，导致企业的治理极具特殊性。其产生的背景如下：

一是中国的公司发展起步较晚。中国在改革开放之前一直实行的是计划经济，这个时期所有的商业实体都属于国家。改革开放之后，中国公司才蓬勃发展起来，与其他国家在发展初期一样，中国的企业处在初级阶段。

二是市场经济发展不充分，资本市场与金融市场起步较晚，经理人市场不够发达。市场对企业和经理人形成的压力较小。

三是中国社会经济制度的基础是生产资料的社会主义公有制，在所有制结构中处于主体地位。在这种制度环境中，政府对企业的发展具有主导作用，国有经济是国民经济的支柱。

四是党组织在经济发展和国企改革中的领导作用贯穿始终。党的二十大报告强调，“坚持和加强党的全面领导”，“增强党组织政治功能和组织功能……各级党组织要履行党章赋予的各项职责，把党的路线方针政策和党中央决策部署贯彻落实好”①。独特的政党制度使得共产党在中国的经济发展和国家建设中始终处于领导核心地位，并通过各级党组织融入企业的治理结构，通过参与企业的治理过程，为企业制定符合国家政策的发展路线，实现国家经济体制的转轨和经济增长方式的转变，由此形成中国国有企业公司治理最大的特点，即党组织嵌入公司治理。

二、中国公司治理模式的特征

（一）股权结构较为集中

中国国有企业数量众多，在国民经济中所占的比例较高。股权结构主要表现

① 习近平．高举中国特色社会主义伟大旗帜 为全面建设社会主义现代化国家而团结奋斗——在中国共产党第二十次全国代表大会上的报告．北京：人民出版社，2022：26，67.

出以下两个特征：一是在股权结构方面，国有股持股比例较高，存在“一股独大”的国有股东，处于绝对控股地位；二是从目前中国上市公司的股权结构看，股权集中度较高。

（二）存在“内部人控制”现象

传统的“内部人控制”问题源于股东所有权与经理人经营权的分离，以及在此基础上所产生的信息不对称。国有企业在放权让利的改革过程中，经营者获得了较大的经营和分配自主权，政府职能和所有者的“缺位”导致不能有效地控制和监督经营者的行为，企业经理人员为谋取个人私利而损害企业出资者的权益，出现“内部人控制”问题。

（三）独立董事制度与监事会制度并存

我国《公司法》于1993年颁布，适值国家经济体制改革，将建立现代企业制度作为改革的方向。由此我国的公司治理结构借鉴了英美公司治理模式和德日公司治理模式，确立了由股东（大）会、董事会、监事会和经理分管公司治理权力的公司治理格局和治理模式。在经营管理上，股东（大）会选举董事组成董事会，由董事会代表公司运作公司法人财产权并聘用经理层具体执行，经理层对董事会负责，董事会对股东大（会）负责；公司内部监督主要由监事会负责。但在实践中由于一股独大、信息披露质量不高、监督机制不健全等原因，董事会作用不足，监事会失效。为了进一步优化公司治理结构，重构权力制衡体系，我国在2005年新修订的《公司法》中引入独立董事制度。因此，我国的公司治理模式是在英美模式和德日模式基础上的再创新。

（四）党组织嵌入公司治理

在中国建立现代企业制度之前，公司治理主体主要是“老三会”，即党委会、职工代表大会和工会，主要的治理目标是确保企业贯彻执行国家的经济政策，同时保护职工的权益。建立现代企业制度之后，中国企业的法定公司治理主体是“新三会”，即股东（大）会、董事会和监事会，主要目标是保护国有股东和其他股东，以及债权人等利益相关者的利益。然而，“新三会”建立之后，“老三会”仍然存在，其中党委会的公司治理角色得到实质上的强化，职工代表大会、工会旨在保护员工权益的公司治理角色则有相当一部分移交给监事会。党组织所承担的治理角色，是中国公司治理中最有中国特色的部分，也是中国公司治理结构的关键。2018年修订的《公司法》确立了党组织在公司中的法定地位，要求在公司中设立党的组织，开展党的活动，公司应当为党组织的活动提供必要条件。2023 年修订的《公司法》进一步规定，国家出资公司中中国共产党的组织，按照中国共产党章程的规定发挥领导作用，研究讨论公司重大经营管理事项，支持公司的组织机构依法行使职权。

党组织嵌入公司治理主要体现在两个方面：一是围绕企业的生产经营开展各项工作；二是参与公司经营管理过程中的重大问题决策。其参与公司治理主要是通过建立相关机制、形成党组织运行制度、表明意见或提出建议等方式实现的。党组织在企业中的主要职能为政治思想领导、围绕生产经营开展监督和保障、党管干部以及参与决策等，发挥“把方向、管大局、促落实”作用，确保党始终是中国特色社会主义事业的坚强领导核心。

党组织研究讨论是董事会决策的前置程序。党组织参与决策主要通过加强事前沟通与组织保障等方式进行，重大经营管理事项必须经党组织研究讨论，再由董事会做出决定。两者的成员在决策前先沟通，交换意见，达成共识，将党委会的意见、主张及时反馈给董事会，作为董事会最终决策时的重要参考。党委书记、董事长、总经理在重大问题决策前充分沟通，广泛听取党员、职工及有关方面的意见，在党委会参与公司重大问题决策的实践中，形成优势互补、力量聚合的局面。通过“双向进入、交叉任职”的人事安排，进入董事会的党组织成员负责在董事会中传达党组织的意见和决定，同时将董事会的意见反馈给党组织，提升党组织的决策效率和水平。

（五）外部治理机制较弱

外部治理机制是内部治理机制的有益补充。中国的资本市场经过 30 多年的发展，虽然在各个方面得到长足的进步，但还不是一个十分成熟、运作有效、竞争有序的资本市场。例如，机构投资者虽然日益壮大，但仍有机构“散户化”现象，价值投资和长线投资力量仍较薄弱；市场仍然缺乏广泛有效的做空机制；跨境证券投资规模有限；信息披露、交易制度、退市制度等资本市场法律法规体系不够完善；市场资源配置效率需进一步提升。有效竞争的经理人市场的存在，对于约束和激励公司管理人员尽职履行职责具有重要意义。经理人市场是一种市场选择机制，经理人只有努力工作并拥有良好的工作业绩，才有可能在经理人市场上拥有更好的竞争优势，进而获得更好的发展。但目前我国国有企业经营者主要是行政任命，经理人市场不能对经理人产生有效制约。

三、中国公司治理模式的评价

（一）中国公司治理模式的优点

第一，党组织发挥领导核心作用。2018年中国证监会修订《上市公司治理准则》，对“党建入章”提出原则性要求，至此，党组织在公司治理结构中的法定地位进一步明确。党组织保证党和国家大政方针政策在企业贯彻执行，落实党中央、国务院关于促进企业发展的重大战略决策，以及上级党组织有关重要工作部署；同时适应现代企业制度要求和市场竞争需要，坚持党管干部、党管人才原则与董事会依法选择经营管理者相结合，为企业发展提供人才保障；研究讨论企业改革发展、重大经营管理事项和涉及员工切身利益的重大问题，并提出意见建议；尊重和支持股东会、董事会、监事会、高级管理层依法履职，指导和推动高级管理层落实股东会、董事会的决策事项；支持职工代表大会开展工作。在中国建立现代企业制度起步较晚，外部市场机制不够发达的情况下，党组织在企业中发挥的领导核心和行政监督作用是提升企业治理水平、制约经理人员行为的重要手段之一。

第二，强调利益相关者的利益保护。我国的国有企业是国民经济的主导力量和重要支柱，在国民经济中占有绝对优势。国有企业从事生产经营活动虽然也有营利目的，但更多是执行国家经济政策，担负国家经济管理（调节社会经济）的职能。国有企业的特殊性决定了其需要积极参与提供公共服务，在自身发展的基础上反哺社会和人民，在公共产品供给等方面承担重要责任。国有企业具有广泛的利益相关者群体，因此其公司治理目标需要更关注人民群众和利益相关者整体利益的平衡，积极履行社会责任，包括对员工、消费者、供应商、债权人、环境与资源保护及合理利用、慈善以及政府的责任。2023年修订的《公司法》第二十条新增规定：“公司从事经营活动，应当充分考虑公司职工、消费者等利益相关者的利益以及生态环境保护等社会公共利益，承担社会责任。国家鼓励公司参与社会公益活动，公布社会责任报告。”从法律层面对公司承担社会责任提出了要求。

（二）中国公司治理模式的缺点

第一，股权集中不利于形成制衡。虽然在法律上，股东会享有公司重大事项的决定权，但实际上许多公司的股东会徒有其名，真正决定公司重大事项的更多是控股股东。在股权集中的情况下，控股股东的权力过大，致使公司治理结构难以实现分权和制衡。比如，通过提名选任董事的方式控制董事会，进而控制本应由董事会聘任的经理人。

第二，党组织嵌入公司治理细则不够清晰。虽然党组织在公司治理中的法定地位已经落实，学术界和实务界也不断致力于对这一现状进行讨论和细化，但党组织作为中国特色的政治组织，在国际上缺乏可以学习和借鉴的经验，只能基于中国的法律、制度、文化以及市场条件等摸索适合自身发展的最佳公司治理实践。虽然当前绝大多数企业（特别是国有企业）均建立了基层党组织，但党组织的实际治理水平仍然参差不齐，存在党组织制度建设不规范，党组织与董事会权责边界模糊，党组织领导专业性与业务需求不匹配等问题，党组织治理效果有效发挥仍需进一步努力。

第三，独立董事独立性不强。虽然中国证监会要求上市公司董事会成员中应当至少包括2名独立董事，且不得少于上市公司董事会人数的1/3，但独立董事制度在实施过程中仍然存在独立性不足的问题。按照规定，上市公司董事会、监事会、单独或者合并持有上市公司已发行股份1%以上的股东可以提出独立董事候选人，并经股东会选举决定。在普遍存在“一股独大”或内部人控制的情况下，独立董事更多还是由大股东和内部人提名，独立性难以保障，监督职能发挥有限。

第四，监事会职能弱化，独立话语权有限。与德日公司治理模式中垂直式双层治理结构不同，我国《公司法》确定的公司治理结构是平行式的治理结构，即董事会和监事会均由选举产生，在法律地位上平等，董事会仅对股东会负责，监事会无决策权，只有监督权。但在公司的实际运行过程中，监事和监事会缺乏必要的独立性和话语权，更像“聋人的耳朵”，监督职能难以有效发挥。

（三）中国公司治理模式的发展趋势

中国的公司治理模式是基于自身的文化制度土壤，对其他治理模式进行借鉴和吸收。在保持独特的制度优势基础上，越来越重视外部环境和制度的影响。

第一，坚持发挥党组织的治理作用。习近平总书记2016年10月在全国国有企业党的建设工作会议上强调，“坚持党对国有企业的领导是重大政治原则，必须一以贯之；建立现代企业制度是国有企业改革的方向，也必须一以贯之。中国特色现代国有企业制度，‘特’就特在把党的领导融入公司治理各环节，把企业党组织内嵌到公司治理结构之中，明确和落实党组织在公司法人治理结构中的法定地位”①。

第二，重视市场经济，从行政型治理向经济型治理转变。全民所有制企业是

① 习近平．习近平谈治国理政：第2卷．北京：外文出版社，2017：176.

计划经济下的企业形态，企业受到政府的直接管理，表现出行政型治理的特征。实行现代企业制度的公司则需要市场经济下的经济型治理与之匹配，需要市场化配置资源、经济化经营目标，在厘清政府与市场边界的前提下完善公司的内外部治理机制，实现由权力制衡向决策科学的转变。

第三，混合所有制改革实现股权结构多元化。建立在产权多元化基础上科学的治理结构以及有效的治理机制是公司治理的核心内容，是决定公司治理效率的重要因素。中国的国有企业通过混合所有制改革，减少国有股“一股独大”的情况，使股权结构尽可能多元化，进而推动完善现代企业制度，健全企业法人治理结构。

第四，完善外部治理机制。中国公司治理水平的提升一直受制于相对滞后的外部治理，存在着依靠行政力量而忽视市场和法治的思维惯性。公司治理需要良好的外部治理作为依托，而该环境必须是市场化、法制化的。公司是有营利性目标，按照自身逻辑在法制化的市场中运行的经济组织，资本市场、债权人等外部治理的重要主体在参与公司治理时，也要遵循市场的逻辑和规则。一方面，大力发展股票市场和产权交易市场，依法规范和维护公司控制权市场竞争机制，形成股东“用脚投票”的外部监督机制；另一方面，完善相关法律法规制度，完善信息披露制度，加强投资者保护。

□ 小　结

各国的历史、文化、政治以及经济不同，衍生了不同的治理模式。英美公司治理模式强调的是外部市场治理机制，德日公司治理模式强调的是内部治理机制，家族公司治理模式更重视家族成员的血缘关系形成的自我治理机制，中国公司治理模式更重视中国特色政党制度与公司治理的融合。不同治理模式各有优缺点，随着经济全球化的发展，各有借鉴，大有趋同化态势。

□ 关键术语

英美公司治理模式	德日公司治理模式	主银行制
家族公司治理模式	党组织	中国公司治理模式

□ 选择题

1.（单选题）英美公司具有（　　）的特征，决定其不可能将股东大会作为公司的常设机构，或经常就公司发展的重大事项召开股东大会做出有关决策。

A. 独立董事占多数

B. 高管层报酬中股票期权比例较大

C. 单层治理结构

D. 股权结构较为分散

2. （单选题）下列关于英美公司治理模式的说法错误的是（　　）。

A. 首席执行官具有较大的权利

B. 专门委员会的设置可以提高董事会的决策效率

C. 商业银行是公司的主要股东

D. 搭便车现象比较严重

3. （多选题）关于英美公司治理模式的说法正确的是（　　）。

A. 英美公司治理模式以英美法系为基础

B. 英美公司治理模式也称为市场主导型公司治理模式

C. 股权结构较为分散

D. 具有双层公司治理结构

4. （多选题）以下属于英美公司治理模式的特征是（　　）。

A. 单层公司治理结构

B. 独立董事占多数

C. 董事会内部设置专门委员会

D. 设置监事会

5. （单选题）下列关于德日公司治理模式的说法正确的是（　　）。

A. 所有权与经营权合一，可以减少委托-代理成本

B. 经营者激励约束双重化

C. 商业银行是公司的主要股东

D. 搭便车现象比较严重

6. （单选题）仿照政治上立法、行政和司法三权分立的做法，将公司的决策、执行、监督三种权力和职能分开，设置股东会、董事会、监事会，分别作为公司的意思决定机构、业务执行机构和监督机构，公司治理结构模式体现了制衡分权的管理原则，这种模式是（　　）。

A. 英美公司治理模式　　B. 德日公司治理模式

C. 家族公司治理模式　　D. 中国公司治理模式

7.（多选题）关于德日公司治理模式形成的背景，以下说法正确的是（　　）。

A. 德日公司治理模式以大陆法系为基础

B. 商业银行可以比较自由地持有工商企业的股权

C. 公司间交叉持股比较常见

D. 有较为强烈的群体意识

8.（多选题）以下属于德日公司治理模式的特征的是（　　）。

A. 股权结构较为集中，商业银行处于核心地位

B. 独立董事占1/3以上

C. 设置监事会

D. 利益相关者参与共同治理

9.（单选题）企业所有权与经营权没有实现分离，所有权与经营权均集中于一个人或一个家族，企业控制权在家族成员中配置的公司治理模式是（　　）。

A. 英美公司治理模式　　B. 德日公司治理模式

C. 家族公司治理模式　　D. 中国公司治理模式

10.（单选题）下列选项中不属于家族公司治理模式特征的是（　　）。

A. 企业所有权或股权主要由家族成员控制

B. 企业决策家长化

C. 股权结构较为集中

D. 经营者激励约束双重化

11.（单选题）受儒家伦理道德的影响，在家族企业中，企业的决策被纳入家族内部序列，企业的重大决策如创办新企业、开拓新业务、人事任免、决定企业的接班人等都由家族中的家长（同时是企业创办人）一人做出，家族中其他成员做出的决策也须得到家长的首肯，即使家长已经退出企业经营的一线，由家族第二代成员做出的重大决策也必须征询家长的意见或征得家长的同意。这属于家族公司治理模式中的（　　）特征。

A. 企业所有权或股权主要由家族成员控制

B. 企业决策家长化

C. 股权结构较为集中

D. 经营者激励约束双重化

12.（多选题）下列选项中属于家族公司治理模式优点的是（　　）。

A. 股东持股比例高，防止经营者利用“内部人控制”做出损害股东利益的行为

B. 员工参与治理，既提高了内部监督能力，又维护了员工的切身利益

C. 所有权与经营权合一，可以减少委托-代理成本

D. 决策与执行效率高

13.（单选题）下列关于中国公司治理模式产生的背景，说法不正确的是（　　）

A. 中国的公司发展起步较晚

B. 中国的资本市场和经理人市场已经比较发达

C. 政府对企业的发展具有主导作用

D. 党组织在经济发展和国企改革中发挥领导作用

14.（多选题）以下属于中国公司治理模式的特征的是（　　）。

A. 股权结构较为集中

B. 存在“内部人控制”现象

C. 独立董事制度和监事会制度并存

D. 党组织嵌入公司治理

15.（多选题）关于中国公司治理模式的优缺点，下面说法正确的是（　　）。

A. 党组织发挥领导核心和行政监督作用是提升企业治理水平、制约经理人行为的重要手段之一

B. 关注人民群众和利益相关者整体利益的平衡

C. 独立董事制度独立性不强

D. 监事会独立话语权有限

□ 思考题

1. 英美公司治理模式的特征是什么？

2. 德日公司治理模式的特征是什么？

3. 家族公司治理模式的特征是什么？

4. 中国公司治理模式的特征是什么？

5. 比较四种公司治理模式的优缺点。

□ 案例分析

中国企业赴美上市

2014 年 2 月 24 日，英国金融时报（FT）网站刊登了一条消息：“新浪微博计

划赴美上市，拟筹资5亿美元。”这一消息不禁让人联想到近年来前赴后继到美国上市的中国企业。迄今为止，中国企业共出现过几次大的境外上市浪潮。在2000年的第一次浪潮中，新浪、网易、搜狐三大门户网站接连在美国纳斯达克上市；在2004—2005年的第二次浪潮中，盛大游戏、百度先后在纳斯达克上市，前程无忧、分众传媒等也赴境外上市，腾讯则在2004年选择了香港联交所主板上市；在2011年前后掀起的第三次浪潮中，优酷网、当当网、人人网、土豆网、世纪佳缘、奇虎360、唯品会等成员“踊跃参加”；始于2013年底的第四次浪潮中，不乏去哪儿网、乐居、微博、途牛、聚美优品、京东、阿里巴巴等互联网企业的身影。从这样一份清单中不难看出，国内知名、有一定影响力的互联网企业多数已经上市，其中，电商类企业的表现近年来尤为突出。

美国时间2014年4月17日，新浪微博（已更名为微博）于纳斯达克正式挂牌交易，开盘价为每股16.27美元，当日收盘时较发行价上涨19.06%。像其他海外上市的互联网企业一样，海外投资人以实际行动给予其高度评价。事实上，2013年第四季度（也就是上市之前），新浪微博营业利润达到300万美元，成为中国第一个盈利的社交媒体平台。是什么原因促使这样优质的企业选择海外投资市场值得我们深思。

在国内，监管部门注重对拟上市企业的实质判断，上市门槛较高，但这并不能完全解释中国企业热衷海外上市的现象，而是给了我们启发。首先，国内外投资市场在文化、法律、投资者素质等方面存在巨大差异，企业会选择对自身帮助最大的上市地，并且会考虑上市门槛因素带来的成本。其次，不同资本市场中政府的参与程度有很大不同，这并非人为规定，而是与客观经济环境相匹配的。我国在市场经济完善过程中，政府对市场进行引导有益于防止市场失灵，但过度干预将把市场参与主体推向远方。最后，企业选择上市地的同时，也会被当地的投资者选择。正确看待与海外投资者的关系，对投资者的划分尤为重要，尤其要认清价值投资者与机会主义投资者的区别，这样才能处理好股东关系，为未来增资扩股等企业行为奠定信用基础。

资料来源：郝艺．2015年中国企业赴美上市潮落．中国产经新闻，2015-02-26.

问题讨论：

1. 中国企业为什么选择海外上市？
2. 中国企业赴美上市会遭遇哪些治理制度的挑战？

第8章

信息披露治理

学习目标

1. 掌握信息披露的内涵和分类，理解信息披露的作用，进一步了解公司治理与信息披露之间的关系；

2. 掌握信息披露的原则和内容；

3. 了解信息披露的主要方式。

素养提升

1. 党的二十大报告强调“健全资本市场功能，提高直接融资比重”①。确保信息披露的质量，强化公司治理监管，有助于提升资本市场定价效率和切实加强投资者保护，从而充分发挥资本市场在资源配置、风险缓释、政策传导、预期管理等方面独特而重要的功能。

2. “人无信不立”，对企业而言亦是如此，任何时候，依法诚信经营都是企业安身立命之本。作为上市公司，更应当严格遵守相关市场的法律和规则，真实准确完整地履行信息披露义务，这既是对市场、对股东负责，也是对自己负责。

① 习近平．高举中国特色社会主义伟大旗帜 为全面建设社会主义现代化国家而团结奋斗——在中国共产党第二十次全国代表大会上的报告．北京：人民出版社，2022：30.

学习导图

信息披露不仅是上市公司与外界信息使用者之间的桥梁，也是公司治理的基石。为此，本章以信息披露为主线，循序渐进地介绍信息披露的内涵、信息披露的作用、信息披露的原则与内容、信息披露的方式。

本章通过介绍信息披露的内涵，进一步明确信息披露在公司治理中的作用。在学习过程中，应重点理解信息披露与公司治理的相关内容，掌握信息披露的原则和内容的相关知识。

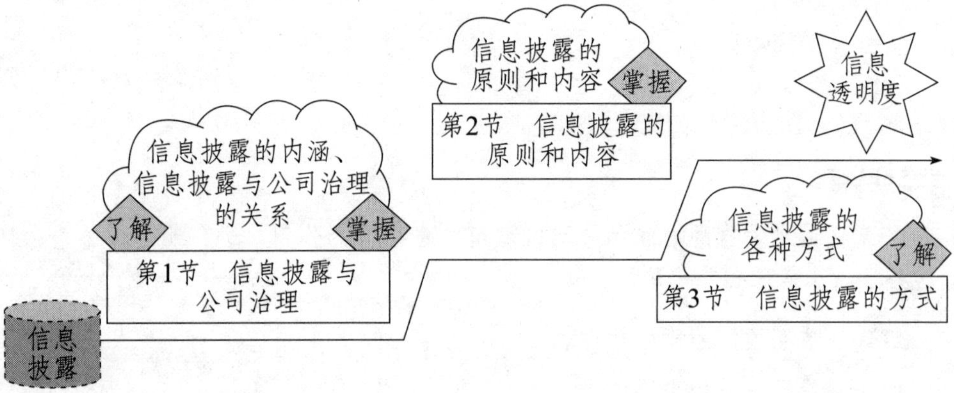

引例

信息披露违法退市第一股：*ST博元“神话”终结

随着上交所2016年3月21日的一纸公告，*ST博元成为A股首只因信披违法遭强制退市的股票。

3月21日，上交所上市委员会召开审核会议，做出了同意终止珠海市博元投资股份有限公司股票上市的审核意见。根据该审核意见，上交所决定终止*ST博元上市。

自2016年3月29日起，*ST博元进入退市整理期交易。上交所在退市整理期届满后5个交易日内，对公司股票予以摘牌，公司股票终止上市。

摘牌之后，*ST博元将转入全国中小企业股份转让系统，保证公司股票在自摘牌之日起的45个交易日内可以挂牌转让。

上交所表示，投资者可以自己受到虚假陈述侵害为由，对*ST博元提起民事赔偿诉讼。

*ST 博元此番被退市的主要依据为《关于改革完善并严格实施上市公司退市制度的若干意见》(以下简称意见)。意见要求，上市公司因信息披露文件存在虚假记载、误导性陈述或者重大遗漏，受到证监会行政处罚，并且因违法行为性质恶劣、情节严重、市场影响重大，在行政处罚决定书中被认定构成重大违法行为，或者因涉嫌违规披露、不披露重要信息罪被依法移送公安机关的，证券交易所应当依法做出暂停其股票上市交易的决定。对于上述因受到证监会行政处罚，或者因涉嫌犯罪被依法移送公安机关而暂停上市的公司，在证监会做出行政处罚决定或者移送决定之日起一年内，证券交易所应当做出终止其股票上市交易的决定。

2014 年 6 月 17 日，证监会对 *ST 博元涉嫌信息披露违规行为进行立案调查。从调查情况看，*ST 博元违法行为十分严重。2011 年 4 月 29 日公告的控股股东华信泰已经履行及代付的股改业绩承诺资金 3.8 亿元并未真实履行到位。为掩盖这一事实，*ST 博元在 2011—2014 年间，多次伪造银行承兑汇票，虚构用股改业绩承诺资金购买银行承兑汇票、票据置换、贴现、支付预付款等重大交易，并披露财务信息严重虚假的定期报告，虚增资产、收入、利润等财务信息。

2015 年 3 月 26 日，公司因涉嫌违规披露、不披露重要信息罪和伪造、变造金融票证罪，被证监会依法移送公安机关。3 月 31 日，*ST 博元被实施退市风险警示。5 月 25 日，上交所依据相关规定，决定 *ST 博元股票暂停上市。

资料来源：曾剑，王一鸣，欧阳凯．信披违法退市第一股：*ST 博元“神话”终结．每日经济新闻，2016-03-22.

第 1 节　信息披露与公司治理

一、信息披露的内涵

(一) 信息披露的概念

信息披露(information disclosure)主要是指公众公司以招股说明书、上市公告书以及定期报告和临时报告等形式，把公司及与公司相关的信息，向投资者和社会公众公开披露的行为。信息披露是公司与信息使用者进行沟通的重要方式之一。信息使用者主要是股东、雇员(包括管理者和一般雇员)、债权人、供应商、消费者、竞争者、政府、社区等组织或个人。

信息披露包括强制性信息披露和自愿性信息披露。

强制性信息披露是指上市公司管理当局按照监管部门的强制要求，将公司经营成果、财务状况、治理体系等信息，通过提供财务报表、附注、管理者分析和讨论及其他要求提交的文件形式，完整、真实、及时地予以公开，供信息使用者理性判断公司价值，以维护以股东为首的利益相关者合法权益的法律制度。强制性信息披露借助法律强制力保障了信息的公开性，增加了信息透明度，有利于投资者对收益和风险做出正确判断，同时又能够加强监管机构和社会公众对上市公司的监督管理。

自愿性信息披露是指除强制性披露的信息之外，上市公司基于公司形象、投资者关系、回避诉讼风险等动机主动披露的信息，如管理者对公司长期战略及竞争优势的评价、环境保护和社区责任、公司实际运作数据、前瞻性预测信息、公司治理效果等，管理人员自主性是自愿性信息披露的最大特点。

（二）信息披露的作用

（1）有利于进行证券监督，提高证券市场效率。实行信息披露，可以了解上市公司的经营状况、财务状况及其发展趋势，逐渐减少证券市场的信息不完全和不对称，从而有利于证券主管机关对证券市场的管理，引导证券市场健康、稳定地发展。

（2）有利于维护广大投资者的合法权益。信息披露是保护投资者利益的必要手段。中小投资者作为股东之一，本应该对公司各重大业务事项享有法定知情权。但事实并非如此，中小投资者往往无法及时获取公司的重要信息，他们大多属于信息的劣势方。投资者需要依据所获得的信息，深入了解公司的整体风险，及时采取措施，做出正确的投资选择。

延伸阅读8-1

实质性信息

实质性信息是指能够引导一个正常的投资者做出买进、卖出或者持有一只股票决定的知识，基本上任何能够改变投资者对股票评价的信息，不论是上升（买进）、下跌（卖出）还是增强持有股票的信心，都可以称为实质性信息。美国投资者关系协会主席路易斯·汤普森提出“5分钟原则”，即如果需要花5分钟以上的时间去讨论一个事件是否属于实质性信息，那它肯定就是，应该毫不犹豫地披露它。

（3）有利于约束公司的行为，促使其改善经营管理。信息披露在一定程度上有利于加深公司和市场之间的关系，减轻信息不对称的程度，有利于上市公司的广大股东及社会公众对上市公司进行有效监督。

二、信息披露与公司治理

信息披露的目标在于提升信息透明度，《G20/OECD 公司治理原则》明确指出，信息透明度是公司治理机制的重点之一。信息披露质量与公司治理结构关系密切，双向互动。

（一）信息披露在公司治理中的基本作用

（1）改进信息披露可以促使公司向股东提供更有价值的信息，降低信息不对称程度，从而节约代理成本。

（2）公司财务会计信息披露在公司治理中发挥了控制机制的作用。财务会计信息可以帮助外部投资者约束其所投资公司的管理层，激励他们为股东的利益服务。

（3）在公司治理中，会计信息披露是监管公司与管理层契约的核心，成为约束管理层行为的必要手段。

（二）信息披露对公司治理的作用机制

高质量的信息披露是公司治理的基石。根据现代企业理论，公司治理中存在的道德风险和信息不对称可能对公司的股东造成利益损害，而信息披露是解决这些问题的重要措施。例如，财务会计信息帮助股东监督和控制公司管理层的作用机制，是通过公司绩效和管理层薪酬的直接联系实现的。

（三）公司治理对信息披露的影响

规范有效的公司治理是高质量信息披露的环境保证。股权结构、董事会和监事会都会通过内部决策和相关执行机制对信息披露产生影响。完善的公司治理结构能够为公司的管理活动提供正确的导向和原则，提高信息透明度。例如，研究表明，董事会结构越合理，外部董事的比例越大、持股比例越高、担任其他公司外部董事的数量越少，公司财务报表欺诈的可能性就会越低，公司自愿披露程度更高，财务报告质量更好。

事例 8－1

深市上市公司 2018 年度信息披露考核结果出炉：总体披露质量较好

深交所完成了对主板、中小企业板、创业板上市公司 2018 年度信息披露考核工作。考核结果显示，深市上市公司总体信息披露质量情况良好。三个板块考核结果为A和B的公司占比82.04%，考核结果为C和D的公司占比17.96%。

深交所一直把提高上市公司质量作为监管工作的首要目标，重点聚焦信息披露和公司治理的监管，充分利用分类监管结果和科技监管手段，及时发现并严厉打击财务造假、业绩变脸、概念炒作、资金占用和违规担保等违规行为。在2018年度信息披露考核期间，共发出纪律处分决定书154份、监管函件486份，合计同比增长14.90%。2018年度考核结果为C和D的公司共计383家，占比由2017年的15.94%上升到17.96%。考核结果为A的上市公司共计353家，占比16.55%，较2017年度小幅下降1.40个百分点。

同时，深市也涌现了一批自上市以来信息披露质量好、规范运作水平高的“优等生”，起到了良好的示范带头作用。主板中，招商蛇口连续16年被评为A，云南白药连续13年被评为A，国元证券连续12年被评为A；中小企业板中，苏宁易购连续14年被评为A，宁波银行连续11年被评为A；创业板中，汇川技术连续9年被评为A，中航电测连续8年被评为A。一批2017年之后上市的新生力量在2018年度信息披露考核中脱颖而出，如中小企业板德赛西威、创业板欧普康视等。

深交所有关负责人表示，深交所始终以狠抓上市公司信息披露和公司治理监管为重点，通过全面实施行业监管、持续深化分类监管、有效探索科技监管等举措，严守信息披露生命线，夯实规范运作压舱石，不遗余力地提高上市公司质量。下一步，深交所将按照证监会“四个敬畏”的工作要求，持续完善以信息披露为中心的监管体系，不断优化信息披露考核的维度与方式，更好地推进考核结果的监管应用，积极支持持续规范经营的公司利用资本市场做优做强，从严监管乱象频出的问题公司，有效保护投资者的合法权益，努力打造一个规范、透明、开放、有活力、有韧性的深市多层次资本市场。

资料来源：刘昌源．深市上市公司2018年度信息披露考核结果出炉．上海证券报，2019-06-29.

延伸阅读8-2

中国上市公司诚信守则

第一条　依法经营，自律规范。严格遵守上市公司的相关法律法规及部门规章，积极践行自律准则和规则。

第二条　维护权益，尽职尽责。忠实、勤勉地履行职责，维护公司及股东合法权益，切实保护中小投资者利益。

第三条　财务信息，真实完整。严格执行会计法律制度，确保财务信息真实、完整，坚决杜绝财务造假行为。

第四条　信息披露，依法合规。真实、准确、完整、及时、公平地履行信息披露义务，杜绝虚假记载、误导性陈述或重大遗漏。持续提高信息披露质量。不断强化主动性信息披露意识。

第五条　诚信合作，抵制失信。持续关注供应商、客户等利益相关方的诚信状况和水平，坚决杜绝与失信企业、个人开展相关业务活动。

第六条　承诺事项，严格履行。充分披露再融资、并购重组、股份限售减持等活动中的承诺履行状况，积极履行承诺事项，自觉接受市场监督。

第七条　关联交易，规范实施。规范关联交易，严格执行相关法律法规和规章制度，确保定价公允、决策程序合规、信息披露规范。

第八条　同业竞争，积极解决。有效解决同业竞争，避免利益冲突，杜绝相关利益输送行为，切实维护上市公司合法权益。

第九条　规范运作，杜绝内幕。审慎把控重大事项筹划、磋商、决策、信息披露等关键环节和时点；严控内幕信息知情人范围，认真执行内幕信息知情人登记制度，严格防控内幕交易。

第十条　操纵市场，坚决杜绝。坚决抵制与各类机构投资者、中介机构和个人违规、合谋、串通利用信息优势、资金优势、持股优势等操纵证券交易价格和证券交易量。

第十一条　股票交易，遵法守规。规范董事、监事、高级管理人员及其配偶等相关人员的股票交易行为，防范在法律法规禁止时间买卖本公司股票；督促控股股东、实际控制人履行持股变动的信息披露义务。

第十二条　诚信文化，积极培育。积极弘扬企业诚信价值观，建立科学规范的诚信奖惩机制，积极培育企业诚信文化，奉行诚信和社会责任理念，自觉践行社会责任。

第十三条　规范治理，提升能力。完善公司治理，确保决策、执行、监督相互制衡的公司治理结构有效运行，加强内部控制，健全风险管理制度，不断提高上市公司治理水平。

第十四条 回报股东，多措并举。不断提高盈利能力，主动回报投资者；建立合理的利润分配制度，充分披露分红政策；逐步建立现金分红优先，其他利润分配方式为辅的多样化回报机制。

第十五条 培训提高，加强自律。积极主动参加证券监管机构、自律组织举办的相关职业培训，自觉遵守其规定和要求，不断提高履职能力，增强自律意识。

资料来源：中国上市公司协会．

第2节 信息披露的原则和内容

一、信息披露的原则

信息披露的基本原则是指上市公司在履行信息披露义务时必须遵循的基本准则。上市公司信息披露的基本原则包括真实性原则、准确性原则、完整性原则、重要性原则、及时性原则和可比性原则。

（一）真实性原则

信息披露的目的在于为广大中小投资者提供用于分析、判断的信息。因此，真实性是信息披露最本质的属性。真实性要求任何信息披露——无论是强制性的还是自愿进行的——均以真实的、确定的事实为基础，不得有虚假的或者误导性的记载。从理论上说，所谓“真实”是指所披露的信息应当准确和完整。因此，准确、完整是真实的应有之义，不准确、不完整的信息肯定是不真实的。《证券法》和《上市公司信息披露管理办法》均将真实、准确、完整予以并列规定。此处的“真实”仅强调所披露的信息应与其所反映对象具有一致性，即对已经发生或存在的客观事实的描述要客观，对既存事实的性质或影响的分析和价值判断要准确，对上市公司将来的经营状况所做出的预测要合理、有据。

事例8-2

“零容忍”打击资本市场乱象 信披违法成重点

2021年是新证券法全面实施后的首个完整年度，监管部门执法重点从证券交易环节拓展至上市公司信息披露环节。

从去年证监系统行政处罚情况来看，信息披露类案件数量高居首位，尤其是财务造假等行为，成为监管重点打击对象。

“随着注册制改革的深入与新证券法的实施，信息披露违法行为日渐成为监管重点。”植德律师事务所合伙人罗寒律师对《证券日报》记者表示，相关法律法规进行了修订，信息披露义务人范围扩大、信息披露标准明确、信息披露违规处罚加重等规则变化均反映了监管执法思路的变化。

证监会公布的数据显示，2021 年办理虚假陈述案件共 163 起，其中财务造假 75 起，同比增长 8%；向公安机关移送相关涉嫌犯罪案件 32 起，同比增长 50%。约 60%的财务造假案件情节严重涉嫌犯罪，超 30%的案件涉及连续 3 年以上造假行为。

另据北京锦略律师事务所统计，2021 年证监系统共开出 345 张行政处罚决定书，其中，信息披露类违法处罚案件共 111 起，居各类案件首位。内幕交易类违法处罚案件 110 起，居次位。操纵市场类、中介机构未勤勉尽职类相关处罚案件均为 19 起，也是违法多发领域。

“信息披露违法行为具体体现在财务造假、隐蔽关联关系、违规担保和大股东占用上市公司资金等方面，但也出现一些新迹象，主要表现为违法手段不断变化升级。”北京锦略律师事务所主任余伟平对《证券日报》记者表示。据证监会统计，通过伪造合同、虚开发票等惯用手法进行有组织、系统性造假的案件约占 60%。近年来，利用新业态、新模式掩盖造假的案件逐渐增加，供应链金融、商业保理等新业态逐渐成为造假新“马甲”。

“从以往案例来看，信披违法主要表现为三种情形：其一，信披不及时，在相关事项达到实际披露条件时并不披露，而是待市场发酵后再进行披露；其二，信息泄露，在未公开披露时相关信息已在小范围内传播；其三，信披语焉不详，模糊不清，并未对相关内容进行客观准确描述。”申万宏源证券首席市场分析师桂浩明如是说。

针对信披违法现象，监管部门在保持高压态势的同时，应健全信披制度，加强法治供给，为市场稳定有序运行提供司法保障。

今年 1 月 21 日，《最高人民法院关于审理证券市场虚假陈述侵权民事赔偿案件的若干规定》明确了虚假记载、误导性陈述、重大遗漏、未按规定披露等虚假陈述行为的界定，为信披类案件提供了更为明确的法律依据，也有利于追究证券虚假陈述行为的民事赔偿责任。1 月 28 日，证监会发布的《关于注册制下提高招股说明书信息披露质量的指导意见》则强化了责任追究，有利于依法从严打击信息披露造假行为，牢牢守住信息披露真实、准确、完整的底线。

信息披露是注册制改革的核心，尤其是在稳步推进全市场注册制改革的背景下，各方主体更应归位尽职，强化责任担当，防范信披违法行为。

资料来源：3·15特别策划|“零容忍”打击资本市场乱象 信披违法成重点．人民资讯，2022-03-15.

（二）准确性原则

准确性原则要求发行人披露信息必须准确表达其含义，所引用的财务报告、盈利预测报告应由具有证券、期货相关业务资格的会计师事务所审计或审核，引用的数据应当提供资料来源，事实应充分、客观、公正，信息披露文件不得刊载任何有祝贺性、广告性和恭维性的词句，信息的内容与表达方式不得引人误解。准确性不同于真实性，真实性强调已公开信息与信息所反映的客观事实之间的一致性，而准确性强调信息发布者与信息接收者之间以及各个信息接收者之间对同一信息在理解上的一致性。

事例8-3

康美药业处罚结果出炉

据ST康美发布的关于收到中国证券监督管理委员会《行政处罚及市场禁入事先告知书》的公告，康美药业涉嫌信息披露违法违规一案，已由证监会调查完毕，证监会依法拟对康美药业以及22人进行处罚。经查明，康美药业2016年年度报告、2017年年度报告、2018年半年度报告、2018年年度报告中存在虚假记载，虚增营业收入、利息收入及营业利润。

其中，2016年年度报告虚增营业收入89.99亿元，多计利息收入1.51亿元，虚增营业利润6.56亿元，占合并利润表当期披露利润总额的16.44%。2017年年度报告虚增营业收入100.32亿元，多计利息收入2.28亿元，虚增营业利润12.51亿元，占合并利润表当期披露利润总额的25.91%。2018年半年度报告虚增营业收入84.84亿元，多计利息收入1.31亿元，虚增营业利润20.29亿元，占合并利润表当期披露利润总额的65.52%。2018年年度报告虚增营业收入16.13亿元，虚增营业利润1.65亿元，占合并利润表当期披露利润总额的12.11%。

资料来源：康美药业处罚结果出炉！遭证监会罚四宗罪，22人被罚、6人市场禁入．资本邦，2019-08-16.

（三）完整性原则

完整性原则又称充分性原则或全面性原则。具体来说，信息披露的完整性原则要求信息披露义务人应将与特定证券的风险和收益评估相关的一切信息全部予以披露，不得隐瞒和遗漏任何重要信息。之所以如此要求，是因为证券投资价值的评估是一个复杂的系统工程，其中任何“相关信息”都是一个有效的变量，投资者只有获取足够多的相关信息，才能做出理性的投资决策。而此处的“相关信息”需要确定合理的边界，具体措施主要有：《证券法》尽量明确应予披露的信息的范围，证券监管机构制定信息披露细则，证券交易所发布信息披露的具体规则等。

（四）重要性原则

信息披露中的“信息”并非指上市公司的所有信息，而是指重要信息，即足以影响证券价格的信息。但是，如何明确一个标准来衡量重要性呢？我国采用“投资者决策”标准和“股价重大影响”标准来判断何种信息为重要信息。“投资者决策”标准见《公开发行证券的公司信息披露内容与格式准则第 2 号——年度报告的内容与格式》（2021 年修订）第三条规定：“对投资者作出价值判断和投资决策有重大影响的信息，不论本准则是否有明确规定，公司均应当披露。”“股价重大影响”标准是指将是否对股价有重大影响作为认定特定信息是否为重要信息的标准。若存在重大影响，则该等信息为重要信息，上市公司应依法予以披露；反之，该等信息为非重要信息，上市公司可以选择披露或者不披露。

完整性和重要性是密切相连的。完整性原则要求信息披露义务人应披露全部相关信息，重要性原则要求信息披露义务人所披露的信息应是重要信息。这意味着，完整性原则并不要求信息披露义务人事无巨细地进行披露，而是披露所有的重要信息。

（五）及时性原则

信息披露的及时性原则要求披露义务人在定时的信息披露中披露最新的信息，在有重大事件发生而可能影响证券的投资价值时，应迅速做出反应，及时披露相关信息。这一原则在《证券法》中的体现就是“及时依法履行信息披露义务”，即上市公司必须以年度报告、中期报告、季度报告等形式及时披露上市公司的最新经营状况，不断审查、修正对已经发生或者客观存在的事实的描述，并根据最新信息对既存事实的性质、结果、影响做出分析和判断，对上市公司将来的经营状况做出合理预测。信息的及时性是信息真实性的保证。

（六）可比性原则

可比性是指能使信息使用者从两组经济情况中区分其异同的质量特征，要求公司之间的会计政策具有相同的基础，会计信息所反映的内容也应基本一致。可比性原则还有一个重要的含义，即应当把编制财务报表所采用的会计政策、这些政策的变动和变动的影响告诉信息使用者。信息使用者要能够鉴别同一企业在不同时期以及不同企业对相同的交易和其他事项所采用的会计政策之间的差别。

事例8-4

信息披露不及时、不准确 *ST中绒收监管函

2019年1月7日，宁夏证监局发出了《关于对宁夏中银绒业股份有限公司及李卫东、卢婕、石磊采取出具警示函监督管理措施的决定》，由于公司存在若干信息披露问题，宁夏证监局决定对公司及其管理层出具警示函，并记入证券期货市场诚信档案。

实际上，这只是*ST中绒诸多状况中的一个。2019年1月8日，公司发布了诉讼公告，原告要求公司支付借款或融资本息共计逾2亿元；2018年12月26日，公司对深交所的回复函显示，2015年10月16日的一项股权转让事项，公司未履行信息披露义务。

宁夏证监局对*ST中绒的警示函显示，经查，公司存在以下问题：一是债务豁免事项未及时披露；二是部分重要事项的披露存在以定期报告代替临时公告的情形；三是大额预付账款披露不准确。

第一个问题中的债务豁免事项发生在2017年12月，*ST中绒支付债务豁免后的应付款项时间分别是2017年12月12日、12月19日，但在12月29日公司董事会、监事会才审议该债务豁免事项。到了2018年1月2日，公司披露与第三方签署了《债务豁免协议》。也就是说，事情的实质发生早于董事会审议，更早于信息披露。

第二个问题是，公司控制的恒天丝路基金，其优先级合伙人中融鼎新于2016年4月28日入伙，认购基金份额为10亿元，实际出资到位6亿元，公司未在事项发生时及时公告；恒天丝路基金于2017年12月30日召开临时合伙人会议，同意银川产业基金退伙，由中银绒业向银川产业基金返还其出资额5.89亿元，并同意将恒天丝路基金的经营期限由两年调整为三年，公司并没有对决议事项及时披露。上述问题违反了《上市公司信息披露管理办法》第三十条的规定。

第三个问题出现在2017年年报中。警示函称，*ST中绒2017年年报披露的预付账款5.1亿元，其会计核算不严谨，披露内容不准确。

对于以上三个问题，＊ST中绒董事长、总经理、董事会秘书李卫东，时任财务总监卢婕，董事石磊分别负有不同责任，宁夏证监局决定对＊ST中绒及上述三人采取出具警示函的监督管理措施，并记入证券期货市场诚信档案。要求公司及三人采取风险防范或控制措施，并在10日内向宁夏证监局提交书面报告。

与此同时，＊ST中绒的控股股东宁夏中银绒业国际集团有限公司及实控人马生国也收到了警示函，并被记入证券期货市场诚信档案。原因为2017年年报中的5.1亿元预付账款的会计核算不严谨，披露内容不准确，控股股东及实控人负有责任。

资料来源：信息披露不及时、不准确　＊ST中绒收监管函．每日经济新闻，2019－01－08.

二、信息披露的内容

（一）财务信息

企业财务信息是指存在于资金运动中，能够反映企业在发展过程中的资金管理、财务收支、预算及分配等系列财务活动内容的财务信息。企业财务信息不仅记录了过去、现在的财务状况，也为未来的发展提供了全面科学的预测数据。

（1）数量性信息。按照企业会计准则的要求，结合公司的实际以及行业会计规定，以货币形式反映公司所涉及的各种经济活动的历史信息。

（2）非数量性信息。主要包括上市公司会计信息的重要变化说明、会计政策的使用说明、会计政策变更的原因及其影响等。

（3）期后事项信息。主要包括直接影响以后期间财务报表金额的事项，严重改变资产负债表计价连续性、严重影响资产权益之间关系或严重影响以前年度所呈报的有关本期的预测活动的事项，以及对未来收益和计价的影响不明了或不确定的事项等。

（4）公司分部业务的信息。它们是随着公司多元化经营、跨地区经营的业务发展而产生的一种信息聚合。如果仅仅在财务报表中展示这些数量性信息，很难准确揭示公司这部分业务的经营以及未来的发展情况。因此，上市公司必须在对外报表中公布这部分数据，以及数据的口径、揭示的原则、管理的要求等众多重要信息。

（二）非财务信息

非财务信息是指以非财务资料形式出现的，与企业的生产经营活动有直接或间接联系的各种信息资料。一般来说，不在财务报表上反映的信息大多可以认定为非财务信息。

（1）背景信息。股东、实际控制人的信息；企业经营总体规划和战略目标；企业经营活动和资产的范围与内容，所处行业的特点、产品生命周期及产品结构。

（2）经营业绩说明。经营活动指标、成本指标、关键经营业务指标、关键资源数量与质量指标。

（3）管理部门的分析讨论。企业财务状况、经营业绩变化的原因和未来的发展趋势。

（4）前瞻性信息。企业面临的机会与风险；管理者的计划，包括影响成功的关键因素；将实际经营业绩与以前披露的机会和风险进行比较。

（5）社会责任。环境责任指标，包括处理废水、废渣、废气的情况，为社会环境治理提供的服务，减少耗用稀有及不可再生资源的措施与效果；人力资源信息，如企业员工构成情况、员工安全和健康、员工培训、员工福利和社会保障；企业经营对当地社会的影响，包括对地区经济发展的带动作用，为当地提供就业机会的情况，对居民居住环境和社会稳定的影响及措施。

（6）核心竞争力及持续发展。包括研究与开发能力、员工能力和资源利用情况等。

延伸阅读8-3

ESG报告

ESG简单来说就是环境、社会、公司治理的综合指标。区别于传统财务指标，ESG从环境、社会以及公司治理的角度去审视公司的好坏，是一种新兴的企业评价方式。ESG投资起源于社会责任投资（SRI），E、S、G是社会责任投资中最重要的三个考量因子。

ESG报告的作用如下：

（1）有效的披露，可为企业带来诸多益处。

（2）加强环境与社会风险的管理，推动企业可持续发展能力的提升。

（3）树立负责任的企业品牌和形象，提高企业声誉。

（4）满足政府、行业协会的监管要求，合规且系统展现企业在CSR/ESG方面的绩效。

（5）选择负责任的供应商，共同维护客户权益，提升客户满意度。

（6）注重企业内部员工的成长，吸引并保留人才。

（7）持续对社区做出贡献，实现企业与社会共赢。

事例8-5

国家电网发布2018年社会责任报告

2019年2月26日，国家电网向社会公开发布《国家电网有限公司2018社会责任报告》（以下简称报告）。这是公司连续14年在国内企业中率先发布社会责任报告。

报告编制坚持责任源于使命、始于战略，紧紧围绕“三型两网、世界一流”战略目标和“一个引领、三个变革”战略路径，在延续以履责意愿、履责行为、履责绩效、履责承诺为框架的基础上，为更好地服务公司建设世界一流能源互联网企业战略目标的实施，重新梳理了公司履行社会责任的实质性议题，确立了高质量发展、安全供电、公司治理、创新驱动、优质服务、振兴乡村、员工成长、互利共赢、企业公民、绿色环保、全球视野和透明运营12项重点履责主题。

报告以数据可视化专题披露了公司在经济、社会、环境方面的300余项绩效指标，公布了公司2019年履责承诺，并主动回应媒体关注和社会关切，以行为透明争取利益相关方价值认同。同时，报告参考全球可持续发展标准委员会报告标准，首次进行了全球可持续发展倡议实质性对标和联合国可持续发展目标对标。

自2018年9月启动报告编制工作以来，公司通过利益相关方访谈、内外部专家座谈、各部门审核确认等方式，确保了报告内容的全面性和准确性。

资料来源：国家电网有限公司2018社会责任报告．国家电网报，2019-02-27.

第3节　信息披露的方式

根据上市公司履行信息披露义务的时间段不同，可将上市公司信息披露分为初次信息披露和持续信息披露两种。

一、初次信息披露

初次信息披露，又称为证券发行信息公开，是指证券发行人按照法律、行政法规的规定，在证券公开发行前，公告公开发行募集文件，并将该文件置备于指定场所供公众查阅的制度。初次信息披露有助于投资者做出理性的投资决策，不仅保障所有的投资者均能平等地获得相关信息，而且有利于规范发行股票的公司的行为。初次信息披露的文件主要有招股说明书、招股说明书摘要、招股说明书申报稿等。

事例8-6

欣泰电气造假终局

2011年11月，欣泰电气向中国证监会提交首次公开发行股票并在创业板上市申请，2012年7月3日通过创业板发行审核委员会审核。2014年1月3日，欣泰电气取得中国证监会《关于核准丹东欣泰电气股份有限公司首次公开发行股票并在创业板上市的批复》。

2015年5月，辽宁证监局对辖区内欣泰电气进行现场检查，发现其可能存在财务数据不真实等问题，之后中国证监会予以立案调查。

中国证监会在2016年7月出具的行政处罚书中表示，为实现发行上市目的，解决应收账款余额过大问题，欣泰电气自2011年12月至2013年6月，通过外部借款、使用自有资金或伪造银行单据的方式虚构应收账款的收回，在年末、半年末等会计期末冲减应收款项（大部分在下一会计期期初冲回），致使其向中国证监会报送的IPO申请文件中相关财务数据存在虚假记载。中国证监会在处罚书中认定欣泰电气存在欺诈发行违法行为并对相关人员做出处罚。

2016年8月，中国证监会发布“依法向公安机关移送欣泰电气涉嫌犯罪案件”的公告，欣泰电气因涉嫌经济犯罪被立案调查。

此后，深交所根据《创业板股票上市规则》（2014年修订）相关规定，启动欣泰电气后续退市程序。2017年6月23日，深交所决定欣泰电气股票终止上市。因不服监管部门做出的行政处罚，在中国证监会立案调查期间，欣泰电气两度提起上诉，分别于2017年初和2017年末状告中国证监会、深交所，但两次诉讼均败诉。

资料来源：管丽丹．欣泰电气造假终局：董事长温某乙犯欺诈发行罪，获刑三年．搜狐财经，2019-05-22.

二、持续信息披露

持续信息披露是指发行人在证券交易市场依法向证券监管机构以及投资者报告自身经营、资产以及财务等情况而设置的制度。持续信息披露具有持续向投资者提供证券交易价值判断依据的功能。初次信息披露可以使投资者获得进行证券初始投资价值判断的信息，但由于发行人的情况不断变化，初次披露的信息随着时间的推移会越来越偏离真实性。投资者只有持续地获得相关信息才能维护其合法利益，这就需要建立持续信息披露制度强制要求发行人将信息予以披露。

持续信息披露分为定期报告和临时报告两种形式。

(一) 定期报告

定期报告主要披露报告期内上市公司的经营管理、股权结构变化等方面的重要事项，核心内容在于揭示报告期内上市公司的经营业绩。定期报告包括年度报告、中期报告和季度报告。

1. 年度报告

年度报告是最重要的定期报告，是上市公司在每个会计年度结束后的法定期间依法编制并公告的反映其基本会计年度内的经营状况、财务状况等重要信息的法律文件。上市公司应将信息披露的内容以中文编制成年度报告，于每个会计年度终了后的 4 个月内披露。

2. 中期报告

中期报告是定期报告的一种，其报告期是上市公司每一会计年度的前 6 个月，在每个会计年度的前 6 个月结束之日起 2 个月内编制完成并披露。其主要反映的是上市公司在前半个会计年度的经营状况及其他重要事项，目的在于反映上市公司前半个会计年度的经营状况及其他重要事项。

3. 季度报告

季度报告分为一季度（春季度）报告和三季度（秋季度）报告，在每个会计年度第 3 个月、第 9 个月结束后的 1 个月内编制完成并披露，目的是为证券投资者提供相对全面的有关上市公司的最新资料。

(二) 临时报告

临时报告是上市公司依法编制并披露的反映其重大事件的法律文件。《证券法》要求上市公司编制并披露临时报告起因于定期报告存在滞后性，尤其是当上市公司发生重大事件时，定期报告制度不能及时满足公司迅速公开最新信息的要求。以临时报告形式披露的信息主要包括重要会议公告、重大事件公告、公司收购公告和其他公告。

□ 小　结

信息披露是公众公司与投资者和社会公众全面沟通信息的桥梁。作为与公司治理密切相关的企业活动，信息披露须坚持基本的原则，在法律允许的范围内，采取特定形式对外披露公司相关财务和非财务信息。信息披露既体现了法律制度的强制性，又体现了公司治理实践的自主性。

□ 关键术语

信息披露	强制性信息披露	自愿性信息披露	信息披露的原则
信息透明度	初次信息披露	持续信息披露	

□ 选择题

1.（单选题）（　　）借助法律强制力保障了信息的公开性，增加了信息透明度，有利于投资者对收益和风险做出正确判断，同时又能够加强监管机构和社会公众对上市公司的监督管理。

A. 自愿性信息披露　　B. 风险性信息披露

C. 强制性信息披露　　D. 定向性信息披露

2.（单选题）（　　）是指除强制性披露的信息之外，上市公司基于公司形象、投资者关系、回避诉讼风险等动机主动披露的信息。

A. 自愿性信息披露　　B. 风险性信息披露

C. 强制性信息披露　　D. 定向性信息披露

3.（单选题）（　　）是自愿性信息披露的最大特点。

A. 法律强制性　　B. 高级管理人员道德准则

C. 完备的公司治理体系　　D. 管理人员自主性

4.（单选题）信息披露的目标在于（　　）。

A. 实现股东利益最大化

B. 尊重经济运行规律

C. 实现利益相关者利益最大化

D. 提升信息透明度

5.（多选题）下列选项中属于自愿性信息披露内容的是（　　）。

A. 上市公司治理效果　　B. 上市公司财务状况

C. 上市公司治理体系　　D. 上市公司实际运作数据

6.（多选题）信息披露的作用是（　　）。

A. 有利于进行证券监督，提高证券市场效率

B. 有利于维护广大投资者的合法权益

C. 有利于约束公司的行为，促使其改善经营管理

D. 有利于实现公司利益最大化

7.（多选题）信息披露在公司治理中的基本作用是（ ）。

A. 改进信息披露可以促使公司向股东提供更有价值的信息，减少信息不对称，从而节约代理成本

B. 公司财务会计信息披露在公司治理中发挥了控制机制的作用。财务会计信息可以帮助外部投资者约束其所投资公司的管理层，激励他们为股东的利益服务

C. 股权结构、董事会和监事会都会通过内部决策和相关执行机制对信息披露产生影响

D. 在公司治理中，会计信息披露是监管公司与管理层契约的核心，成为约束管理层行为的必要手段

8.（多选题）关于信息披露与公司治理的关系，下列说法正确的是（ ）。

A. 高质量的信息披露是公司治理的基石

B. 规范有效的公司治理是高质量信息披露的环境保证

C. 改进信息披露可以促使公司向股东提供更有价值的信息，减少信息不对称，从而节约代理成本

D. 在公司治理中，文本信息披露是监管公司与管理层契约的核心，成为约束管理层行为的必要手段

9.（单选题）信息披露的目的在于为广大中小投资者提供用于分析、判断的信息，因此，（ ）是信息披露最本质的属性。

A. 真实性 B. 准确性 C. 完整性 D. 及时性

10.（单选题）发行人披露信息必须准确表达其含义，所引用的财务报告、盈利预测报告应由具有证券、期货相关业务资格的会计师事务所审计或审核，引用的数据应当提供资料来源，事实应充分、客观、公正，这是信息披露的（ ）。

A. 真实性原则 B. 准确性原则

C. 完整性原则 D. 及时性原则

11.（单选题）信息披露义务人应将与特定证券的风险和收益评估相关的一切信息全部予以披露，不得隐瞒和遗漏任何重要信息，这是信息披露的（ ）。

A. 真实性原则 B. 准确性原则

C. 完整性原则 D. 重要性原则

12.（单选题）在信息披露的原则中，信息的（ ）是信息真实性的保证。

A. 及时性　　B. 重要性　　C. 完整性　　D. 准确性

13.（单选题）信息披露的（　　）原则要求信息使用者能够鉴别同一企业在不同时期以及不同企业对相同的交易和其他事项所采用的会计政策之间的差别。

A. 可比性　　B. 重要性　　C. 完整性　　D. 准确性

14.（多选题）关于信息披露的原则，下列说法正确的是（　　）。

A. 真实性是信息披露最本质的属性

B. 准确性原则强调信息发布者与信息接收者之间以及各个信息接收者之间对同一信息在理解上的一致性

C. 信息披露的完整性原则要求信息披露义务人应将与特定证券的风险和收益评估相关的一切信息全部予以披露，不得隐瞒和遗漏任何重要信息

D. 完整性原则并不要求信息披露义务人事无巨细地进行披露，而是要披露所有的重要信息

15.（多选题）企业财务信息是指存在于资金运动中，能够反映企业在发展过程中的资金管理、财务收支、预算及分配等系列财务活动内容的财务信息。财务信息主要包括（　　）。

A. 数量性信息　　B. 非数量性信息

C. 经营业绩说明　　D. 公司分部业务的信息

16.（多选题）非财务信息是指以非财务资料形式出现的与企业的生产经营活动有直接或间接联系的各种信息资料。一般来说，不在财务报表上反映的信息大多可以认定为非财务信息。非财务信息主要包括（　　）。

A. 期后事项信息　　B. 背景信息

C. 前瞻性信息　　D. 核心竞争力及持续发展

17.（单选题）证券发行人按照法律、行政法规的规定，在证券公开发行前，公告公开发行募集文件，并将该文件置备于指定场所供公众查阅的制度是（　　）。

A. 初次信息披露　　B. 持续信息披露

C. 自愿性信息披露　　D. 强制性信息披露

18.（单选题）中期报告是定期报告的一种，其报告期是上市公司每一会计年度的前（　　）个月。

A. 4　　B. 6　　C. 9　　D. 12

19.（单选题）年度报告是最重要的定期报告，是上市公司在每个会计年度结束后的法定期间依法编制并公告的反映其基本会计年度内的经营状况、财务状况

等重要信息的法律文件。上市公司应将信息披露的内容以中文编制成年度报告，于每个会计年度终了后的（　　）个月内披露。

A. 4　　B. 6　　C. 9　　D. 12

20.（多选题）根据上市公司履行信息披露义务的时间段不同，可将上市公司信息披露分为（　　）。

A. 初次信息披露　　B. 持续信息披露

C. 自愿性信息披露　　D. 强制性信息披露

21.（多选题）初次发行信息披露的文件包括（　　）等。

A. 招股说明书　　B. 招股说明书摘要

C. 招股说明书申报稿　　D. 定期报告和临时报告

□ 思考题

1. 信息披露的含义是什么？
2. 什么是自愿性信息披露？
3. 信息披露有什么目的和意义？
4. 公司治理与信息披露是什么关系？
5. 信息披露的原则有哪些？
6. 信息披露的主要形式是什么？

□ 案例分析

非上市公众公司信息披露违规

一、公司基本情况

LT 公司成立于 2006 年 4 月，2018 年 7 月 22 日在新三板挂牌。截至 2018 年 12 月 31 日，总股本为 7 331.43 万股，总资产为 24 049.04 万元，2018 年营业收入为 14 208.34 万元，净利润为 1 417.04 万元，控股股东、实际控制人及总经理潘某持股比例为 63.18%。主办券商为 X，挂牌时审计机构为 Z。

二、违规事实

2017 年，LT 公司拟进行重大资产重组，重组对象为 JD 公司，因双方未达成一致意见，重组于 2018 年 7 月 21 日终止。在 LT 公司申请挂牌期间，全国中小企业股份转让系统有限责任公司（简称全国股转公司）收到对 LT 公司隐瞒重大资产重组相关情况的投诉，全国股转公司随即督促主办券商进行核查。经查，LT公司总经理潘某在LT公司挂牌时兼任JD公司总裁，潘某未如实向主办券商X说明该兼职信息，LT公司在申请挂牌公开转让说明书中未披露该事项。

2018年7月9日至2018年10月29日，JD公司委托LT公司采购共7笔，累计金额707万元，利润率约为20%，上述资金于2019年3月7日前已全部结清。2018年7月17日至2019年1月3日，JD公司向LT公司借款共8笔，累计金额1 290万元，年利率为9%，该借款于2019年2月18日前全部归还。LT公司的《公司章程》、"三会"议事规则、《关联交易管理办法》等公司治理文件中对关联交易决策权限及决策程序均做出了明确规定。但是，对于上述交易，LT公司均未履行内部决策程序，也未履行信息披露义务。

三、问题分析

在LT公司申请挂牌时，总经理潘某兼任JD公司总裁，根据《全国中小企业股份转让系统挂牌公司信息披露细则》《企业会计准则第36号——关联方披露》的规定，JD公司应当被认定为LT公司的关联方，双方发生的关联交易应当履行关联交易决策程序并进行信息披露。

(1) 潘某兼任JD公司总裁未如实披露，违反了《全国中小企业股份转让系统业务规则（试行）》第4.2.4条"挂牌公司及其他信息披露义务人应当对其披露信息内容的真实性、准确性、完整性承担责任"和《全国中小企业股份转让系统公开转让说明书内容与格式指引（试行）》第二十八条"申请挂牌公司董事、监事、高级管理人员存在下列情形的，应披露具体情况：（四）在其他单位兼职的"的规定。

(2) LT公司在公开转让说明书中未披露关联方JD公司，违反了《全国中小企业股份转让系统挂牌公司信息披露细则》第三十五条"挂牌公司的关联方及关联关系包括《企业会计准则第36号——关联方披露》规定的情形，以及挂牌公司、主办券商或全国股转公司根据实质重于形式原则认定的情形"和《全国中小企业股份转让系统公开转让说明书内容与格式指引（试行）》第三十四条"申请挂牌公司应根据《公司法》和《企业会计准则》的相关规定披露关联方、关联关系、关联交易，并说明相应的决策权限、决策程序、定价机制、交易的合规性和公允性、减少和规范关联交易的具体安排等"的规定。

(3) LT公司关联交易未经内部决策程序且未披露，违反了《全国中小企业股份转让系统挂牌公司信息披露细则》第三十六条"挂牌公司董事会、股东大会审议关联交易事项时，应当执行公司章程规定的表决权回避制度”和第三十八条“除日常性关联交易之外的其他关联交易，挂牌公司依据公司章程履行相应审议程序并披露；公司章程未规定的，应当提交股东大会审议并披露”的规定。

(4) LT 公司存在关联方资金占用且未披露，违反了《全国中小企业股份转让系统业务规则（试行）》第 4.1.4 条“控股股东、实际控制人及其控制的其他企业应切实保证挂牌公司的独立性，不得利用其股东权利或者实际控制能力，通过关联交易、垫付费用、提供担保及其他方式直接或者间接侵占挂牌公司资金、资产，损害挂牌公司及其他股东的利益”和《全国中小企业股份转让系统挂牌公司信息披露细则》第四十八条“挂牌公司出现以下情形之一的，应当自事实发生或董事会决议之日起及时披露：（二）挂牌公司控股股东、实际控制人或者其关联方占用资金”的规定。

四、处理结果

对于以上违规情况，根据《全国中小企业股份转让系统业务规则（试行）》第 6.1 条的规定，2019 年 5 月 7 日，全国股转公司对 LT 公司采取了要求提交书面承诺的自律监管措施；对潘某采取约见谈话、要求提交书面承诺的自律监管措施。

问题讨论：

1. LT 公司的治理结构对其信息披露质量有哪些影响？

2. 如何提升 LT 公司的信息披露水平？

第 9 章

公司治理评价

学习目标

1. 了解什么是公司治理评价，为何要进行公司治理评价；

2. 掌握公司治理评价方法，应用此方法进行公司治理评价。

素养提升

1. 2019 年习近平总书记在中共中央政治局第十三次集体学习中指出，“要深化准入制度、交易监管等改革，加强监管协调，坚持宏观审慎管理和微观行为监管两手抓、两手都硬、两手协调配合”①。

2. 习近平总书记在 2015 年中央全面深化改革领导小组第十四次会议上指出，“要着力推动国有文化企业树立社会效益第一、社会价值优先的经营理念，完善治理结构，加强绩效考核，推动企业做强做优做大”②。

3. 党的二十大报告提出，“推进国家治理体系和治理能力现代化”③。公司治理是国家治理的制度基础，由公司治理可以更好地理解国家治理的作用机制，理解中国特色社会主义思想与社会主义核心价值观，培养法制精神。

---

① 深化金融供给侧结构性改革 增强金融服务实体经济能力．人民日报，2019－02－24.

② 把“三严三实”贯穿改革全过程 努力做全面深化改革的实干家．人民日报，2015－07－02.

③ 习近平．高举中国特色社会主义伟大旗帜 为全面建设社会主义现代化国家而团结奋斗——在中国共产党第二十次全国代表大会上的报告．北京：人民出版社，2022：2.

学　习　导　图

公司治理评价体系是公司投资者进行决策分析的战略工具。公司需要通过内部的治理评价了解通过适度的治理成本是否达到了公司治理效度。为此，本章以公司治理评价为主线，循序渐进地介绍公司治理评价的意义、指标体系、评价流程以及公司治理评价应用等内容。

本章主要内容围绕公司治理评价方法展开。其中，公司治理评价流程是公司治理评价体系的核心概念。在学习过程中，应特别注意公司治理评价指标的运用。

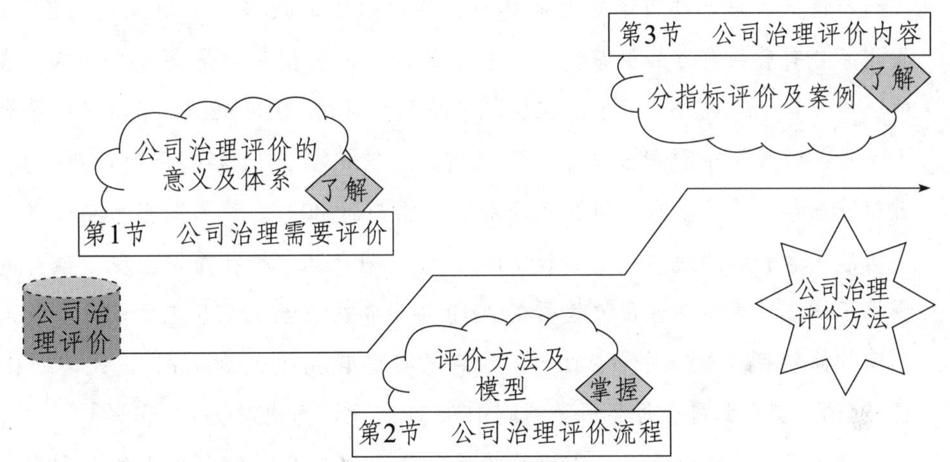

引　例

贵州茅台股价18年涨了271倍，投资者为何争相购买

2019年6月27日，一直稳守A股第一高价股的贵州茅台再次创出历史新高，盘中股价突破1 000元大关。2001年8月贵州茅台上市发行价为每股31.39元，若以后复权①计算，截至2019年8月23日股价为8 522.07元（见图9-1），也就是说，在上市的18年里，贵州茅台股价累计增幅高达271倍。

① 上市公司送股后，股票的数量多了，但股票的价值不变，因此股票的价格就低了，由此在K线图上就出现了一个缺口，这个缺口叫除权缺口（并不是所有除权都会有缺口）。后复权是在K线图上以除权前的价格为基准来测算除权后股票的市场成本价，也就是把除权后的价格按以前的价格换算过来。复权后以前的价格不变，现在的价格提高。复权后价格＝复权前价格×(1＋流通股份变动比例)＋现金红利。

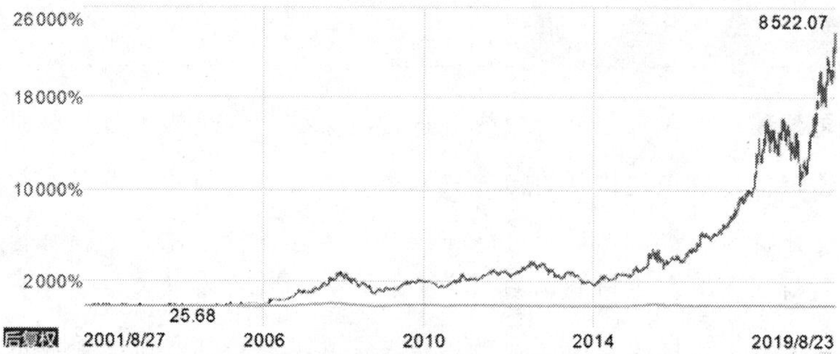

图9-1 贵州茅台股价后复权示意图

贵州茅台的标杆性意义不仅仅在于高股价。与其他“股王”因概念、次新股、流通市值低而易于被市场短时间热炒，在高股价时或多或少出现泡沫不同的是，贵州茅台有着强有力的业绩支撑。从业绩来看，贵州茅台是全行业基本面最稳健的公司。自上市以来，哪怕是在“限酒令”之后的2013—2015年，贵州茅台归属于上市公司股东净利润也是逐年增长的。尤其是在2014年，白酒行业一片哀鸿，五粮液当年归属于上市公司股东净利润下滑超过20%，泸州老窖当年归属于上市公司股东净利润的跌幅更是超过70%，贵州茅台却一枝独秀，出现了难得的同比微幅正增长。贵州茅台预收款项在2019年半年末升至122.5亿元，营业收入和净利润均保持两位数增长，2019年半年度实现营业收入394.87亿元，同比增长18.24%，实现归属于母公司净利润199.51亿元，同比增长26.56%。

贵州茅台的毛利率也让人十分艳羡。公司常年保持90%以上的毛利率，这让其他行业，甚至同行都难望其项背。2008年之前，贵州茅台的毛利率保持在80%以上，2008年以来毛利率便稳定在90%以上。2019年上半年，贵州茅台的销售毛利率为91.87%，这也成为投资者认可其价值而坚持投资的最大理由。贵州茅台股价创出千元新高，既是对价值投资者的奖赏，也显示出即便在A股市场，价值投资也一直存在。

伴随着新一轮白酒周期的开启，贵州茅台的神话序幕刚刚拉开。是什么因素支持贵州茅台的骄人业绩？其公司治理水平如何？投资者是不是因为贵州茅台优秀的公司治理才投资该公司呢？

第1节 公司治理需要评价

评价是一个系统的概念，公司日常的经营管理中存在各种类型的评价，为了更加深刻地了解进行公司治理评价的必要性和意义，需要明晰公司治理评价的实质。

一、公司治理评价的意义

（一）什么是公司治理评价

评价是人们对某个特定客体的判断，是主观对客观的认识活动。这种主观认识活动有利于人们认识与把握客观事物及其规律，从而采取有效措施，改进组织，提高效率。公司治理评价实质上是一种企业制度及运作的评价。随着公司的发展和现代企业制度的完善，股东会、董事会及经营团队依据相关法律与公司章程建立并运作，要反映这种制度结构与运作状况就要进行公司治理评价。公司需要通过内部的治理评价搞清楚通过适度的治理成本是否达到了公司治理效度，即科学决策与风险规避。上市公司更多地需要通过外部第三方或监管部门的评价使公司治理达到一定的标准，并得到投资者的认同，甚至获得溢价。

按现代企业制度运行的公司如果没有公司治理评价，制度运行就会成为一个黑箱，制度主体无法得知制度运作成果与效率，无法确认经营层的目标与公司目标是否一致，无法预测与防范风险，因此，通过外部第三方或监管部门对公司治理进行评价，以及在公司内部引入制度化的公司治理评价体系逐渐成为一种趋势。

公司治理评价就是对公司治理结构与治理机制的状况进行评判。具体来说，就是根据公司治理的环境，设置公司治理评价指标体系与评价标准，并采用科学的方法对公司治理状况做出客观、准确的评价。公司治理评价指数是运用统计学及运筹学原理，根据一定的指标体系，对照一定的标准，按照科学程序，通过定量与定性分析，以指数形式对公司治理状况做出系统、客观和准确的评价。

（二）为何进行公司治理评价

现代公司中的两权分离以及由此产生的委托-代理关系，是公司治理规制及其评价产生的根本原因。世界各国大公司的财务丑闻和信用危机，成为公司治理评价重要的推动力量。对于公司自身而言，公司治理评价的实质意义包括内部自我需求、评价行动、外部评价及结果感知。

1. 公司治理评价的根源：两权分离与委托人需求

根据委托-代理理论，现代公司由两部分行为人组成：一部分是作为委托人的股东；另一部分是作为代理人的董事与经理人员。在二元制模式下监事会受股东的委托，履行监督董事会与经营者的职责。董事会处于一个特殊的位置，既是股东的代理人，又以委托人的身份聘请、激励和约束经营者。股东或者因为缺乏有关的知识和经验，没有能力来监控经理人员，或者因为工作太繁忙，没有时间、精力来监控经理人员。因此，作为其代理人的董事（监事）便履行监督经理人（董事）、保障股东利益最大化的责任。在公司运行中，董事的疏忽与浪费是意料中的事。公司的股东必然要关心其投入资本的价值以及公司的绩效。由于公司治理对公司绩效的决定性作用，越来越多的投资者不仅关注上市公司的业绩评价，而且关注作为公司价值源泉的公司治理结构与治理机制的质量。因此，对公司治理的质量进行评价便成为股东的客观要求，正是基于委托人/投资者的客观需求，产生了公司治理评价。

2. 公司治理评价的实践推动：财务丑闻与信用风险

董事会中独立董事占据多数的美国安然、世通等大公司也爆发了财务丑闻。在这样的背景下，学者开始重视公司治理运行状况和质量评价，如董事会治理状况的诊断与评价、董事会治理效果的评价、上市公司治理状况的评价等。为了让机构投资者关注公司治理质量，美国机构投资者协会设计了正式评价董事会的程序，一些国际组织也推出了公司治理状况的评价系统，目的在于使投资者了解上市公司治理状况，分析投资的风险与潜在的价值，提高科学决策的水平。同时，公司治理状况的评价也使上市公司能够及时了解公司治理存在的问题，掌握公司治理的关键因素，以便有效开展公司治理活动。

3. 公司治理评价的内外测评：公司自身需求和外部感知

对于公司自身而言，公司治理评价的实质意义不仅包括内部自我需求与评价行动，而且包括外部评价及结果感知。公司的所有者和经营者不仅需要意识到公司治理及其评价在投资决策中充当的重要角色，更要认识到公司治理实践相对于国际标准和竞争对手的水平。以外部第三方和监管部门为主体的公司治理评价至少可以帮助公司回答几个方面的重要问题：一是公司治理实践是否达到了公司所处环境要求达到的标准，如国际化经营公司是否符合国际标准，治理水平是否达到了最佳标准；二是与竞争对手相比公司的治理状况如何，如在所在行业或主要经营地域公司治理的水平如何；三是采取哪些措施可以帮助公司改善自身的治理状况。而内部的公司治理评价可以帮助公司了解当前的公司治理结构与机制是否有助于合理制衡和科学决策、控制和优化治理成本，是否取得了应有的治理绩效。

二、公司治理评价体系

公司治理评价萌芽于1950年杰克逊·马丁德尔提出的董事会绩效分析，随后一些商业组织推出了公司治理状况的评价系统。最早的规范的公司治理评价研究是由美国机构投资者协会在 1952 年设计的正式评价董事会的程序，随后出现了公司治理诊断与评价的系列研究成果，例如沃尔特・J. 萨蒙（Walter J. Salmon，1993）提出的诊断董事会的 22 个问题，创立于 1998 年的标准普尔（S&P）公司治理服务系统，1999 年欧洲戴米诺（Deminor）推出的戴米诺公司治理评价系统，2000 年亚洲里昂证券（CLSA）推出的里昂公司治理评价系统等。美国国际治理标准机构（Governance Metrics International，GMI）建立了由超过 4 100 家公司的相关数据组成的数据库；美国机构投资者服务机构（Institutional Shareholder Services，ISS）建立了全球性的上市公司治理状况数据库，为其会员提供监督上市公司治理情况的服务。另外还有公司法与公司治理机构（Institute of Corporate Law and Corporate Governance，ICLCG）评价系统、信息和信用评级代理机构（Information and Credit Rating Agency，ICRA）评价系统、世界银行公司治理评价系统、泰国公司治理评价系统、韩国公司治理评价系统、日本公司治理评价系统以及中国台湾、香港各大学公司治理评价系统等。目前多个国家和地区针对自身制度环境和公司状况，开发并应用了公司治理评价体系（见表 9-1）。

表 9-1　境内外主要公司治理评价系统

公司治理评价系统	评价内容
标准普尔（S&P）公司治理服务系统	所有权结构、利益相关者的权利和相互关系、财务透明度和信息披露、董事会结构和程序
穆迪公司（CGA）治理评价系统	董事会的独立性和程序质量，是否与普遍接受的最佳实践有重大偏离，董事和高管层的重大利益冲突等
戴米诺公司治理评价系统	股东权利与义务、接管防御的条款、信息披露透明度、董事会结构与功能
里昂公司治理评价系统	高管层的约束、透明度、小股东保护、独立性、公平性、问责性、股东现金回报以及公司社会责任
美国国际治理标准机构（GMI）治理评价系统	透明度与披露（含内部监控）、董事会问责、社会责任、股权结构与集中度、股东权利、管理人员薪酬、企业行为
美国机构投资者服务机构（ISS）上市公司评价系统	董事会及专门委员会的结构和组成、公司章程和制度、公司所属州的法律、高管层和董事会成员的薪酬、相关财务业绩、“超前的”治理实践、高管人员持股比例、董事受教育情况
公司法与公司治理机构（ICLCG）评价系统	信息披露、所有权结构、董事会和高管层结构、股东权利、侵吞风险、公司的治理历史
信息和信用评级代理机构（ICRA）评价系统	所有权结构、高管层结构（含董事会专门委员会的结构）、财务报告和其他披露治理、股东利益的满足程度

续表

公司治理评价系统	评价内容
日本公司治理评价系统	以股东主权为核心，从绩效目标和经营者责任体制、董事会的技能和构成、最高经营者的经营执行体制以及股东间的交流和透明性四方面评价
泰国公司治理评价系统	股东权利、董事品质、公司内部控制的有效性
韩国公司治理评价系统	股东权利、董事会及专门委员会结构、董事会及专门委员会程序、向投资者披露和所有权的平等性
香港城市大学公司治理评价系统	董事会结构、独立性或责任；对小股东的公平性；透明度及披露；利益相关者角色、权利及关系；股东权利
台湾辅仁大学公司治理评价系统	董（监）事会组成、股权结构、最大股东参与管理、次大股东持股、监事会与独立董事制衡、超额关系人交易
世界银行公司治理评价系统	公司治理的承诺、董事会的结构与职能、控制环境与程序、信息披露与透明度、小股东的待遇

通过比较分析发现，虽然各种评价系统各有特点，但具有以下四个共同点：

第一，评价系统均由一系列详细指标组成，且包括三个因素：股东权利、董事会结构及信息披露。

第二，在所有的评价系统中，评分方法是相同的，较低的得分意味着较低的治理水平；反之，则意味着较好的治理状况。

第三，绝大多数评价系统都使用权重评价方法，根据各治理要素重要程度赋予不同的权重。

第四，获取所需评价信息的方法是一致的，均来自公开可获得的信息，其他信息是通过与公司关键员工的访谈获得的。

党的二十大报告指出“实践没有止境，理论创新也没有止境”①。公司治理评价系统和方法也在不断发展，正如“不断谱写马克思主义中国化时代化新篇章，是当代中国共产党人的庄严历史责任。继续推进实践基础上的理论创新，首先要把握好新时代中国特色社会主义思想的世界观和方法论，坚持好、运用好贯穿其中的立场观点方法”②。中国特色的治理评价实践扎根中国大地，体现在评价对象上，从上市公司拓展到非上市公司，从国有企业拓展到民营企业，从借鉴国外的评价指标体系到创新出适合我国本土实践的特色指标体系，在广泛应用后，普遍取得了服务实体经济、提升公司质量的良好效果。

① 习近平．高举中国特色社会主义伟大旗帜 为全面建设社会主义现代化国家而团结奋斗——在中国共产党第二十次全国代表大会上的报告．北京：人民出版社，2022：18.

② 同①18－19。

第2节　公司治理评价流程

公司治理评价属于多指标的综合评价，一般先设计评价指标体系，确定评价标准，然后选择评价方法，确定评价指标权重，最后构造评价模型，划分指数等级并做出评价（见图9-2）。

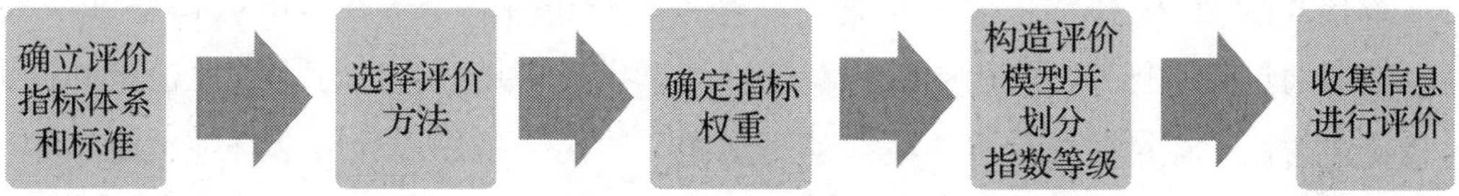

图9-2　公司治理评价流程

一、确立公司治理评价指标体系和评价标准

评价系统的建立首先要求按一定规则建立一套相互联系、相互依存的评价指标体系。指标体系包括股权结构评价，董事会、监事会和经理层治理评价，信息披露与投资者关系管理评价等方面，具体内容将在第3节详细展开。

其次，要求确立治理评价标准。评价标准是评价系统的三大要素之一，是编制治理指数的基准，明确的评价标准对于获得合理的评价结论起着决定性的作用。我国目前还没有一套有关公司治理的国家标准或者行业标准，甚至世界范围内尚未有明确的有关公司治理的标准，比如股权结构的标准、独立董事比例的标准等。实际上，依据公司治理的权变理论，全球范围内由于各个国家的治理环境差异较大，不可能存在统一的标准。良好的公司治理应基于各国的法律、制度、文化以及市场条件等，采用权变的标准。

合理的评价标准应综合国内外实证研究与规范研究的成果，以国际公认的公司治理原则、准则为基础。对于上市公司，应结合中国上市公司所处的特殊历史阶段，参考《上市公司治理准则》《公司法》《证券法》《上海证券交易所上市公司治理指引》《上市公司独立董事规则》等规定予以确定；对于行业、区域或个体企业，则应根据相关行业或地区的法律法规、评价主体目标和用途等确定相应标准。

二、选择评价方法

公司治理评价指数得分是评价指标体系中各个评价指标加权合成的结果。由于评价体系中各指标的重要程度不同，如果各指标被赋予相等权重，则评价结果不合理。因此，首先要确定评价指标权重，然后选用科学的评价模型构建指数。

目前的评价指标权重确定方法有主观法、客观法。主观法即评价人员根据自己的经验和知识给出评价指标的权重，主要有层次分析法、专家意见法、综合评分法、功效系数法等。客观法即根据评价指标自身的作用和影响确定权重，主要有变异系数法、熵值法以及主成分分析、聚类分析、判别分析等多元分析方法。

层次分析法（AHP法）是美国运筹学家、匹兹堡大学萨蒂（T. L. Saaty）教授在20世纪70年代提出的一种定性和定量相结合的系统化、层次化分析方法。它是通过专家打分，构造比较判断矩阵计算指标权重，并进行一致性检验的权重确定方法。在目前所有主观赋权的方法中，层次分析法因为科学合理、简单易行被广泛使用。下面主要介绍层次分析法的使用。

三、确定指标权重

（1）构造比较判断矩阵。在层次分析法中，为使矩阵中各指标的重要性能够定量显示，引进了判断矩阵标度（1～9标度法，见表9-2），由专家依据标度打分后得到比较判断矩阵 $D=(d_{ij})$（见表9-3）。

表9-2　判断矩阵标度值及其含义

标度 d_{ij}	含义
1	D_i 与 D_j 同样重要
3	D_i 比 D_j 稍微重要
5	D_i 比 D_j 明显重要
7	D_i 比 D_j 重要得多
9	D_i 比 D_j 绝对重要
2，4，6，8	D_i 与 D_j 的影响之比介于上述两个相邻等级之间
1/2，…，1/9	D_i 与 D_j 的影响之比为上面 d_{ij} 的互反数

注：对于要比较的因子，如果认为一样重要就是1∶1，一个因子比另一个因子绝对重要就是9∶1，也可以取中间数值6∶1等，两两比较，把数值填入，并排列成判断矩阵（判断矩阵是对角线积为1的正反矩阵）。

表9-3　判断矩阵

D	*X*1	*X*2	*X*3
*X*1	1	1/3	2
*X*2	3	1	5
*X*3	1/2	1/5	1

注：表中数字为举例说明。

可以看出，判断矩阵的构造主要取决于专家对影响因素的态度。而这些态度的形成基于专家在该领域的知识和经验。因此，一般选择有专业性、权威性和认真负责的专家，请他们在慎重仔细权衡各指标重要性的基础上，将标度填入打分表。多位专家的打分结果可以采用加权评价法，最终形成一份专家综合打分表。从表9-3可以看出，专家对各因素的态度是，$X2$ 比 $X1$ 稍微重要，$X1$ 比 $X3$ 稍微重要，$X2$ 比 $X3$ 明显重要。同理，可以对每个一级指标下的二级指标构建判断矩阵。

（2）计算评价指标权重。运用1～9标度法构造判断矩阵，对判断矩阵中每行所有元素求几何平均值 $\overline{v}_i$，并将 $\overline{v}_i$ 归一化计算 v_i：

$$\overline{v}_i=\sqrt[n]{\prod_{j=1}^{n}d_{ij}}\quad(i=1,2,\cdots,n)$$

式中，d_{ij} 为元素 D_i 与元素 D_j 相对重要性比较的标度值。

同时令

$$\overline{v}=(\overline{v}_1,\overline{v}_2,\cdots,\overline{v}_n)^{\mathrm{T}},\quad v_i=\overline{v}_i/\sum_{i=1}^{n}\overline{v}_i,\quad V=(v_1,v_2,\cdots,v_n)^{\mathrm{T}}$$

则 V 为所求特征向量的近似值，也即各指标的相对权重。

（3）进行一致性检验。评价过程涉及多指标、多阶段判断时，专家在判断指标重要性的过程中，容易出现判断结果不一致的现象，因此在对判断矩阵进行排序之前，需进行一致性检验。基本原理是应用线性代数矩阵理论，构建特征根变化程度指标来衡量。由于具体计算过程复杂，实际操作中往往通过SPSSAU等统计软件自动实现检验。需要说明的是，如果评价指标较少，则人工检验打分结果是否符合逻辑关系即可。此步骤必不可少，是保证结果可靠性的重要手段。

四、构造公司治理综合评价模型并划分治理指数等级

在建立评价指标体系，确定评价标准以及评价指标重要性系数的基础上，采用综合指数法对公司治理质量进行综合评价。基本模型为：

$$\begin{aligned}\text{公司治理指数}=&\alpha_1\,\text{股东治理指数}+\alpha_2\,\text{董事会治理指数}+\alpha_3\,\text{经理层治理指数}\\&+\alpha_4\,\text{监事会治理指数}+\alpha_5\,\text{信息披露指数}+\alpha_6\,\text{社会责任指数}\end{aligned}$$

式中，α_i（i=1，2，3，…，6）为各评价要素的重要性系数。按照上述过程编制的公司治理指数可以采用百分制形式，最高值为100，最低值为0。具体评价的等级为：

一级：治理指数90～100

二级：治理指数80～90

三级：治理指数70～80

四级：治理指数60～70

五级：治理指数50～60

六级：治理指数＜50

五、收集信息进行公司治理评价

公司治理评价可从多方面进行，包括股东权益与控股股东行为评价，董事会、监事会和经理层治理评价，信息披露与投资者关系管理评价等。年报、公司公告及公司网站是获取公司公开披露信息的主要途径，这些渠道发布的信息满足相关性和可靠性原则，有预测和反馈价值，并且如实反映公司治理情况，具有可核实性和中立性的特点。上市公司以规范化、标准化的格式形成的年报重点突出、层次分明、便于阅读，信息提取效率很高，成为公司治理评价的主要信息来源。

事例9-1

公司治理评价操作范例

假设某行业100余家企业要进行公司治理评价。

第一步，邀请专业机构设计专门针对该行业企业的评价指标体系和评价标准。表9-4为简化的评价指标体系。

表9-4　公司治理评价指标体系

一级指标	二级指标	三级指标	评价标准
股东治理S	公司自治性S1	章程自治性S11	章程中“三会”权责是否进行了合理授权 （是＝1，否＝0）
		人员、业务、财务、资产独立性S12	董监高是否在关联企业领取薪水；主营业务是否与关联企业同业竞争；财务人员是否在关联企业兼职；是否为关联企业提供担保 （四项均否＝1，有一项是＝0.5，有两项是＝0.25，有三或四项是＝0）
	股东权益保护S2	股东会规范性S21	是否有股东会议事规则 （是＝1，否＝0）
		股东会参与性S22	股东出席会议比例 （100％＝1，80％＝0.5，其他＝0）

续表

一级指标	二级指标	三级指标	评价标准
董事与董事会 B	董事能力保证性 B1	董事教育背景 B11	专业或经管教育背景及学历 (全部专业＋本科及以上＝1，部分专业＋本科及以上＝0.5，其他＝0)
		董事评价 B12	是否建立董事评价制度 (是＝1，否＝0)
	董事会运作 B2	董事会会议形式 B21	董事会会议是否现场召开 (是＝1，否＝0)
		专业委员会的设置 B22	董事会是否下设专业委员会 (是＝1，否＝0)
		专职董秘或高管负责人 B23	是否有专职董秘或专职高管负责董事会工作 (是＝1，否＝0)
监事与监事会 V	监事能力保证性 V1	监事教育背景 V11	专业或经管教育背景及学历 (全部专业＋本科及以上＝1，部分专业＋本科及以上＝0.5，其他＝0)
		监事评价制度 V12	是否建立监事评价制度 (是＝1，否＝0)
	监事会运作效率 V2	监事列席董事会会议 V21	监事是否列席董事会会议 (是＝1，否＝0)
经理层 M	总经理选聘 M1	总经理选聘方式M11	总经理是否来源于市场化竞聘 (是＝1，否＝0)
		总经理专业化程度 M12	10 年以上行业工作经验或专业/经管教育背景及本科或以上学历 (是＝1，否＝0)
	经理层激励约束 M2	股权激励 M21	是否实施股权激励 (是＝1，否＝0)
		经理层追责制度M22	是否有经理层追责制度 (是＝1，否＝0)

续表

一级指标	二级指标	三级指标	评价标准
信息披露 I	真实性披露 I1	非标年度财务报告或被公开批评谴责 I11	年度财务报告是否被出具非标准无保留意见或被公开批评谴责 （否＝1，是＝0）
		更换会计师事务所状况 I12	近三年是否更换会计师事务所 （否＝1，是＝0）
	及时性披露 I2	财务报告披露及时性 I21	是否及时披露年报、中报、季报等定期财务报告 （是＝1，否＝0）
		股东会、董事会的会议决议是否及时披露 I22	是否及时披露股东会、董事会的会议决议 （是＝1，否＝0）
社会责任治理 E	公司产品责任 E1	安全事故 E11	三年内是否发生安全事故 （否＝1，是＝0）
		行政处罚 E12	三年内是否收到行政处罚 （否＝1，是＝0）
	慈善活动 E2	公益性捐赠支出 E21	年度慈善捐赠的金额 （高于行业平均水平＝1，否＝0）
		环境保护措施 E22	三年内是否发生环境事件 （否＝1，是＝0）

第二步，邀请治理专家、行业专家进行打分。采用 1～9 标度法的专家打分表如表 9-5 所示。

表 9-5　一级指标打分

	股东治理 S	董事与董事会 B	监事与监事会 V	经理层 M	信息披露 I	社会责任治理 E
股东治理 S	1	1	7	5	5	7
董事与董事会 B		1	7	3	3	5
监事与监事会 V			1	1/3	1/2	1
经理层 M				1	3	3
信息披露 I					1	3
社会责任治理 E						1

说明：(1) 打分只需要打右上三角。

(2) 根据两者重要性对比进行打分的数值仅仅会出现 1～9，以及 1/9，1/8，…，1/2，不会出现其他数值。

(3) 若认为 $X1$ 比 $X2$ 稍微重要，即赋值 3；若认为 $X2$ 比 $X1$ 重要得多，即赋值 1/7。

第三步，计算一级指标权重（见表9-6）。根据专家打分结果，获得判断矩阵，利用层次分析法计算权重向量、最大特征值并进行一致性检验。需要说明的是，由于本案例的二、三级指标较少，直接由专家打分获得权重（此处假定各二、三级指标的权重相同），无须进行层次分析。若二级指标较多，可重复一级指标的层次分析法，由专家构造二、三级指标权重判断矩阵，通过计算得到各级评价指标的权重向量，获得每一个分指标权重。

表9-6 权重计算表

	股东治理S	董事与董事会B	监事与监事会V	经理层M	信息披露I	社会责任治理E	行乘积	开六次方		权重
股东治理S	1	1	7	5	5	7	1 225	3.271 1	按列归一化	0.386 2
董事与董事会B	1	1	7	3	3	5	315	2.608 5		0.308 0
监事与监事会V	1/7	1/7	1	1/3	1/2	1	0.003 4	0.387 8		0.045 8
经理层M	1/5	1/3	3	1	3	3	1.8	1.102 9		0.130 2
信息披露I	1/5	1/3	2	1/3	1	3	0.133 3	0.714 7		0.084 4
社会责任治理E	1/7	1/5	1	1/3	1/3	1	0.003 2	0.383 9		0.045 3
								列求和 8.468 9		

说明：(1) 权重的计算采用几何平均法，将行乘积开六次方，进行归一化（除以均值）处理后得到。
(2) 进行一致性检验，检验专家打分结果是否符合逻辑，如果符合，可以采用。

第四步，根据重要性系数和评价指标，构建公司治理综合评分模型，进行等级指数划分。

$$CG=0.386\,2\times S+0.308\,0\times B+0.045\,8\times V+0.130\,2\times M+0.084\,4\times I+0.045\,3\times E$$

第五步，收集数据，进行评价。本案例的数据来源于公司提供的年报、定期报告、公司网站等。整理每家公司的分指数和总指数得分。综合100余家公司的评分结果，分析公司治理发展水平和总体状况，以及每家公司的治理优势和不足，有针对性地改进。

第3节 公司治理评价内容

一、股东治理评价

股东治理包括股权结构和股东行为两方面。公司治理研究中股权结构一直是一个核心问题。基于委托-代理理论，股权结构反映了公司的利益分配和风险承担机制，并且能够影响对管理层的监控、投融资决策和成长机会选择等公司价值创造和分配行为。中国制度背景下的股东行为则以第二类委托-代理问题中控股股东行为的分析为主。

（一）股权结构评价指标

评价公司股权结构状况，主要采用股东性质及持股比例、股权集中度、股权制衡度三个二级指标（见表9-7）。

表9-7 股权结构评价指标

二级指标	三级指标	指标说明	评价标准	数据来源
股东性质及持股比例	最终控制人的性质（国资委、其他政府机构、法人股东、个人、其他）和行政级别（中央级、省级、地市级、其他），中间所有权股东性质（国有股、流通股、机构股东）和持股比例	评价不同性质的股东及持股比例对公司治理的影响	分类评价	年报（普通股股份变动及股东情况）
股权集中度	终极所有权比例，CR指数，Herfindahl指数，Z值	评价上市公司所有权的集中度	符合股权结构适度性原则，呈现左低右高的U形关系	年报（普通股股份变动及股东情况）
股权制衡度	第一大股东持股比例＜50%，第二大股东持股比例＞10%，第二至第五大股东持股比例之和大于第一大股东持股比例	评价上市公司所有权的相互制衡度	符合股权结构适度性原则，呈现左低右高的U形关系	年报（普通股股份变动及股东情况）

资料来源：南开大学公司治理课题组.

（二）控股股东行为评价指标

由于经济转型过程中体制因素的影响，中国上市公司与其控股股东之间存在种种关联，控股股东对上市公司的行为往往超越了上市公司的法人边界。例如，在国家政策的支持下，大多数国有企业在公司化改造、上市过程中往往采用分拆上市的方法，即通过剥离非主营业务资产或质量较差的资产，集中优良资产组建受控股股东控制的上市公司，上市成功后就成为控股股东救济其他业绩不佳的子公司的“造血机”，控股股东通过“隧道行为”转移上市公司的资源。这些体制因素决定了中国上市公司控股股东的行为目标不仅仅局限在上市公司范围内的收益最大化，更多的是考虑集团的整体利益。因此，从保护中小股东利益的视角来看，可以从三个层次评价控股股东的行为。

1. 关联交易状况

通过上市公司与控股股东或其控股的其他关联单位的同业竞争状况、控股股东与上市公司间关联交易的定价依据、控股股东是否无偿占用上市公司的资金、上市公司是否为控股股东及其他关联方提供担保四个指标，反映控股股东滥用关联交易的情况。年报的公司重要事项中披露公司详尽的关联交易情况。

2. 上市公司独立性

衡量上市公司与控股股东是否存在人员、业务、财务、资产等方面的关联，对上市公司的独立性进行评价。

3. 中小股东权益保护状况

重点判断各上市公司的控股股东实施保护中小股东的法律法规及原则的情况，以及是否形成了有效维护中小股东权益的机制。这可通过年度股东会上，单独或合并持有公司有表决权股份总数5%以上的股东或监事会是否提出过临时提案，董事会能否将此提案列入会议议程来反映。此外，还可采用累计投票制，防止大股东利用表决权优势操纵董事的选举，矫正一股一票表决制度存在的弊端，使中小股东选出代表自己利益的董事，避免大股东垄断全部董事的选任。

控股股东行为评价指标如表9-8所示。

表9-8 控股股东行为评价指标

二级指标	三级指标	指标说明	评价标准	数据来源
关联交易状况	同业竞争	评价上市公司与控股股东或其控股的其他关联单位的同业竞争状况	上市公司与关联单位属不同行业，无同业竞争	年报（重要事项）
	定价依据	通过控股股东与上市公司间关联交易的定价依据，判断关联交易的规范性	上市公司应有明确的关联交易定价分析报告	年报（重要事项）

续表

二级指标	三级指标	指标说明	评价标准	数据来源
关联交易状况	资金占用	从控股股东是否无偿占用上市公司的资金，反映控股股东行为的外部性状况	无占用资金	年报（重要事项）
	贷款担保	从上市公司是否为控股股东及其他关联方提供担保，反映控股股东行为的外部性状况	不提供担保	年报（重要事项）
上市公司独立性	人员独立性	衡量上市公司与控股股东是否存在人员的关联	独立	年报（公司治理）、公司公告
	业务独立性	衡量上市公司与控股股东是否存在业务的关联	独立	年报（公司治理）、公司公告
	财务独立性	衡量上市公司与控股股东是否存在财务的关联	独立	年报（公司治理）、公司公告
	资产独立性	衡量上市公司与控股股东是否存在资产的关联	独立	年报（重要事项、公司治理）
中小股东权益保护状况	股东会的参与性	衡量股东参与股东会的状况	尽可能多的股东参与	年报（公司治理）
	股东会的规范性	衡量股东会的程序，评价股东参与股东会的状况	股东会记录完整	年报（公司治理）
	现金股利分配	衡量上市公司对股东的回报的高低	现金股利发放率的高低	年报（管理层讨论与分析）
	累计投票制	衡量中小股东能否通过累计投票选出代表其利益的董事或监事	在董事或监事选举中建立了累计投票制，制定了实施细则	年报（公司治理）
	临时提案	反映中小股东的意志能否得到充分的重视	存在	交易所（公司公告）

资料来源：南开大学公司治理数据库.

事例9-2

贵州茅台股权结构与控股股东行为评价

经贵州省人民政府批准，贵州茅台酒股份有限公司于1999年11月由中国贵州茅台酒厂有限责任公司作为主要发起人，联合贵州茅台酒厂技术开发公司、中国食品发酵工业研究院等七家单位共同发起设立。2001年7月31日，经中国证监会证监发行字〔2001〕41号文核准并按财政部企〔2001〕56号文批复，公司公开发行7 150万股（其中，国有股存量发行650万股）A股股票并于2001年8月27日在上海证券交易所挂牌交易。公司总股本为943 800 000股，其中，控股股东中国贵州茅台酒厂（集团）有限责任公司持股占总股本的61.99%，属国有法人股。最终控制人是贵州省人民政府国有资产监督管理委员会，持股比例为61.99%。第二至第十大股东分布为国有股、境内法人股和境外法人股，持股比例合计13.95%。其中，第三大股东贵州茅台酒厂（集团）技术开发公司持股比例为2.21%，与控股股东存在关联关系。从股权集中度和股权制衡度来看，无论哪方面的指标都显示贵州茅台为高度集中型股权结构。贵州茅台酒股份有限公司从上市至今，一直保持着地方国资委控制下的一股独大的国有股权性质，持股比例未见下调，股权高度集中且无有效的制衡股东的状况。

1. 关于股东大会方面

按照《公司章程》和《公司股东大会议事规则》的要求，公司规范实施股东大会的召集、召开和议事程序。聘请法律顾问对股东大会出具法律意见书，确保所有股东特别是中小股东享有平等地位并能够充分地行使自己的权利。2018年度，公司共召开4次股东大会，审议通过15项议案，各项决议得到认真执行。

2. 在控股股东行为方面

(1) 关联交易问题。公司与控股股东中国贵州茅台酒厂（集团）有限责任公司等关联方之间存在关联交易，这些关联交易均是为了确保公司正常生产经营和开展业务而进行的，具体内容通过相关协议予以规范，并且履行了法定程序，遵循公开、公平、公正的原则，对本公司经营不存在不利影响。

(2) 控股股东与上市公司。控股股东严格按《公司法》要求依法行使出资人的权利并承担义务。公司具有独立的业务及自主经营能力，控股股东与上市公司之间实现了业务、人员、资产、机构、财务的独立，公司董事会、监事会和内部机构均独立运作，确保公司重大决策由公司独立作出和实施。

资料来源：贵州茅台2018年年报.

二、董事会、监事会和经理层治理评价

（一）董事会治理评价

董事会是公司的决策机构，是公司治理的核心，董事会治理水平的高低直接

决定了公司的决策制衡度、治理风险以及管理水平。董事会治理失效导致的董事会不作为是引发安然、世通、德隆等公司财务丑闻的关键。董事会的治理水平对公司业绩和可持续发展产生直接影响，对提高上市公司质量、促进资本市场健康发展具有重大意义。

董事会的高效运作既需要完备的治理结构、规章、制度作为基础，也需要高效的运作机制。需要考虑的不仅仅是如何在董事会中建立一套结构、规章、制度，还必须考虑如何将董事会作为一个团队组织来运作，强调其运作机制和社会责任。董事会既要忠实履行服务全体股东的受托责任，规范自己的运作并实现对公司的监控，又要在董事会成员之间形成相互信任、相互挑战、相互合作的治理文化。通过董事会的高效运作和前瞻性的战略决策，为投资者创造最大化的企业价值，并自觉履行相关的社会责任，维护利益相关者的利益。能持续实现价值创造和社会责任的公司，其董事会治理必然是完备的制度与自觉的责任意识的有机结合。

从上市公司年报和公告等公开信息，可以挖掘以董事诚信、勤勉意识为核心的董事权利与义务，董事会组织结构，董事会运作效率，董事薪酬，独立董事制度五个维度，构建董事会治理评价体系。董事会治理评价指标如表9-9所示。

表9-9　董事会治理评价指标

二级指标	三级指标	指标说明
董事权利与义务	董事来源，培训状况，董事会构成，履职情况，董事问责，离职情况	反映董事身份、诚信和勤勉意识及履职情况
董事会组织结构	董事会的领导结构，专门委员会的设置，专门委员会运行状况	反映董事会的工作效率与独立性
董事会运作效率	董事会规模，董事性别及年龄结构，董事会会议情况	反映董事会功能与作用的实现状况
董事薪酬	董事薪酬水平，董事薪酬形式，董事绩效评价	衡量董事报酬水平以及报酬结构的激励约束状况
独立董事制度	独立董事比例，独立董事激励，独立性	反映独立董事制度建设状况

资料来源：南开大学公司治理数据库.

其中，董事权利与义务主要考察董事来源、培训状况、履职的诚信和勤勉情况等，科学合理的董事会构成有利于公司做出公允科学的决策并对公司实施有效的监控；董事会组织结构主要考察董事会的工作效率与独立性，良好的专门委员会运行状况、健全的组织结构是提高董事会决策效率和保证董事会运作独立性的基础；董事会运作效率主要考察董事会运作状况和董事尽职情况，运作效率较高的董事会有助于改善公司的持续价值创造能力；董事薪酬主要考察董事激励约束状况，包括短期激励和长期激励，良好的激励组合有利于提高董事履职的积极性；独立董事制度主要考察公司董事会的独立性及独立董事职能发挥的状况。

（二）监事会治理评价

为了避免代表所有者的董事会因追求自身利益而损害公司、股东、债权人、职工的权益，必须通过一定的制度安排对董事会进行制约和监督。公司法当然可以通过规范性条款、股东会等方式对董事会及董事进行监控，但是难以彻底防止董事和董事会滥用权力。为此，多数国家设置了监事会作为公司的专门监督机构，形成了股东会、股东、监事会对董事会及董事权力的多层监控机构。监事会是各国公司法和不同公司中差别最大、变化也最大的组织机构。监事会的职权主要包括财务监督、业务监督和管理者监督三个方面。我们以有效监督为目标，从监事会运行状况、监事会结构与规模、监事会胜任能力三个方面，设计监事会治理评价指标（见表 9-10）。

表 9-10　监事会治理评价指标

二级指标	三级指标	指标说明
监事会运行状况	监事会会议次数	考核监事会履行工作职能的基本状况
监事会结构与规模	监事会人数	考核监事会履行监督职能的人员基础
	职工监事设置情况	考核监事会代表职工行使监督权的情况
监事会胜任能力	监事会主席职业背景	考核监事会主席职业背景对其胜任能力的影响
	监事会主席学历	考核监事会主席学历对其胜任能力的影响
	监事会主席年龄	考核监事会主席年龄对其胜任能力的影响
	其他监事职业背景	考核监事职业背景对其胜任能力的影响
	其他监事学历	考核监事学历对其胜任能力的影响
	其他监事年龄	考核监事年龄对其胜任能力的影响

资料来源：南开大学公司治理数据库.

（三）经理层治理评价

经理层处于公司治理体系的内核，是公司中重要的治理群体，成为公司治理与公司管理的联结点。经理层治理评价主要涉及经理层的素质和选聘、高管更迭与治理风险、高管的激励约束与业绩提升，因此可以从任免制度、执行保障、激励约束三个维度考察经理层治理。经理层治理评价指标如表 9-11 所示。

表9-11 经理层治理评价指标

二级指标	三级指标	指标说明
任免制度	总经理选聘方式，其他高管人员的选聘方式，高管层任免的行政化程度，总经理与董事长两职设置，高管稳定性	评价经理层任免制度及独立性、高管风险
执行保障	总经理学历，其他高管人员学历，经营控制，双重任职，内部人控制，CEO设置	评价经理层的胜任能力、外部关联和内部制约状况
激励约束	薪酬水平，薪酬结构，薪酬动态激励，总经理及其他高管持股数量，经理层持股比例，股权流通性	评价经理层的薪酬、股权的激励约束状况

资料来源：南开大学公司治理数据库.

事例9-3

贵州茅台董事会、监事会、经理层治理评价

1. 关于董事和董事会

公司严格按照《公司法》《公司章程》规定的选聘程序选举董事，截至2018年年报期末，公司第二届董事会由7名董事组成，其中4名为独立董事，董事会人员构成符合法律法规的要求。公司董事会下设审计、薪酬与考核、提名、战略、风险管理五个专门委员会，各委员会分工明确，权责分明，有效运作。公司全体董事能够从公司和全体股东的利益出发，诚信、勤勉、专业、尽职地履行职责，切实维护公司和全体股东的合法权益。

2. 关于监事和监事会

公司严格按照《公司法》《公司章程》规定的选聘程序选举监事，公司第二届监事会由3名监事组成，其中1名为职工监事，监事会人员构成符合法律法规的要求。监事会主席及成员均为大专及以上学历，主席罗国庆为硕士、高级政工师，59岁。公司监事会能够勤勉尽责，本着对股东负责的精神行使监督检查职能，对公司财务状况和经营情况、关联交易以及高级关联人员履行职责情况等的合法合规性进行监督，维护公司和全体股东的合法权益。

3. 关于经理层治理

在任免制度方面，制定《董事会提名委员会议事规则》，明确规定经理人员的选任由提名委员会提名。董事长与总经理两职分立。从高管人员简历来看，几乎全部高管人员为内部提拔，人员结构稳定。学历构成为：硕士学历3人，本科学历4人，专科学历1人。

按照贵州省国资委对茅台集团公司及核心子公司负责人薪酬考核意见通知、股东大会审议通过的独立董事津贴标准及本公司工资制度，确定董事、监事、高级管理人员薪酬。公司将按照市场化原则，在上级有关部门的指导下，不断健全公司激励约束机制，有效调动公司高级管理人员的积极性和创造力，使其能更好地促进公司发展。

资料来源：贵州茅台2018年年报.

三、信息披露与投资者关系管理评价

（一）信息披露评价

信息披露评价指标由信息披露的可靠性、及时性、相关性构成。信息披露可靠性主要包括：年度财务报告是否被出具非标准无保留意见或者被公开批评谴责，年度内是否有会计政策或会计估计变更，年度内是否更换会计师事务所，是否有会计差错更正。信息披露及时性主要是指年度报告是否及时披露。信息披露相关性包括公司是否对以下项目进行了充分说明：公司战略，公司治理结构，公司竞争环境分析，产品和服务市场特征，盈利预测的信息，经营风险，公司社会责任，员工培训计划和费用，对外投资项目，业务分布信息，控股及参股公司经营情况，“五分开”信息，资产负债表日后事项。信息披露评价指标如表9-12所示。

表9-12　信息披露评价指标

二级指标	三级指标	指标说明
信息披露可靠性	年度财务报告是否被出具非标准无保留意见或者被公开批评谴责，年度内是否有会计政策或会计估计变更，年度内是否更换会计师事务所，是否有会计差错更正	反映信息披露的质量
信息披露及时性	年度报告是否及时披露	反映信息披露是否及时
信息披露相关性	公司是否对以下项目进行了充分说明：公司战略，公司治理结构，公司竞争环境分析，产品和服务市场特征，盈利预测的信息，经营风险，公司社会责任，员工培训计划和费用，对外投资项目，业务分布信息，控股及参股公司经营情况，“五分开”信息，资产负债表日后事项	反映信息披露是否完整

资料来源：南开大学公司治理数据库.

事例9-4

贵州茅台信息披露评价

(1) 信息披露可靠性方面：公司年度报告由审计师出具标准无保留审计意见，披露了年度内是否有会计政策或会计估计变更、年度内是否更换会计师事务所、是否有会计差错更正。

(2) 信息披露及时性方面：年度报告及时披露。

(3) 信息披露相关性方面：经营情况讨论与分析中介绍了公司未来发展战略。公司将按照“做足酒文章，扩大酒天地”的战略要求，以茅台品牌为核心，聚焦酱香酒业务，深入推进“133”品牌战略，加快推进营销体制的理顺和完善，着力调整产品体系结构，重点面向中端及以上价格带培育大单品，打造品牌集群，持续巩固茅台酒中国高端白酒第一品牌、世界蒸馏酒第一品牌地位。大力推进“文化茅台”建设，丰富品牌内涵，引领公司在新时代的高质量发展。

(4) 公司信息披露与透明度：公司严格按照法律法规、《公司章程》以及《公司信息披露管理办法》的规定，真实、准确、完整、及时地披露有关信息，并确保所有股东和其他利益相关者能平等获得公司信息。报告期内，公司披露了34个临时公告、4个定期报告。

(5) 内部控制建设相关工作：报告期内，公司按照《企业内部控制基本规范》的要求继续开展内部控制相关工作，持续推进内部控制建设、评价、审计等相关工作，保证公司内部控制目标的实现，进一步提升公司治理水平。

(6) 内幕信息知情人登记管理制度的规定、实施情况：根据中国证监会、上交所的有关规定，公司2011年12月审议通过了《公司内幕信息知情人登记管理制度》。公司严格执行了相关制度，按照制度规定对内幕信息知情人进行登记备案，进一步规范内幕信息管理，做好内幕信息保密工作，维护了信息披露公开、公平、公正原则，保护了广大投资者的合法权益。

资料来源：贵州茅台2018年年报.

(二) 投资者关系管理评价

投资者关系管理主要从互动沟通的角度对上市公司与资本市场的关系做出评价，主要指标包括：沟通保障（董秘的任职、兼职情况，董秘、投资者关系获奖情况，董秘专业背景，设置专门的投资者关系部门）；网络沟通（公司网站能否打开，网站投资者关系板块，公司官方微信，公司官方微博，网上路演，网站附带投资者订阅服务，互动平台投资者关系信息，网站附带搜索功能，网站附带链接到第三方相关网站，网站附带视频/音频相关投资信息）；电话沟通（电话会议、电话咨询），现场沟通（业绩说明会、报告会，投资者见面会，现场路演，分析师会议，调研接待）和沟通反馈（互动平台关注数，接听电话频率，接待来访次数，互动平台热推提问，微博数，微博关注数）。投资者关系管理评价指标如表9-13所示。

表9-13　投资者关系管理评价指标

二级指标	三级指标	指标说明
沟通保障	董秘的任职情况、兼职情况，董秘、投资者关系获奖情况，董秘专业背景，设置专门的投资者关系部门	投资者关系管理活动有效开展的制度保障
网络沟通	公司网站能否打开，网站投资者关系板块（或股东天地等类似栏目），公司官方微信，公司官方微博，网上路演（包括网络推介会、网上业绩说明会），网站附带投资者订阅服务，互动平台投资者关系信息，网站附带搜索功能，网站附带链接到第三方相关网站，网站附带视频/音频相关投资信息	公司网络沟通平台及沟通内容
电话沟通	电话会议，电话咨询	电话沟通平台及沟通内容
现场沟通	业绩说明会、报告会，投资者见面会，现场路演，分析师会议，调研接待	现场沟通平台及沟通内容
沟通反馈	互动平台关注数，接听电话频率，接待来访次数，互动平台热推提问，微博数，微博关注数	网络、电话和现场沟通的效果

资料来源：南开大学公司治理数据库.

事例9-5

贵州茅台投资者关系管理评价

公司积极开展投资者关系管理工作，制定了《投资者关系管理办法》，指定董事会秘书负责投资者关系管理工作，开通了投资者电话专线、专用电子邮箱，并在公司网站上设置了投资者关系栏目，认真接受各种咨询。此外，公司还通过走访、参加推介会、接待投资者来访等多种方式，加强与投资者的沟通。

公司重视公共关系管理，以坦诚的态度，深化沟通交流，在企业与公众间建立友好的沟通机制，更好地树立公众形象。通过持续、深入的海外品牌推广活动，迅速提高企业在全球范围内的认知度；通过参与博鳌亚洲论坛等高端对话平台，广泛表达企业的理念与观点，提升企业在公众中的美誉度；通过及时、准确、客观、清晰的信息披露和观点传播，赢得媒体的理解与支持，扩大媒体“朋友圈”，把与媒体的良性互动提升到企业发展的战略高度；通过倡导竞合、参与黔酒圆桌会议等多个渠道，优化同业间的互动氛围。

上市以来，公司领导、董事会秘书、董事会秘书办公室工作人员组织和接待了数百批次境内外投资者的来访调研，通过情况介绍和深入交流，向投资者全方位介绍公司的生产经营和发展状况，提高了公司的透明度和诚信度。董事会秘书办公室也会及时收集汇总投资者关于公司的分析报告以及对公司的意见和建议，使管理层了解投资者的关注点，建立公司和投资者的良性互动，对促进公司规范运作、维护投资者权益、树立良好的资本市场形象起到了积极作用。

资料来源：贵州茅台2018年年报.

□ 小 结

对于投资者来说，公司治理是保护其投资利益的根本性制度，与财务指标一样重要。公司治理质量的优劣是公司潜在价值高低的重要标志，也是证券市场乃至国家经济发展状况的重要标志。公司治理评价对于投资者的信息不对称程度的降低、证券监管部门的有效监管、资本市场的完善以及上市公司竞争力的提高等起着重要作用。公司治理评价的流程是：确立评价指标体系和评价标准，选择评价方法，确定指标权重，构造评价模型并划分指数等级，收集信息进行评价。

□ 关键术语

公司治理评价　　公司治理评价流程　　层次分析法
股东治理评价　　董事会治理评价　　经理层治理评价
信息披露评价　　投资者关系管理评价

□ 选择题

1. （单选题）随着公司的发展和现代企业制度的完善，股东会、董事会及经营团队依据相关法律与公司章程建立并运作，要反映这种制度结构与运作状况需要（　　）。

A. 进行公司治理评价　　B. 调整公司治理框架

C. 明确公司章程　　D. 设计监督制衡机制

2.（单选题）公司治理评价的根源在于（　　）。

A. 资本集中与技术进步　　B. 经济全球化

C. 两权分离与委托人需求　　D. 监事会监督不够全面

3.（多选题）关于公司治理评价，下列说法正确的是（　　）。

A. 公司需要通过内部的治理评价搞清楚通过适度的治理成本是否达到了公司治理效度

B. 通过外部第三方或监管部门对公司治理进行评价，以及在公司内部引入制度化的公司治理评价体系逐渐成为一种趋势

C. 公司治理评价就是对公司治理结构与治理机制的状况进行评判

D. 上市公司更多地需要通过外部第三方或监管部门的评价使公司治理达到一定的标准，并得到投资者的认同，甚至取得溢价

4.（多选题）对于公司自身而言，公司治理评价的实质意义包括（　　）。

A. 内部自我需求　　B. 评价行动

C. 外部评价　　D. 结果感知

5.（单选题）在层次分析法中，（　　）是保证结果可靠性必不可少的步骤。

A. 效度检验　　B. 信度检验

C. 一致性检验　　D. 相关性检验

6.（多选题）公司治理的评价流程一般包括（　　）。

A. 确定公司治理评价指标体系和标准

B. 选择合适的评价方法

C. 确定评价指标权重

D. 构造综合评价模型并划分指数等级

7.（多选题）层次分析法是一种（　　）的分析方法。

A. 定性分析　　B. 定量分析

C. 系统化分析　　D. 层次化分析

8.（单选题）董事会治理评价中，反映董事身份、诚信和勤勉意识及履职情况的二级指标是（　　）。

A. 董事权利与义务　　B. 独立董事制度
C. 董事会组织结构　　D. 董事会运作效率

9. （单选题）董事会治理评价中，反映董事会功能与作用的实现状况的二级指标是（　　）。

A. 董事权利与义务　　B. 独立董事制度
C. 董事会组织结构　　D. 董事会运作效率

10. （多选题）经理层处于公司治理体系的内核，是公司中重要的治理群体，成为公司治理与公司管理的联结点。经理层治理评价主要涉及经理层的素质和选聘、高管更迭与治理风险、高管的激励约束与业绩提升，因此可以从（　　）维度考察经理层治理。

A. 业绩评价　　B. 任免制度
C. 执行保障　　D. 激励约束

11. （多选题）信息披露评价指标由信息披露的（　　）构成。

A. 可靠性　　B. 及时性　　C. 准确性　　D. 相关性

□ 思考题

1. 为何要进行公司治理评价？
2. 如何进行公司治理评价？

□ 案例分析

A药业上市公司治理评价

一、中国上市公司治理有效性指数研发与构成

伴随着我国上市公司治理由合规到有效的发展进程，“及格万岁”的公司治理理念远远不能满足资本市场健康发展和投资者科学投资决策的迫切要求。公司治理制度建设的初衷在于实现公司股东之间公平对待、信息沟通公开透明和各利益相关者的利益兼顾，而上市公司的治理合规性仅仅是制度底线的基本要求。世界著名咨询公司麦肯锡的研究报告指出，80%的投资者在进行投资决策时，认为公司治理至少与财务指标一样重要。面对外部投资者越来越高的评判标准，治理溢价更多地出现在那些自主性治理意愿较强、治理机制创新和治理有效性显著的公司中。在注册制的推动下，对资本的角逐愈发激烈，有效的公司治理是企业稳定

经营和长远发展的重要保障。为了客观诊断A药业公司治理有效性，横向和纵向比较分析其公司治理质量，教育部人文社科重点研究基地——南开大学中国公司治理研究院课题组在国内率先开发了一套评价医药上市公司治理有效性的指标体系。

（一）中国上市公司治理有效性指数研发

在中国公司治理研究院多年的治理指数研究基础上，结合上市公司治理发展现状和趋势的理论研究，以及OECD等机构开发的相关公司治理评价原则，课题组反复论证、多次召开研讨会征求专家学者意见，在国内率先构建了“中国上市公司治理有效性指数”。该指数将治理有效性指标体系确定为三个维度（公平、透明和责任）和正负两项调节因子（创新和违规）。公平、透明和责任由具体的三级指标和四级指标构成，三个维度的总分为100分。创新作为正向调节因子，由10个具体指标构成，样本公司符合创新因子的某一指标，即可获得5分的正向加分，满分为50分。违规作为负向调节因子，下设4类（重大违规、财务违规、披露违规和股东及高管违规）15种违规情形，样本公司出现某一情形，即从其分数中减去5分。

从技术层面来看，指标设计过程中所采用的方法如下：原始数据属于定性指标的，采用语义差别隶属赋值法，将定性指标定量化；原始数据属于定量指标的，通过多种无量纲化处理方法进行数据处理。各级指标的权重由专家打分确定。评分专家采取“三三三制”原则，共邀请9位评分专家，其中包括上市公司董事会秘书3名，公司治理领域学者3名，资深投资者3名；评分专家专业领域高度相关，年龄性别结构合理，每一指标均经过多人打分，最后权重取平均值，避免个体主观认知不同导致的评分差异。运用层次分析法，进一步确定各级指标的权重，根据给定的各指标评估值和各类指标权重数，逐步逐层计算出最终指数。

（二）中国上市公司治理有效性指数构成

公平、透明和责任三个维度中，公平是指公司治理框架应保护股东权益，并确保公平对待所有股东，包括机构股东和中小股东。公平指标设置参照中国证监会2018年9月30日修订的《上市公司治理准则》，着重考核上市公司相对于控股股东、实际控制人及其关联方的独立性是否受损，股东资金/资产占用情况和与关联交易相关的公司治理问题。透明是指企业相关信息的公开程度，包括信息披露内容的质量、信息是否容易获得以及分析师和投资者对企业的关注度。责任是指企业为其在经营决策和生产活动过程中，对社会、利益相关者以及环境产生的影响而承担的义务，具体可以划分为社会责任、利益相关者责任和环境责任三类。

具体来看，公平维度由四个三级指标构成，分别是独立、回报、风险和内控。独立是指公司在管理体制和运行机制上与控股股东保持独立，具体表现为上市公司在机构、人员、业务、资金等方面与上市公司控股股东保持相对独立。回报是指投资者从上市公司获得既定回报大小，是一个重要的股东权益保护指示器，主要以股利支付率来衡量回报质量。风险是指股东进行股权质押带来的风险。股权质押是指出质人以其持有的股票作为质押物向质权人（券商、银行等金融机构）融入资金，并定期支付利息的一种权利质押，本质上是以股权作为担保的债务融资。内控指标采用迪博内控指数衡量，该指数是结合国内上市公司实施内部控制体系的现状，基于内部控制合规、报告、资产安全、经营、战略五大目标的实现程度设计的，同时将内部控制缺陷作为修正变量对内部控制基本指数进行修正，最终形成综合反映上市公司内控水平和风险管控能力的内部控制指数。

透明维度由信披质量、信息易得度和关注度组成。信披质量是指信息披露的合规性和有效性，综合考虑信息披露的制度建设和董秘的日常履职情况。易得度是指投资者获取信息的难易度，信息获取渠道包括网站和业绩说明会、微博、微信等。渠道越多，投资者越容易获取信息。关注度指投资者对公司的关注情况，主要包括分析师关注情况、研报数量和调研接待次数等指标。

责任维度由企业社会责任、利益相关者责任和企业环境责任构成。社会责任主要是指企业在社会公益活动方面履行的相关责任。利益相关者责任主要指企业除对股东的责任之外，对政府、产品、雇员、债权人等利益相关者承担的责任。企业环境责任包括商业环境责任和自然环境责任，其中商业环境责任是指企业在遵守商业规则方面应当履行的责任；自然环境责任是指企业在自然环境保护方面应当履行的责任。

二、医药制造板块上市公司治理有效性总体评价

（一）公司治理有效性评价样本情况

课题组选取中国证监会2012版本的医药制造板块上市公司作为样本，删除已退市的和新上市的上市公司（无年报数据），共得到2018年215家、2017年213家、2016年184家、2015年168家和2014年153家上市公司样本（如表9-14所示）。

表9-14　样本公司的实际控制人构成

实际控制人类别	2014年		2015年		2016年		2017年		2018年	
	数量	比例(%)	数量	比例(%)	数量	比例(%)	数量	比例(%)	数量	比例(%)
国有控股	38	24.84	39	23.21	39	21.20	39	18.31	44	20.47
民营控股	109	71.24	126	75.00	128	69.57	162	76.06	166	77.21
其他	6	3.92	3	1.79	17	9.24	12	5.63	5	2.33
总数	153		168		184		213		215	

课题组对选取样本进行了分类，以2018年的数据为例，实际控制人为国有股东的公司数量为44家，民营股东的为166家，医药制造板块的民营上市公司占比约77%。5年间，国有控股的样本比例呈现下降的趋势，2018年略微上升。整体来看，国有控股占总样本的比例由2014年的约1/4下降到2018年的约1/5。这说明在医药制造板块，民营上市公司占据多数席位，公司实际控制人的特征成为公司治理的关键要素。

从不同地区数量看，经济发达地区如浙江、广东、江苏、北京和山东占比较高。其中，浙江27家，占12.56%，广东24家，占11.16%。青海、新疆仅有一家，宁夏则一家也没有。陕西、山西、河北等地区医药制造板块上市公司数量均不足5家（如表9-15所示）。

表9-15　样本公司的地区分布

地区	公司数	比例(%)	地区	公司数	比例(%)
安徽	4	1.86	辽宁	2	0.93
北京	15	6.98	内蒙古	3	1.40
福建	5	2.33	宁夏	0	0.00
甘肃	3	1.40	青海	1	0.47
广东	24	11.16	山东	13	6.05
广西	3	1.40	山西	3	1.40
贵州	5	2.33	陕西	3	1.40
海南	4	1.86	上海	12	5.58
河北	3	1.40	四川	5	2.33
河南	5	2.33	天津	7	3.26
黑龙江	5	2.33	西藏	6	2.79

续表

地区	公司数	比例（%）	地区	公司数	比例（%）
湖北	7	3.26	新疆	1	0.47
湖南	8	3.72	云南	5	2.33
吉林	7	3.26	浙江	27	12.56
江苏	15	6.98	重庆	8	3.72
江西	6	2.79	合计	215	100

（二）医药制造板块上市公司治理有效性总体描述

总体来看，对2018年指数评价的总结果进行描述性统计，平均值为65.77，中位数为65.27，最大值为120.95，最小值15.61，极差为105.34，评价结果符合正态分布（如表9－16所示）。其中，最大值超过100分的原因是公平、透明和责任三维度是百分制，而创新是在此基础上的加分项。以2018年排名第一的奇正藏药为例，前三项得分为90.95，创新项加分30，无违规情况减分，故指数总分为120.95分。

表9－16　医药制造板块上市公司治理有效性总指数年度统计

总指数	2014年	2015年	2016年	2017年	2018年
平均值	50.60	54.94	57.50	63.08	65.77
中位数	57.99	61.10	62.83	63.32	65.27
最大值	107.17	110.61	113.37	125.44	120.95
最小值	4.29	6.30	6.30	10.70	15.61
极差	102.88	104.31	107.07	114.74	105.34

纵向比较发现，2014—2018年医药制造板块上市公司治理有效性水平逐年上升，平均值由2014年的50.60逐年上升到2018年的65.77，中位数也呈现相同的趋势。但最小值一直都处在非常低的水平，即从有效性的角度来看，有相当一部分的医药制造板块上市公司的治理有效性处在非常低的水平。

（三）医药制造板块上市公司治理有效性分类描述

从实际控制人类别来看，国有和民营的样本公司略有差异。2018年民营样本治理有效性的平均值为66.24，略高于国有样本公司。最大值出现在民营样本中，最小值则出现在国有样本中。由于民营样本数量较大，样本间的差异更为明显，极差高达102.05（见表9－17）。

表 9-17 医药制造板块上市公司治理有效性总指数描述性统计——按控制人分组（2018 年）

实际控制人	平均值	中位数	最大值	最小值	极差
国有	64.64	62.61	104.41	15.61	88.79
民营	66.24	65.63	120.95	18.89	102.05
其他	67.73	69.65	87.15	39.54	47.61

从地区分布来看，治理有效性水平在不同地区间存在一定差异。河南的医药制造板块上市公司治理有效性最高，为 86.80，其次为四川、天津和北京，依次为 75.44、75.41 和 74.17；贵州、海南、吉林和黑龙江的医药制造业板块上市公司治理有效性平均值较低，分别为 50.57、54.42、55.63、55.73。就地区内部差异来看，新疆和青海仅有 1 家样本公司，无法进行对比；内蒙古有 3 家样本公司，样本间差异较小，其次为山西和陕西。广东、江苏、上海、北京由于样本量较大，更可能存在良莠不齐的情况，地区内差异较大。值得一提的是西藏，虽仅有 6 家样本公司，但是由于最大值为年度最高值 120.95，最低值为 46.29，地区内上市公司间存在较大的差异（见表 9-18）。

表 9-18 医药制造板块上市公司治理有效性总指数描述性统计——按地区分组（2018 年）

公司所在地	平均值	中位数	最大值	最小值	极差
上海	65.32	62.37	114.07	37.54	76.53
云南	71.74	67.84	93.99	56.12	37.87
内蒙古	73.94	72.41	79.97	69.45	10.52
北京	74.17	72.86	104.41	30.98	73.43
吉林	55.63	54.00	87.13	24.34	62.79
四川	75.44	68.54	98.86	52.15	46.71
天津	75.41	68.38	90.58	56.82	33.76
安徽	66.75	65.08	85.99	50.83	35.15
山东	69.24	76.68	92.50	29.20	63.30
山西	58.18	62.90	65.41	46.22	19.19
广东	65.78	64.58	109.47	18.89	90.58
广西	68.36	72.37	82.32	50.40	31.91

续表

公司所在地	平均值	中位数	最大值	最小值	极差
新疆	73.07	73.07	73.07	73.07	0.00
江苏	63.83	59.62	101.02	15.61	85.40
江西	57.62	62.14	74.88	22.39	52.49
河北	57.03	65.27	81.97	23.83	58.15
河南	86.80	94.33	108.18	46.56	61.61
浙江	71.13	71.78	99.87	37.06	62.80
海南	54.42	57.45	75.61	27.17	48.43
湖北	56.85	55.21	83.69	24.94	58.75
湖南	56.59	60.56	71.54	38.11	33.43
甘肃	55.95	60.14	76.13	31.57	44.56
福建	65.93	60.85	98.11	42.07	56.04
西藏	71.42	58.87	120.95	46.29	74.65
贵州	50.57	48.25	67.68	33.86	33.82
辽宁	61.12	61.12	72.63	49.62	23.02
重庆	60.21	53.28	100.25	46.34	53.91
陕西	58.24	52.03	72.52	50.17	22.35
青海	61.39	61.39	61.39	61.39	0.00
黑龙江	55.73	52.84	81.05	36.19	44.86

三、A药业公司治理有效性评价

（一）A药业公司治理有效性分析

课题组从横向和纵向两个视角分析A药业公司的治理水平，发现A药业公司的治理有效性位于行业的中间水平，但不同年度排名呈现明显波动。2014年，A药业公司总分为89.32分，排名第12位。2015年和2016年的得分在70～80分之间，排在第78位和第54位。2017年得分为87.59分，出现了显著提升，排名也随之提升到第36位。2018年A药业公司总分为65.41分，在215家样本公司中排在第107位。据此，可以看出A药业公司在5年间的治理有效性得分和排名呈现波动下滑态势（见表9-19）。

表9-19　A药业公司治理有效性各维度得分及排名

A药业	2014年	2015年	2016年	2017年	2018年
总分	89.32	72.44	78.91	87.59	65.41
排名	12	78	54	36	107
三个维度	69.32	57.44	58.91	72.59	55.41
排名	10	82	70	19	80
公平得分	75.85	50.10	50.10	79.76	50.10
排名	8	111	102	24	108
透明得分	57.4	57.45	62.23	62.23	50.80
排名	52	82	76	77	111
责任得分	72.01	72.01	72.01	72.01	72.01
排名	7	9	5	6	11
创新得分	20.00	15.00	20.00	15.00	15.00
违规减分	0	0	0	0	5.00

（二）A药业公司治理有效性具体指标分析（略）

（三）与标杆药企比较分析（略）

（四）A药业公司治理有效性诊断结论（略）

（五）A药业公司治理优化措施（略）

资料来源：南开大学中国公司治理课题组（主持人：马连福）.

问题讨论：

结合案例中的相关指标设计，选取医药行业某一家公司进行公司治理评价。

参考文献

[1] 彼得·华莱士，等．公司治理．上海：格致出版社，2009.

[2] 郝臣．中国上市公司治理案例．北京：中国发展出版社，2009.

[3] 李维安．公司治理学．3 版．北京：高等教育出版社，2016.

[4] 凯文·基西，等．公司治理：受托责任、企业与国际比较．北京：人民邮电出版社，2013.

[5] 罗伯特·蒙克斯．高管商学院：公司治理．北京：中国劳动社会保障出版社，2004.

[6] 鲁桐．公司治理与价值创造．北京：中国发展出版社，2014.

[7] 刘彦文，等．公司治理．2 版．北京：清华大学出版社，2014.

[8] 马克·格尔根，等．公司治理．北京：机械工业出版社，2014.

[9] 马连福．公司内部治理机制研究：中国的实践与日本的经验．北京：高等教育出版社，2005.

[10] 马连福．公司治理优化研究：基于自主性治理与投资者关系管理的视角．北京：科学出版社，2016.

[11] 吉姆·柯林斯．从优秀到卓越．北京：中信出版社，2006.

[12] 吉姆·柯林斯，等．基业长青：企业永续经营的准则．北京：中信出版社，2006.

[13] 习近平．习近平谈治国理政．北京：外文出版社，2014.

[14] 中共中央宣传部．习近平新时代中国特色社会主义思想学习问答．北京：学习出版社；人民出版社，2021.

图书在版编目（CIP）数据

公司治理 / 马连福等编著 . -- 3 版 . -- 北京 : 中国人民大学出版社，2022. 9
高等学校经济管理类核心课程教材
ISBN 978-7-300-30874-6

Ⅰ. ①公… Ⅱ. ①马… Ⅲ. ①公司－企业管理－高等学校－教材 Ⅳ. ①F276. 6

中国版本图书馆 CIP 数据核字（2022）第 137149 号

高等学校经济管理类核心课程教材
公司治理（第 3 版）
马连福 等 编著
Gongsi Zhili

出版发行	中国人民大学出版社		
社　　址	北京中关村大街 31 号	**邮政编码**	100080
电　　话	010－62511242（总编室）		010－62511770（质管部）
	010－82501766（邮购部）		010－62514148（门市部）
	010－62515195（发行公司）		010－62515275（盗版举报）
网　　址	http://www. crup. com. cn		
经　　销	新华书店		
印　　刷	北京昌联印刷有限公司	**版　　次**	2017 年 8 月第 1 版
开　　本	787 mm×1092 mm　1/16		2022 年 9 月第 3 版
印　　张	19. 25 插页 1	**印　　次**	2025 年 2 月第 11 次印刷
字　　数	326 000	**定　　价**	45. 00 元

中国人民大学出版社　管理分社

教师教学服务说明

中国人民大学出版社管理分社以出版工商管理和公共管理类精品图书为宗旨。为更好地服务一线教师，我们着力建设了一批数字化、立体化的网络教学资源。教师可以通过以下方式获得免费下载教学资源的权限：

★ 在中国人民大学出版社网站 www.crup.com.cn 进行注册，注册后进入“会员中心”，在左侧点击“我的教师认证”，填写相关信息，提交后等待审核。我们将在一个工作日内为您开通相关资源的下载权限。

★ 如您急需教学资源或需要其他帮助，请加入教师 QQ 群或在工作时间与我们联络。

中国人民大学出版社　管理分社

教师 QQ 群：648333426（工商管理）　114970332（财会）　648117133（公共管理）
教师群仅限教师加入，入群请备注（学校+姓名）

联系电话：010-62515735，62515987，62515782，82501048，62514760

电子邮箱：glcbfs@crup.com.cn

通讯地址：北京市海淀区中关村大街甲 59 号文化大厦 1501 室（100872）

管理书社　　人大社财会　　公共管理与政治学悦读坊